KB233036

개정판

선교와 영적 전쟁

개정판

선교와 영적 전쟁

이수환 지음

한국학술정보[주]

✝목 차

저자는 선교사가 실제로 영적 전쟁터에서 사역함에 있어 한국교회가 무엇을 준비하고, 최전선에서 영적 전쟁을 하는 선교사가 승리하기 위해 무엇을 해야 할지를 명쾌하게 제시한다. 더욱이 영적 전쟁 전략, 선교를 위한 영적 전쟁의 모델들을 제시하여 세계에 많은 목회자들과 선교 지도자들에게 매우 유용한 교과서이다.

강승삼 박사 (한국세계선교협의회 대표회장)

이 책은 선교학과 관련해서 영적 전쟁의 흐름을 포괄적으로 설명한 책이다. 일반적·성경적·역사적·선교학적인 분명한 지식을 얻을 수 있을 뿐만 아니라 영적 전쟁의 모든 정보를 제공하고 있는 탁월한 지침서라고 본다.

손석원 박사 (성결대학교 선교신학 교수)

선교지에서 영적 사역은 중요한 요소이다. 왜냐하면 타 종교 속에서 하나님의 진리를 모르는 그들에게 하나님의 능력을 직접 보여 주는 사역이기 때문이다. 저자는 선교에 대한 남다른 열정 가운데 이 책을 세상에 내어 놓게 되었다. 이 책을 통해서 선교지 속에서의 영적전쟁을 치르는 모든 사람들에게 등대와 같은 길잡이가 되리라 확신한다.

조귀삼 박사 (한세대학교 선교신학 교수)

이 책은 목회자나 선교사 지도자들이 읽고 선교의 비전과 전략을 새롭게 발견하고, 영적 전쟁의 현장에서 활동하는 데 모든 정보와 지식을 얻을 수 있는 포괄적인 필독서이다. 또한 영적 전쟁의 이해에 관한 새로운 접근 방법으로 한국교회에 중요한 역할을 다할 것으로 믿는다.

유우열 박사 (복된교회 담임목사)

본서는 저자가 오랫동안 깊은 관심과 연구 속에서 집대성한 선교적 영적 전쟁에 대한 연구서로서, 그 전문성과 성경적인 기초가 분명한 저서이기 때문에, 추천인으로서 본서가 한국교회와 세계선교에 크게 이바지할 것으로 기대하며, 모든 독자들에게 일독을 적극 추천한다.

김성욱 박사 (총신대학교 선교신학 교수)

최근 세계선교에 영적 전쟁의 중요성이 대두되고 있다. 이런 시점에서 저자가 심도 있게 연구한 이 책을 목회자와 신학생들에게 꼭 필요한 참고도서로서 특별히 기쁨으로 추천한다.

노윤식 박사 (성결대학교 신학대학원장)

영적 전쟁은 깊이 있는 신학적인 연구와 선교 현장에서의 효과적인 전략을 통해서 진가를 발휘할 수 있다. 이 책은 가장 강력한 사역의 영적도구뿐만 아니라, 영적 전쟁에 대한 올바른 이해와 접근, 그리고 적용 가능한 모델까지 제시해 주었다. 부디 본 저서를 통해 수많은 하나님의 종들이 효과적이고도 전략적인 사역의 영적 가이드라인을 세우길 간절히 소망한다.

이장석 목사 (교회성장연구소 본부장)

영적 전쟁에 관한 탁월한 영적 감각을 바탕으로 쓰인 저서를 기쁘게 추천한다. 이 책은 영적 전쟁에 대한 이론적 근거는 물론, 특히 선교 사역에 있어서 영적 전쟁의 실제적 훈련과 접근을 다룬 점이 돋보인다. 그리고 한국 내에서의 영적 전쟁에 대한 교회 훈련 사례 그리고 신학교 커리큘럼상의 내용을 소개한 점이 매우 유익하다.

배본철 박사 (성결대학교 교회사 교수)

복음의 본질을 지키면서도 가장 효율적인 선교의 전략을 찾는 상황화의 주제가 현대 선교학의 긴급 주제이다. 이러한 상황화 가운데 복음이 전해질 때 그 복음을 수용하는 개인이나 사회는 문화적인 회심을 경험하게 된다. 문제는 그러한 문화적인 회심 과정 속에서 문화는 중립성이 아닌 영성을 가지고 하나님의 나라에 도전을 한다는 것이다. 결국 선교에 있어서 영적 전쟁은 필연적인 것이기에 저자의 연구 주제는 이러한 현대 선교에 귀한 부분을 감당하는 것이라 믿어 이에 추천하는 바이다.

임헌만 박사 (백석대학교 선교신학 교수)

선교는 개인과 지역과 민족과 세계를 변화시키는 '삶으로서의 영적 전쟁'이다. 선교에 있어서 교회와 선교사는 더욱 치밀하고 완벽한 영적 전쟁의 전략과 무기가 준비되어야 함에 있어서, 저자는 그 대안을 확실하게 전달한다. 21세기의 위대한 선교역사를 이루기 위한 필독서로서 한국교회와 세계선교 사역에서 승리를 결정케 하는 선교사의 길라잡이가 될 것이다.

김민섭 목사 (한국세계선교협의회 국제문화예술기구 회장)

✝ 서문

한국은 125년 만에 세계 2위 선교대국으로 부상하였다. 사실 한국 선교사들은 지구촌에서 다양하게 헌신하고 있는데 목사 선교사와 평신도 선교사 혹은 전문인 선교사로 다양한 사역을 펼치고 있다. 이처럼 하나님은 한국교회를 성장시켜 주셔서 21세기 영적 전쟁의 최전선에 놓인 세계 속에서 선교의 많은 부분을 맡겨 주셨다. 이러한 때, 한국교회가 영적 전쟁을 일상화하여 모일 때마다 함께 기도하고, 영적 전쟁을 수행한다면 세계는 신속히 복음화가 앞당겨질 것이다. 영적 전쟁은 시간과 공간을 초월하여 이루어지는데 선교를 함에 있어서 가장 강력한 전략 중 하나가 영적 전쟁이라고 볼 수 있다.

이러한 선교적 도전은 총신대학교 선교신학 교수 강승삼 박사님으로부터 '세계관과 영적 전쟁'이라는 강의를 통해서 영적 전쟁과 관련된 석사논문을 쓸 수가 있었다. 뿐만 아니라 전 풀러신학교 피터 와그너 교수의 수제자로 전 한세대학교 선교신학 교수를 지낸 명성훈 박사님의 '세계선교와 영적 전쟁'이라는 강의를 통해 한층 더 전략적인 영적 전쟁에 대한 연구를 할 수 있었다.

본서는 이러한 과정의 연구 결과물로 세계선교와 한국교회를 품고 기도하며 영적 전쟁을 하고 있는 모든 그리스도인들에게 이 책을 소개하고 싶어 기도하는 가운데 학술전문서적을 출판하는 한국학술정보(주)를 통해서 출판하게 되었다. 본서를 낼 수 있도록 여기까지 기도해 주시고 도움을 주신 분들이 계신다. 이 책의 출발점에서 맥을 잡아 주신 전 총신대학교 선교신학 강승삼 교수님과 김성욱 교수님, 다양한 측면에서 영적 전쟁을 적용할 수 있도록 가르쳐 주신 현재 순복음성시교회 담임하시는 명성훈 목사님, 마지막으로 칭찬을 아끼지 않고 지도해 주신 성결대학교 손석원 교수님, 노윤식 교수님, 배본철 교수님, 임낙형 교수님께 감사를 드린다. 본서가 지금도 영적 전쟁 가운데 있는 모든 그리스도인들에게 도움이 되기를 소망한다.

2011년 성결대학교에서

이수환

1장_서론

20세기 후반에는 두 가지 성령의 물결이 일어났다고 본다. 그것은 오순절주의 운동과 은사갱신(Charismatic Renewal) 운동이다.[1] 그리고 세 번째 물결은 전 풀러신학교(Fuller Theological Seminary) 교회성장학 교수를 역임했던 피터 와그너(C. Peter Wagner)가 제3의 물결이라고 불렀던 성령 운동이다.[2] 와그너는 성령 운동에 대하여 말하기를, "복

---

1) 배본철, 『개신교 성령론의 역사』(안양: 성결대학교 출판부, 2003), 156~157. 배본철, 『역사신학개론』(안양: 성결대학교 출판부, 2001), 186~187. 은사갱신 운동은 20세기 중반 이후 오순절파를 중심으로 한 전 세계의 여러 개신교파 내에서 심지어는 정교회와 가톨릭교회에서도 일어났다. 전통 개신교파와 구별되는 양상은 그들이 고린도전서 12장에서 14장까지 나타나는 은사들을 실천하는 데 강조점을 보이며, 오순절적 용어인 이른바 성령세례의 경험을 강조하고 있다는 점이다. 이 운동의 시작은 1960년에 미국과 영국에서 거의 동시적으로 일어났으며, 서구 세계가 아닌 아시아나 아프리카 등 전 세계적으로도 확산되었다. 그 결과 방언과 기타 성경에 언급된 여러 성령의 나타남이 전통 오순절 교파의 장벽을 벗어나 가톨릭교회는 물론 1980년대까지 개신교 전통교단 속으로 확장되었다.

2) 와그너는 20세기 성령 운동을 3기로 나누어 제1, 2, 3 성령의 물결로 표현했다. 리차드 리스(Richard M. Riss)는 제1성령의 물결을 주요 재(再)각성 운동이라 불렀다. 제1의 물결은 오순절 운동이요, 제2의 물결은 은사갱신 운동이며, 제3의 물결은 오순절 운동과 카리스마적 운동(신은사 운동)을 말한다. 피터 와그너는 1956년부터 1971년까지 남미의 볼리비아 선교사로 사역하였고, 풀러신학교에서 석사학위(M.Div.)를 받고, 풀러신학교에서 두 개의 학위를 취득한 것 외에 프린스턴신학교에서 신학석사학위(Th.M.)를 받았으며, 남캘리포니아대학교에서 철학박사학위(Ph.D.)를 받았다. 그 이후 1998년 WLI(Wagner Leadership Institute)를 창립하기 전까지 풀러신학교 교수로 재직하였다. 교회성장 분야와 영적 전쟁 분야에서 세계적인 명성을 얻고 있으며, 50권 이상의 책을 저술한 뛰어난 신학자이다. 그가 풀러신학교 종신 재직권을 포기하고, WLI를 설립하게 된 것은 하나님께서 주신 사명 때문이었다. 그는 어떻게 하면 세계 복음화를 효과적으로 할 수 있는가를 연구하고 가르치면서 평생을 바쳐 왔다. 그러나 신학교의 경직된 체제 속에서는 한계가 분명하였다. 이런 확신에 불을 붙인 것은 신디 제이콥스였다. 신디 제이콥스는 오랜 기간 와그너의 가장 소중한 중보기도자로서 그를 도왔다. 그러던 중 신디 제이콥스는 와그너가 새로운 학교를 세우게 될 것이라는 하나님의 뜻을 선포하였고, 많은 기도의 뒷받침 속에서 WLI가 탄생하게 된 것이다. 현재 WLI는 12인 이사회가 구성되어 있고, 그 가운데는 체안, 신디 제이콥스, 로렌스 콩, 잭 디어, 테드 헤거드, 척 피어스, 존 엑카드 등이 포함되어 있다. 와그너는 WLI 총장이며, 또한 세계추수사역(Global Harvest Ministries) 대표이다. 그를

음의 메시지 가운데 능력에 관한 부분은 언급하지 않고 말씀에 관한 측면만을 제시하는 균형이 없는 방법으로부터 탈피해야 한다."라고 하였다.[3]

선교정보 분석가들은 제3의 물결을 통해 1990년대에 기독교 역사 이래로 가장 획기적인 영적 능력이 쏟아지고 있다고 확증했다. 역사적으로 세계 복음화를 위해 1989년 7월에 필리핀 마닐라에서 개최된 세계 복음화를 위한 제2차 로잔 대회에서 놀랍게도 48개의 분과 강의 중 참가자들의 수가 가장 많았던 세 강좌의 주제는 성령과 영적 전쟁, 그리고 기도였다.[4] 이것은 1990년대 기독교계 경향을 분명하게 예고하는 상징적인 것으로 평가되었다.[5] 또한 제2차 로잔 대회보다 7개월 앞서서 풀러신학교 세계선교대학원에서는 복음주의자들과 오순절주의 및 은사주의자들의 학술대회가 개최되었다. 미국과 캐나다의 수준 높은 기독교 연구기관들을 대표하는 40여 명의 학자들이 참가하였다. 참가자들은 세계 복음화를 위해서 초자연적인 능력의 사용을 학문적으로 체계화하려는 긍정적인 시도를 하였다.[6]

세계적인 복음주의 인류학자인 폴 히버트(Paul G. Hiebert)는 21세기 초, 세계선교의 주요 추세로 도시화, 글로벌화, 서구의 기독교 쇠퇴,

---

통해 지금 전 세계 교회들이 네트워크로 연결되며, 마지막 추수를 위해 효과적으로 결집되고 있다. 1998년 이후 WLI는 세계 각처에 분교를 세우면서 사역자들을 훈련시키고 있다.

3) Charles H. Kraft, 『능력 그리스도교』, 이재범 역 (서울: 도서출판 나단, 1992), 16.

4) 안재은, 『현대선교신학』 (서울: 총신대학교 선교대학원, 1995), 76. 조종남 편저, 『세계 복음화 운동의 역사와 정신』 (서울: 한국기독학생회출판부, 1990), 71. 1989년 세계로잔대회의 마닐라 선언문 21개 항의 고백 중 11개 항에서 영적 전쟁에 대하여 말하기를, "우리는 영적 전쟁을 위해서 영적 무기가 필요하므로 성령의 능력으로 말씀을 선포하며, 정사와 악의 권세를 이기신 그리스도의 승리에 참여할 수 있도록 항상 기도하여야 한다는 것을 믿는다."라고 하였다.

5) C. Peter Wagner & F. Douglas Pennoyer, *Wrestling with Dark Angels* (California: Regal Books, 1990), 1~2. Harvey Cox, 『영성 · 음악 · 여성』, 유지황 역 (서울: 도서출판 동연, 1996), 393.

6) C. Peter Wagner & F. Douglas Pennoyer, *Wrestling with Dark Angels*, 2~3.

한국과 중국을 비롯한 아시아와 아프리카, 라틴 아메리카 지역의 급속한 기독교 성장 등을 들었다. 또 후기 현대주의와 후기 현대주의 이후에 대해서도 많은 관심을 기울였다. 따라서 세계선교학계는 복음과 상황 간의 관계를 다루는 상황화, 그리고 글로벌 교회와 선교의 관계를 다루는 에큐메니즘, 타 문화권 지도력과 리더십 훈련, 종교다원주의, 영적 전쟁, 미전도 종족 선교와 10/40창, 세계관 변형, 선교 파트너십, 도시화, 세계화와 지역화 등에 대해서 활발하게 논의 중이다. 최근 선교신학은 다양한 영역의 주제를 다루면서 보다 다변화되고 총체적으로 발전하고 있다.[7]

지금까지 세계선교에 있어서 선교 정책과 전략은 복음의 선포적인 측면을 강조하는 경향성을 짙게 나타내고 있다. 특히 피터 와그너(C. Peter Wagner)에 의해 시도되었던 선교 방식인 영적 전쟁은 능력 치유의 측면이 부각되었다. 그러나 이러한 경향은 선교 현장에서 효과적인 사역을 뚜렷하게 제시하지 못함으로써 선교사들의 사역에 맹점을 보이고 있다. 현재 세계선교를 통해서 하나님께로 돌아오는 숫자를 보면, 세계 인구의 성장률과 비교해 볼 때 점차적으로 간격이 벌어지는 상태이다. 이것은 선교의 어두운 상황을 직시하게 하며 세계선교의 가속화를 위해서 새로운 운동이 일어나야 할 필요성을 느끼게 한다.

티모씨 워너(Timothy M. Warner)는 미래의 선교 전략을 수립하는 데 있어서 심각하게 고려해야 할 문제로 '영적 전쟁'을 언급하였다. 워너는 가장 저항적인 종족들에게 복음을 전하기 위한 열쇠로 영적 전쟁에 대하여, "예수 그리스도의 능력이 과시되기까지는 어떤 사람

들은 복음을 듣지 않는다."라고 주장하였다.[8]

허버트 케인(J. Herbert Kane)은 선교정책가인 로버트 글로버(Robert H. Glover)의 말을 인용하면서 영적 전쟁에 대하여 말하기를, "선교는 인간의 일이 아니라 하나님께서 초자연적으로 지도하고 능력을 공급해 주시는 하나님의 일이다."라고 하였다.[9] 즉 세계선교는 초자연적인 능력을 필요로 하고 있다. 효과적인 선교를 함에 있어서 우선적으로 내용을 전달하는 것이 필요하지만 동시에 회심의 시기가 있어야 한다. 선교는 사람들을 사단의 권세에서 하나님에게로 옮긴다는 점에서 항상 능력을 병행한다(행 26:18). 그래서 그리스도인의 삶 전체가 영적 전쟁이라고 말할 수 있다.

삶으로서의 영적 전쟁은 진정한 성령 운동으로 개인과 지역, 그리고 국가와 세계를 변화시킨다.[10] 그래서 실제적으로 선교사는 더욱 치밀하고 완벽한 영적 전쟁의 전략과 무기가 준비되어야 한다. 이러한 연구는 교회와 선교사들이 직면하고 있는 영적 전쟁의 현장에서 일반적 이해, 성경적 이해, 역사적 이해, 선교 신학적 이해와 함께 영적 전쟁의 관점에서 선교를 준비하는 데 그 목적이 있으며, 선교를 위한 영적 전쟁에 대한 지침서가 될 것이다. 선교에 있어서 교회와 선교사는 치밀하고 완벽하게 영적 전쟁을 준비해야 한다. 그래서 선교 신학적 연구 방법과 영적 전쟁의 모델, 그리고 적용 방법이 필요하다.

그러므로 필자는 다음의 몇 가지 관점을 가지고 접근하였다.

---

8) Robert E. Coleman, 『오늘의 전도 어떻게 볼 것인가?』, 임태순 역 (서울: 죠이선교회 출판부, 1993), 104.

9) J. Herbert Kane, *Wanted: World Christian* (Grand Rapids: Baker Book House, 1986), 212.

10) 명성훈, 『부흥뱅크』 (서울: 규장문화사, 1999), 179.

첫째, 영적 전쟁에 대한 이해의 관점으로 일반적인 영적 전쟁의 정의와 신학적인 하나님의 나라와 사단의 나라에 대해 성경적으로 제시하고, 영적 전쟁에 대한 역사적 이해와 선교 신학적 이해로 정리하고자 한다.

둘째, 영적 전쟁에 있어서 선교사는 사역을 통해 마귀로부터 공격의 대상이 될 수 있다. 이것을 위해 영적 전쟁의 도구인 교회가 어떻게 준비해야 하는가를 제시한다. 그리고 선교사가 교회로부터 파송받을 경우에 교회가 선교의 비전을 가지고 있어야 영적으로나 물질적으로 선교사를 지원할 수 있다. 더 나아가 영적 전쟁에서 승리하기 위해서 선교사는 영적으로 어떻게 준비되어야 하며, 지속적으로 어떻게 훈련받아야 하는지 뿐만 아니라 선교사의 다양한 방어와 공격의 전략에 대해 실제적으로 접근하고자 한다.

마지막으로 셋째, 선교는 방법론이 아닌 성령, 하나님의 주체적인 사역에 따라서 이루어진다. 그리고 성경적 원리에 따른 다양한 방법의 도구는 단지 보조적 역할을 감당하는 것이다.

따라서 영적 전쟁의 도구인 한국교회와 신학 교육기관을 통해 영적 전쟁의 적용 모델을 제시하였다. 영적 전쟁은 선교에 있어서 중요한 관건이라 할 수 있다. 이렇게 볼 때 이 책에서 객관적인 검토를 위해 관련된 제목의 국내 학위논문들을 중심으로 선행 연구를 해 보았다.

이진기의 "교회성장에 미치는 영적 전쟁의 역동성"이라는 논문은 영적 전쟁에 대한 부정적인 견해를 갖고 있는 목회자나 평신도 혹은 지나치게 영적 전쟁에 치중하는 그리스도인에게 성경이 제시하는 바른 영적 전쟁의 이해와 적용방법을 제시하고 올바른 미래 교회의 모습을 설정하였다. 아울러 현대 교회의 모습을 직시하고 교회성장을 도모하여 한국복음화는 물론 세계복음화를 앞당기는 촉매제로 삼아 하나님의 나라를 확장시키고 이상적인 교회 창조를 위해 목회자와 평신도가 영적 전쟁을 보는 시각에서의 대전환을 모색하였다.[11]

정종균의 "영적 전쟁의 신학과 실제"라는 논문은 성경과 교회사에 나타난 사단의 실체와 그 실체에 대항하여 싸운 영적 전쟁의 실상과 오늘날 사단이 어떠한 모습과 궤계를 사용하는지에 대해 연구했다. 또한 현대를 살아가는 그리스도인들이 그들이 임한 사단과 그의 졸개인 마귀들과의 전쟁에서 어떻게 승리할 수 있는지를 살펴보았다. 그리고 이 영적 전쟁을 위한 교회 공동체의 준비와 대응은 어떤 방향이 되어야 할 것인가를 연구 목적으로 삼았다.[12]

유정안의 "영적 전쟁을 통한 교회성장"이라는 논문은 성경에서 성령의 권능에 따른 영적 전쟁을 신학적으로 이해케 하며 더 나아가 교회성장에 영적 전쟁의 실제적 접근을 모색했으며, 21세기를 대비하여 교회성장을 사모하는 교회들이 성령 운동을 통한 영적 전쟁에 어떻게 대비해야 함을 전개하였다. 그리고 성령의 역사 아래에서 영적 전쟁에 대한 잘못된 이해를 불식시키고 한국교회와 세계교회가 그리스도의 영적 군사가 되어야 함을 강조하였다.[13]

고현권의 "선교학에 있어서 영적 전쟁에 대한 연구"라는 논문은 선교에 있어서 우리가 싸워야 할 영적 세력을 바로 분별해서 예수 그리스도의 지상명령을 성취하는 것에 있다. 이제까지의 복음주의적인 접근 방법을 무시하는 것이 아니라 보완하는 측면에서의 연구이다.

---

11) 이진기, "교회성장에 미치는 영전 전쟁의 역동성," 『석사학위논문』 (군포: 한세대학교 신학대학원, 1995).

12) 정종균, "영적 전쟁의 신학과 실제," 『석사학위논문』 (서울: 총신대학교 신학대학원, 1997).

13) 유정안, "영적 전쟁을 통한 교회성장," 『석사학위논문』 (군포: 한세대학교 신학대학원, 1998).

이런 연구가 선교학적으로 자리매김이 되며, 제2/3세계의 선교에서도 크게 이바지할 수 있었다고 보았다. 그런 점에서 선교 현장에서 벌어지고 있는 여러 사례들에 대한 자료들이 충분히 검증되지 않았다는 점에서 경험상의 접근 방법보다는 성경적인 접근에 우선순위를 두고자 하였다.[14]

이재완의 "영적 전투에 관한 선교신학적인 연구: 요한 웨슬리의 선교사상을 중심으로"라는 논문은 웨슬리가 사역하던 18세기 영국의 상황 역시 사단의 공격에 의하여 정치적·경제적·도덕적·종교적인 부패와 타락으로 국가 전체가 무너져 가고 있었고, 당시의 영국교회 역시 영적 전쟁을 이기지 못하고 사단의 공격에 의해 도저히 갱생이 어려워 보이던 암울한 시대에 한 체험적 신학자요, 실천적 전도자인 웨슬리의 선교 운동을 통한 영적 전쟁이 어떻게 한 나라와 교회를 새롭게 갱신시키는 데 성공을 하였고, 더 나아가 온 세계를 향해 '세계는 나의 교구'라고 외치면서 세계선교의 비전을 제시할 수 있었는지에 관한 과정을 도출하고자 하였다.[15] 이를 위해서 웨슬리가 당시 전후하여 직면했던 역사적·사상적 배경과 함께 그의 선교 운동을 가능하게 한 영적 체험과 그의 체험을 중심으로 형성한 신학적인 특징들을 도출해 냄과 아울러 개혁과 선교 운동 과정에서 겪었던 영적 전쟁의 현장을 연구하여 이 시대들에게 영적 전쟁으로서의 선교에 대한 시각을 열어 주었다.

필자는 선교와 영적 전쟁에 대한 연구를 준비하면서 다음과 같은

---

14) 고현권, "선교학에 있어서 영적 전쟁에 대한 연구," 『석사학위논문』 (양평: 아세아연합신학대학교 신학대학원, 1997).

15) 이재완, "영적 전투에 관한 선교신학적인 연구: 요한 웨슬리의 선교사상을 중심으로," 『석사학위논문』 (양평: 아세아연합신학대학교 대학원, 1999).

내용에 그 목적을 두었다. 한국교회는 21세기의 효과적인 세계선교를 위해서 교회의 선교적 사명에 대한 올바른 이해가 절실하다. 더 나아가 교회는 지금보다 활동적인 선교 사역을 위해서 교회와 선교의 관계성을 강조해야 한다고 본다.[16] 그리고 오늘날 교회 안에서 혹은 선교 현장에서 일어나고 있는 영적 전쟁에 대해 많은 연구가 필요하다. 영적 전쟁을 적용하고 훈련시키는 몇몇 교회와 신학대학의 모델들을 제시함으로써 선교사들이 영적 전쟁을 올바로 이해하고 선교 현장으로 나간다면 하나님의 사역을 효과적으로 증거 할 수 있을 것이다.

---

16) 김성욱, 『하나님의 백성과 선교』 (서울: 기독교문서선교회, 1998), 15.

2장_영적 전쟁에 대한 이해

영적 전쟁은 선교 사역에 있어서 가장 강조되는 영역이다. 만일 선교사들이 새로운 선교지에 들어갈 때 현지인들의 종교적인 실제와 신념에 대해서 잘 알지 못한 상태로 새로운 문화권에 들어간다면, 분명히 여러 가지 복잡하고 어려운 문제들이 발생하게 된다. 그것은 신학과 문화, 그리고 실천과 역사의 문제들에 관계된 것이다. 그래서 선교사가 무엇을 준비해야 하는지에 대한 균형 잡힌 영적 전쟁에 대한 지식이 있어야 한다.[17] 따라서 영적 전쟁에 대한 체계적인 전(全) 이해를 제시하고자 한다.

1. 영적 전쟁의 일반적 이해

1) 영적 전쟁의 의미

영적 전쟁이란 죄악에 관한 논쟁이라 할 수 있다. 즉 그리스도인과 사단과의 우주적인 전쟁이다. 사도 바울은 영적 전쟁에 대한 의미에

---

17) A. Scott Moreau, Gary R. Corwin, Gary B. McGee, 『21세기 현대 선교학 총론』, 김성욱 역 (고양: 크리스챤출판사, 2009), 453~454.

대하여, "우리의 씨름은 혈과 육에 대한 것이 아니요(Not against flesh and blood), 정사(against the rulers)와 권세(against the authorities)와 이 어두움의 세상 주관자들(against the powers of this dark world)과 하늘에 있는 악의 영들에게 대함(against the spiritual forces of evil in the heavenly realms)이라"라고 정의하였다(엡 6:12).[18] 전쟁은 그 근본 자체가 죄악이다.[19] 만약 죄가 존재하지 않는다면 어떤 종류의 전쟁도 없을 것이다. 죄악은 인류가 직면하고 있는 문제 중 가장 괴로운 문제이다. 그래서 인간은 수천 년 동안이나 당혹해하면서 직면해 왔다.

에드 머피(Ed Murphy)의 저서 『영적 전쟁 핸드북』(The Handbook for Spiritual Warfare)에서 영적 전쟁에 대하여 말하기를, "우주에서 일어난 반란이다."라고 하였다.[20] 따라서 이러한 영적 전쟁에 가담하는 용이라고 부르는 것은 마귀, 정사, 권세, 이 어두움의 세상 주관자들과 악의 영들이요, 이들에게 대항하여 싸우는 것이 영적 전쟁이라고 정의할 수 있다.

선교 현장에서 주로 당면하는 문제는 지적인 면에 있지 않고 바로 영적인 면에 있다. 선교사는 지적 회의주의자들과 부딪히는 문제보다 귀신 들린 자들을 다루는 문제에 더 많이 부딪힌다. 사단은 한 개인

---

18) 채은수, "영적 전쟁," 『세계선교』 제28호 (1996, 10월), 2.

19) C. Peter Wagner & F. Douglas Pennoyer, *Wrestling with Dark Angels*, 84. 영적 전쟁이란 하나님의 능력을 통해서 여러 종류의 어두운 세력을 노출시키는 것이다. 이를 통해서 진정한 하나님은 한 분밖에 계시지 않으며 우리가 그 하나님께 충성을 다하고 그의 주권을 인정해야 한다는 사실을 인식게 하는 것이다. 여기서 보듯이 영적 전쟁은 단순히 영적 능력을 통해서 어떤 병을 고치거나 하는 것과는 달리 악의 세력과 대결하는 것을 전제로 하고 있다.

20) Ed Murphy, 『영적 전쟁 핸드북』, 노항규 역 (서울: 도서출판 두란노, 1999), 55. 머피는 영적 전쟁 영역에서의 훈련과 상담 사역으로 세계적으로 알려진 사람이다. 그의 가르침은 미국과 아프리카, 아시아, 캐나다, 유럽, 남아메리카, 오세아니아에 이르기까지 많은 지역에서 교회 지도자들과 다른 그리스도인들에게 큰 혜택을 주었다. 그는 선교사로 세계적인 선교사 파송 단체인 국제해외십자군(OC International, 전 Overseas Crusades)의 힐리스 전임 연구원과 캘리포니아 주 새너제이크리스천대학에서 성경 및 선교학 부교수로 재직하고 있다.

뿐만 아니라 정치, 사회, 문화, 우주적인 문제에까지 영향력을 행사하고 지배를 한다(고후 11:14~15; 계 13).

결과적으로 사단은 예수 그리스도의 십자가에서 패했으나 여전히 재림이 있기까지 그리스도인들을 미혹하고 있다(계 12:12). 그리고 선교사는 특정한 문화적인 상황과 역사적인 상황 속에서 그리스도인으로서 목회 현장 또는 선교 현장에서 수많은 경우에 피할 수 없는 영적 전쟁의 과제를 안고 있다. 이러한 영적 전쟁은 하나님의 나라가 확장되는 과정에서 반드시 수반되는 과정일 수밖에 없다. 이 하나님 나라의 확장을 위한 전쟁은 영적인 것에 속한다. 이것은 그리스도의 원수인 마귀가 마지막까지 무저갱에 사로잡혀 들어가기 전까지 계속된다. 이것이 피조 된 모든 영역 안에서의 그리스도인과 사단과의 싸움인 것이다.[21]

특히 가장 생생하게 목격할 수 있는 세계가 선교 현장이다. 선교 현장에서는 보다 강하고 격렬한 실제적이고 영적인 사건들을 경험할 수 있다. 이것은 서구뿐만 아니라 제3세계에서도 찾아볼 수 있는 전 세계적인 문제이다. 지금도 모든 종족들 안에서 하나님께 대적하는 여러 세력들을 찾아볼 수 있다.

이런 경우에 사단의 권세는 그리스도인과 교회들이 싸워야 할 대상인 단순해 보이는 세상의 구조와 문화인 것처럼 보이지만 실제로 사단의 권세는 그 뒤에서 배후를 조종하고 있는 사단과 그를 추종하는 세력들임을 의미한다. 그러므로 원하든지 원하지 않든지 그리스도인들은 영적 전쟁 가운데 있는 군사들로 이러한 영적 전쟁을 피할 수

---

21) Lewis Sperry Chafer, 『성경으로 본 사탄의 정체』, 김만풍 역 (서울: 도서출판 두란노, 1982), 33.

없는 것이다.[22]

영적 전쟁은 하나님의 나라와 사단의 나라 사이 전투이다. 이 두 나라는 지상에 거하고 있는 사람들의 영혼을 빼앗으려고 공격하고 있다. 그 결과 두 영역은 가시적인 영역과 불가시적인 영역으로 끊임없이 서로 싸우고 있다. 불가시적인 영역인 하늘의 세계에서 벌어지고 있는 영적 전쟁은 사람들의 마음에서 시작되어 최종적으로는 가시적 영역인 이 지상에까지 그 영향이 미칠 것이다.[23]

2) 하나님의 나라와 사단의 나라

영적 전쟁의 개념을 이해하기 위해서는 무엇보다도 하나님의 나라와 사단의 나라에 관한 성경적인 가르침을 폭넓게 이해할 필요가 있다. 타락 이래로 성경에서는 하나님의 나라와 사단의 나라가 계속하여 서로 싸우는 것을 보았다. 이 전쟁은 지상과 천상에서 일어난 것으로 지상에서 그 싸움들은 종종 명백하게 나타난다.

욥기 2장에 의하면, 하나님과 사단 사이의 대화를 들을 수 있는데 하나님은 욥을 의인이라고 하면서 사랑하신다. 사단은 그를 시험하도록 허락해 줄 것을 요구한다. 그래서 하나님은 사단에게 욥으로부터 그의 생명을 제외한 모든 소유물을 빼앗도록 허락하신다(욥 1:12, 2:6). 그러나 욥은 불평이 없지는 않았으나 끝까지 신실함을 지킨 것을 볼 수 있다. 결국 승리는 하나님께로 돌아가고 욥은 그의 억울함을 푸는 동시에 하나님께로부터 그가 잃었던 모든 것에서 갑절의 복

---

22) Timothy M. Warner, 『영적 전투』, 안점식 역 (서울: 죠이선교회 출판부, 1993), 10.

23) C. Peter Wagner, 『지역사회에서 마귀의 진을 헐라』, 홍용표 역 (서울: 도서출판 서로사랑, 1997), 150.

을 받는다.[24)

다니엘 10장에 의해, 두 영적 나라 사이의 갈등을 또다시 볼 수 있다. 다니엘은 분명히 기도하였고, 하나님의 도움을 요청했다. 그러나 하나님께서 보내신 천사를 바사국 군이 막았기 때문에 그 도움이 그에게 이르는 데는 삼 주가 걸렸다(단 10:13). 군장 미가엘이 도우러 와서야 비로소 그 첫째 천사는 다니엘에게 올 수 있었다.

두 나라의 갈등을 다시 한 번 볼 수 있는 곳은 예수님께서 그의 제자들의 권세 있는 사역에 답하여 "사단이 하늘로서 번개같이 떨어지는 것을 내가 보았노라"라고 말씀하시는 부분이다(눅 10:18). 이후에 사단이 제자들을 "밀 까부르듯 하려고" 청구한 것을 본다(눅 22:31). 그러나 예수님께서는 베드로의 믿음이 떨어지지 않을 것과, 그가 돌이킨 후에 나머지 형제들을 굳게 하도록 기도하셨다.

우주에서 일어나는 영적 전쟁에 대한 이런 지적들과 성경의 또 다른 암시들을 고려할 때, 그것이 우리 시대에도 계속되고 있다는 것을 추측할 수 있다. 그래서 하나님 나라의 백성인 그리스도인들은 영적 전쟁 적진의 배후에 살고 있으며, 좋아하든지 싫어하든지 간에 그 전쟁에 개입될 수밖에 없다. 즉 사단의 공격을 받는 자들로서 그리스도인은 영적 전쟁에서 사단으로부터 영토 회복을 위해 예수님과 결합하도록 부름받은 자들로서 예수님의 군사이다.

사단은 "이 세상의 악한 신"이자(고후 4:4), "이 세상 임금"이다(요 14:30). 만약 "온 세상은 악한 자 안에 처한 것"이면, 그리스도인은 모두 적의 진영에서 살고 있다(요일 5:19). 그러므로 사단이 "이 모든 권

---

24) Charles H. Kraft, Tom White, Ed Murphy & Others, 『영적 전투에서 승리하라』, 장미숙 역 (서울: 도서출판 은성, 1995), 22.

세와 그 영광을 내가 네게 주리라 이것은 내게 준 것이므로 나의 원하는 자에게 주노라"라고 주장한 것은 단순한 허풍이 아니다(눅 4:6).

그러나 사단의 권세는 위임된 것이지만 동시에 제한되어 있다. 사단은 그가 다스리고 있는 것에 대해서조차 궁극적인 통치는 행사하지 못한다. 하나님을 대적함으로 인해 하늘에서 쫓겨난 사단은 땅과 모든 인류의 주가 되고자 하였다. 비록 그가 속임수로 그 지위를 얻었을지라도, 사단은 메시아가 와서 그의 머리를 상하게 하리라는 그 약속을 알고 있었다(창 3:15). 그래서 수 세기 동안 사단은 그의 대적이 오는 통로가 될 의의 자손의 계보를 파괴하려고 애썼다. 그는 아기 예수님을 죽이고자 예수님이 탄생한 즉시 헤롯왕을 충동하여 베들레헴에 사는 두 살 아래 모든 남아들을 죽이는 계략을 꾸몄다(마 2:13~18).[25]

예수님께서는 성령을 받으시고 능력을 입게 된 후 사단의 나라에 훨씬 더 큰 위협이 되었다. 그리고 그 싸움은 치열해져 갔다. 광야의 유혹에서 사단은 예수님을 유인하여 그에게 절하게 함으로써 그를 파멸시키고자 하였다(눅 4:1~13). 겟세마네 동산에서 그 원수는 예수님 자신의 고뇌와 그의 제자들의 불성실을 통하여 그를 죽이려고 시도하기도 하였다(눅 22:39~46). 그리고 사단의 빅게임은 십자가에서 이루어졌고, 그는 마침내 자신이 이겼다고 생각하였다. 그러나 제삼일에 성부 하나님께서 그의 아들을 다시 살리셨고, 그를 '정사와 권세들'의 세력으로부터 자유롭게 하셨다(골 2:15).

사단은 하나님을 부러워하고 선한 것들을 생산하는 창의력을 지닌

---

25) Charles H. Kraft, Tom White, Ed Murphy & Others, 『영적 전투에서 승리하라』, 24.

인간을 부러워한다. 왜냐하면 이러한 것을 사단은 창조할 수 없기 때문이다. 사단은 누군가 다른 이가 만든 것들을 왜곡하고 파괴할 수 있다. 그러므로 사단은 좌절과 교만에서 생겨난 질투와 부러움, 그리고 증오 가운데 돌아다니며, 하나님과 그의 형상으로 지음받은 자들이 만들어 낸 것을 위조하고 파괴한다. 그러므로 사단의 나라는 잘 조직화되어 있는 것이다.

에베소서 6:12에 의하면, 사단은 하늘에 있는 여러 부류의 악의 영들로 '정사와 권세와 이 어두움의 세상 주관자들'이 바로 그들 중에 속한다. 사단은 하나님이 그를 위해 설정한 한계 내에서 활동해야 한다. 이는 하나님의 나라와 사단의 나라가 동등한 것이 아니기 때문이다. 사실 사단의 하나님을 대적하여 싸울 수 있는 유일한 능력도 하나님이 그에게 위임하신 것이다. 심지어 반역하고 속이는 능력도 하나님의 허락하에서만 행할 수 있다.[26]

악한 자가 다스리는 이 세상 안에 하나님은 자신의 나라를 심으셨다. 예수님께서 선포한 하나님의 나라는 그의 말씀과 더불어 그의 행위를 통해 나타났다. 예수님의 하나님 나라 운동은 곧 예수님 자신의 인격인 그의 말씀과 몸으로 산 그의 삶의 행위에서 비롯된 살아 있는 하나님의 사건이었다. 이 하나님 나라의 운동 중심으로 나타나고 있는 것이 바로 예수님의 기적 행위였다.[27]

이러한 하나님의 나라는 예수님 사역의 일관된 주제였다. 그는 그것에 대하여 말씀하였을 뿐만 아니라 그것을 입증하였고, 예시하였으며, 제자들에게 삶의 우선순위에 두도록 명령하셨다(마 6:33). 그리고

---

26) Charles H. Kraft, Tom White, Ed Murphy & Others, 『영적 전투에서 승리하라』, 25.

27) 김지철, "예수의 치유," 『敎會와 神學』 제28집 (1996, 4월), 191.

예수님의 부활 이후, 그는 성령의 인도와 능력하에 땅 끝까지 그것을 확장하도록 그를 따르는 자들에게 그 나라를 위임하셨다. 이 일을 위해 그는 그들을 세상에, 다시 말하면 적진의 배후에 남겨 두셨다. 또한 그들을 그의 권세로 무장시키시고, 그가 돌아오기 전에 하나님의 나라를 위해 가능한 한 많은 영토를 회복하도록 명령하셨다. 이것은 하나님이 아담에게 주신 명령, 즉 그에게 순종하고 의지하려는 명령을 기꺼이 수행하고자 하는 구속받은 자들의 나라이다.[28]

따라서 하나님 나라의 특징은 사단의 나라와 완전히 반대된다. 하나님은 원수가 부과한 속박 대신에 자유를 주신다(눅 4:18~19). 그러한 자유는 사랑의 하나님께 대한 순종에서 나온다. 그것이 영적인 문제로부터든지 정서적인 문제로부터든지 혹은 신체적인 문제로부터든지 간에 하나님은 사단의 굴레에서 자유를 주기 원하신다. 그리고 사람이 예수 그리스도께 나와 신체적 혹은 정서적 치유를 받거나 또는 귀신의 영향에서 해방될 때 진영은 사단의 나라에서 회복되어 하나님의 것이 된다.[29]

하나님의 나라는 선한 반면 사단의 나라는 악하며, 사단의 나라가 기만적인 데 반해 하나님의 나라는 진실하다. 그러나 하나님의 나라와 사단의 나라는 이 세상 안에 나란히 병존하고 있다. 이 두 나라는 그 행위를 통해 분명히 구별되는데 하나님의 아들이신 예수 그리스도는 바로 사단의 나라를 쳐부수기 위해 이 땅 위에 오셨다(요 3:19~21, 12:31). 예수님께서 오셨다는 사실로 인해 마귀들은 두려워 떨게 되었다. 왜냐하면 사단은 예수님에게서 하나님의 능력과 권세가 흘러넘침을 느낄

---

28) Charles H. Kraft, Tom White, Ed Murphy & Others, 『영적 전투에서 승리하라』, 25.
29) Charles H. Kraft, Tom White, Ed Murphy & Others, 『영적 전투에서 승리하라』, 25~26.

수 있었기 때문이다. 그리고 그들이 그때까지 누릴 수 있었던 행동의 자유를 더 이상 하나님께서 허용하시지 않을 것임을 알았다(막 1:23~24). 여기서 이미 예수님께서 보여 주신 영적 전쟁의 모습을 발견할 수 있는 것이다.[30]

3) 사단의 전략

사단의 명칭이 처음 등장한 것은 역대상 21:1에서이다. 여기서 하나님의 사람인 다윗을 유혹하여 하나님께 순종하지 못하게 했던 사단의 의도를 표현하고 있는데 성경에 나타나는 사단의 모습을 시종일관 시사하고 있다.[31] 이러한 활동은 전 역사를 통해 나타나며 신자

---

30) Charles H. Kraft, 『능력 그리스도교』, 이재범 역 (서울: 도서출판 나단, 1992), 179~184. 미국 풀러신학교 문화인류학 교수 찰스 크래프트는 예수님의 하나님의 나라에 대한 관점에 대하여 말하기를, "첫째, 예수님께서는 하나님의 존재를 굳게 믿고 계셨으며, 하나님의 본성과 활동에 관하여 분명한 입장을 취하고 계셨다. 예수님은 하나님을 다음과 같은 분으로 보셨다. 당신의 자녀들에 대한 절대적인 권위를 지니고 계시며, 그들에게 순종과 신실함을 요구하시면서도 항상 자비를 베푸시는 아버지, 당신의 피조물에게 적극적으로 관여하시는 분, 압제자들(바리세인들과 같은)을 대항하시는 분, 아가페 사랑으로 사람들을 소중히 대하시는 분, 겉으로 나타난 행동이나 상태가 아니라 근본적으로 동기를 보고 사람들을 이해하고 관계를 맺으시는 분이라는 것이다. 둘째, 예수께서는 또한 영적인 세계가 존재한다고 믿으셨다. 그분께서는 천사(마 4:11, 25:31)나 마귀나 사단의 존재를 믿으셨다. 셋째, 예수께서는 두 개의 나라, 즉 하나님의 나라와 사단의 나라가 존재한다고 믿으셨다. 마가복음 12:22에서 29절이 분명히 보여 주듯이, 이 두 나라는 서로 전투를 벌이고 있는 중이다. 그러나 예수님의 죽음과 부활을 통해 이제 하나님 나라의 승리가 확증되었다(골 2:15; 요일 3:8). 넷째, 예수님께서 또한 능력과 능력의 대결을 믿고 계셨던 것 같다. 그분께서는 우리가 해방시켜야 할 사람들에 관하여 사랑을 많이 강조하셨지만, 사단에 대한 관계는 능력과 능력의 대결로 보셨다. 또한 능력과 권세로 가르침(눅 4:32)과 치유(눅 4:36, 39)를 베푸시는 가운데 줄기차게 사단의 세력에 대항하셨다. 다섯째, 예수님과 제자들은 모두 성령께로부터 능력을 받았다(눅 3:21~22, 24:49; 행 18, 10:38). 예수님께서는 분명히 하나님께서 성령과 능력을 부어 주시기 전에 초자연적인 역사를 일으키지 않으셨다. 여섯째, 예수님께서는 단지 아버지께서 하시는 일을 보고, 그 일을 그대로 하실 따름이었다(요 5:19). 따라서 우리들 역시 하나님께서 하시는 일을 보고 그대로 할 수 있을 뿐이다. 마지막으로 일곱째, 예수님에게 있어서 믿는 것이 곧 보는 것이었다(눅 8:9~10). 하나님의 나라에 관한 지식과 지혜는 오직 그 나라의 임금이신 주님을 믿고 신뢰하는 사람들에게만 주어진다."라고 하였다.

31) Rodman Williams, 『조직신학 제1권』, 명성훈 역 (군포: 한세대학교 출판부, 1992), 319. 신약성경에는 사단이나 마귀에 대한 언급이 많이 나타난다. 사단이라는 이름은 34번, 그리고 마귀라는 명칭은 34번 나온다. 구약성경에서 후자의 명칭은 없다. 그러나 사단의 활동은 유혹, 참소, 속임수, 하나님의 모든 것에 대항하여 끈질기게 계속적으로 공격하는 것이다. 마귀는 요한복음 8:44에 의하면, "처음부터 살인한 자요, 진리가 그 속에 없으므로 진리에 서지 못하고 거짓을 말할 때마다 제 것으로 말하나니 이는 저가 거짓말

나 비신자나 할 것 없이 매일 어느 곳에서나 경험할 수 있다.[32] 사단은 항상 인류에게 스스로 하나님이 될 수 있다는 환상을 불어넣음으로써 인간이 자신들의 힘으로 자기 생명을 확보하라고 유혹한다.[33] 이렇게 하나님의 나라와 사단의 나라 전투에서 사단의 전략은 바로 그 시초부터 하나님의 자녀들을 속이는 것이다.

국제 예수전도단(YWAM) 대표 존 도우슨(John Dawson)은 사단에 대하여 말하기를, "사단은 두 가지의 무기를 갖고 있는데 그것은 참소하는 것과 속이는 것이다."라고 하였다.[34] 인간 안에 있는 이 놀라운 잠재력은 하나님 안에서가 아니라 오히려 인간의 능력으로 실현할 수 있다고 믿게 하는 것이다. 이것이 인간을 파괴시키는 사단의 전략이다. 그리고 여호와 외에 다른 합법적인 힘의 존재가 있다고 믿게 하는 것이다.

그래서 악한 세력을 이기기 위해서는 사단의 기본 전략을 이해해야 한다. 사단의 전략은 한마디로 하나님이 영광을 받지 못하시도록 방해하는 것이다. 개인과 교회, 그리고 도시와 선교 현장 등 전 세계에서 하나님이 영광 받지 못하도록 사단은 자신의 목적을 완수하려고 한다. 사단은 하나님께서 받으셔야 할 영광을 가로채려 하는 존재이다. 사단 루시퍼는 하늘로부터 떨어질 때 "지극히 높은 자와 비기리라"고 외쳤다(사 14:14). 사단은 아담과 하와에게 선악과를 먹으면 하나님과 같이 될 것이라고 유혹하였다(창 3:5). 그리고 사단은 예수

쟁이요 거짓의 아비가 되었음이니라"라고 하였다.

32) Ed Murphy, 『영적 전쟁 핸드북』, 58.

33) 김세윤, 『예수와 바울』 (서울: 도서출판 제자, 1995), 446.

34) John Dawson, 『영적 전쟁: 하나님을 위하여 도시를 점령하라』, 유재국 역 (서울: 도서출판 예수전도단, 1992), 23.

가 자기에게 엎드려 경배하도록 유혹하기도 하였다(마 4:9).

사단이 어떻게 하나님께서 영광 받으시는 것을 방해하는가에 대한 대답을 피터 와그너(C. Peter Wagner)는 사단의 1차적 목적과 2차적 목적으로 명백하게 말하였다.[35] 사단의 1차적 목적은 죄인들이 구원받음으로 하나님께서 영광 받으시는 것을 방해하는 것이다. 예수님께서는 잃은 자를 찾아 구원하러 오셨으며, 하나님께서는 믿는 자마다 영생을 얻도록 독생자를 보내 주셨다. 한 영혼이 구원받을 때 하늘에서는 천사들이 기뻐한다. 사단은 이 모든 것을 원하지 않는다. 그들의 주된 목적은 사람들이 구원을 받지 못함으로써 자기들이 영원한 승리를 독차지하려는 것이다. 그리고 사단의 2차적 목적은 오늘을 살아가는 인간과 인간 사회를 가능한 한 비참하게 하는 것이다. 사단은 도적질하고 죽이고 멸망시키기 위해서 이 땅에 왔다. 이 세상의 전쟁, 가난, 억압, 질병, 인종차별, 탐심 및 이와 유사한 악행들을 볼 때 사단이 어느 정도 성공하고 있다. 이 모든 것 중에 어떤 것도 하나님께 영광이 되는 것은 없다. 사단은 그의 2차적 목적을 이루며 일시적이나마 승리하고 있다. 사단은 전술에 능한 존재로서 수천 년간의 경험을 축적하고 있다.

티모씨 워너(Timothy M. Warner)는 이러한 사단의 전략에 대하여 말하기를, "사단은 사람들에게 하나님에 대한 거짓을 말하는 대신 자신의 힘을 보여 줌으로 사람들을 속이는 것이다."라고 하였다.[36] 사

---

35) C. Peter Wagner, 『기도는 전투다』, 명성훈 역 (서울: 도서출판 서로사랑, 1997), 66.

36) Timothy M. Warner, *Deception: Satan's Chief Tactic, Wrestling with Dark Angels* (California: Regal Books, 1990), 102~103. 워너는 아프리카 선교사였으며, 포트웨인성경대학 학장을 역임하였다. 또한 1980년부터 트리니티복음주의신학교에서 선교학을 가르치기 시작하였다. 그리고 테일러대학교에서 종교학 학사(B.A.), 뉴욕신학대학원에서 목회학석사(M.Div.), 뉴욕대학교에서 종교교육학 석사(M.A.), 인디애나 대학교에서 교육학 박사(Ed.D.)학위를 받았다. 저서로는 『The Place of General Education in Bible

단은 거의 매번 속임수로 사람들을 유혹한다. 이러한 관점에 대하여 사도 바울은 고린도후서 11:3에서 경고하며, 고린도후서 2:11에서 사단의 계략에 대하여 언급하고 있다. 그러나 사단은 일단 인간의 삶 속에 교두보를 확보하게 되면 속임수를 더 이상 필요하지 않게 된다(엡 4:27). 이때부터 자신의 정체를 드러내 놓고 자기에게 희생된 사람들을 노예로 만들고 괴롭히는 것이다.[37]

뿐만 아니라 사단이 속이는 주요 대상은 지도자이다. 사단은 하나님을 사랑하지 않는 각계각층의 지도자들을 현혹시킨다. 정치, 경제, 군사, 종교, 교육, 언론, 가족 등 여러 분야의 지도층은 사단이 속이는 대상이 된다. 그 이유는 인류의 운명을 결정할 수 있기 때문이다. 만약 기독교 지도자가 죄를 범하면 교회와 기독교 기관, 그리고 기독인 가정이 파괴되거나 마비되기 때문이다.[38] 그래서 사도 바울은 사단에 대하여 말하기를, "이 세상 신이 믿지 아니하는 자들의 마음을 혼미케 하여 그리스도의 영광의 복음의 광채가 비취지 못하게 함이니"라고 하였다(고후 4:4). 사람들이 그리스도인이 되지 못하는 것은 마음의 눈이 멀었기 때문이다. 즉 예수 그리스도의 영광이 그들에게 미치는 것을 보지 못하게 하고 있다. 그것이 바로 사단이 방해하는 작업이다. 그러므로 선교사는 진리로 사단의 속임수를 드러내고, 속이는 영들을 제압하는 하나님의 능력을 말로써만 아니라 실제로 증거해야 영적 전쟁에서 승리할 수 있는 것이다.

College Curriculum』, 교육자의 전기인 『S. A Witmer: Beloved Educator』가 있고, 『영적 전투』가 있다. 현재 그는 많은 교회와 선교 단체에서 영적 전투에 관한 세미나를 인도하고 있으며, 그의 아내는 엘리노어와 함께 귀신들의 공격으로부터 고통을 당하는 사람들을 상담하는 사역도 하고 있다.

37) Ed Murphy, 『영적 전쟁 핸드북』, 60.

38) Ed Murphy, 『영적 전쟁 핸드북』, 60.

4) 하나님의 전략

선교사가 영적 전쟁을 할 때, 하나님께서는 필요한 능력을 공급해 주는 분이시다. 원수의 계략과 맞서 이기기 위한 하나님의 전략은 세 가지 국면으로 볼 수 있다.[39]

첫째, 하나님께서는 원수의 활동과 영향력에 한계를 두심으로써 그를 제한하신다. 비록 사단이 큰 능력을 가지고 있을지라도 "우리는 우리 안에 계신 이가 세상에 있는 이보다 크신" 것을 안다(요일 4:4). 그리고 욥에 관한 대화에서, 사단은 하나님이 그의 활동을 제한하시는 것을 지적한다(욥 1:10~11, 2:6). 이렇게 예수님께서는 원수가 제자들을 '밀 까부르듯' 하려고 청구하였을 때 그를 제한하시는 것을 본다(눅 22:31). 요한계시록에서도 여러 가지 목적을 위해 하나님께서 사단을 제한하기도 하지만 풀어 주시기도 한다. 원수가 사도 바울을 '육체에 가시'로 괴롭힐 수 있었던 것도 오직 하나님의 허락에 의해서였다(고후 12:7~10). 만약 사단이 마음대로 활동하도록 허용된다면, 인류는 완전히 멸망할 것이다(요 10:10). 그러나 자비하신 하나님은 이것을 허락지 않으시고, 오히려 그리스도인이 원수에게 공격을 받을 때마다 그를 억제하고 제한하신다. 사단은 오직 하나님이 허락하시는 것만을 할 뿐이다(애 3:22).

둘째, 하나님께서 사단의 능력을 제한하시는 것은 그리스도인을 보호하는 결과를 낳는다. 하나님께서는 그리스도인이 연약하다는 것과 그 존재를 결코 알지 못하는 수많은 해로운 것들로부터 보호를 받

---

39) Charles H. Kraft, Tom White, Ed Murphy & Others, 『영적 전투에서 승리하라』, 26~28.

아야 할 필요가 있음을 아신다(시 103:4). 다만 어느 정도의 보호는 자동적일지라도 하나님께서는 사단적인 존재들과 인간들 양쪽 모두에게 그들이 서로를 해할 수 있기에 충분한 자율을 허락하신다. 그러나 그리스도인은 "사람이 감당할 시험밖에는 우리에게 당한 것이 없나니 오직 하나님은 미쁘사 우리가 감당치 못할 시험 당함을 허락지 아니하시고 시험당할 즈음에 또한 피할 길을 내사 우리로 능히 감당하게 하시는 줄"을 믿어야 한다(고전 10:13). 그리스도인에게는 목자가 그의 양을 보호하고 돌보는 것과 같이 보호하고 돌보는 사랑의 하나님이 계신다(요 10:11~15). 예수님께서는 그리스도인이 하나님께 간구할 때 더 많이 보호받을 것을 말씀하면서 악에게 구하여 주도록 하나님께 기도할 것도 가르치셨다(마 6:13).

마지막으로 셋째, 경우에 따라 하나님의 전략은 공격하는 것이다. 하나님께서 모세를 불러 애굽의 바로 앞에 가게 하였을 때, 하나님께서는 공격하는 편에 서셨다. 또한 엘리야에게 바알 선지자들과 대결하도록 명령을 하신 때도 마찬가지였다. 예수님께서 이 땅에 오신 것은 사단과 하나님의 나라에 대한 하나님의 가장 명백한 성공적인 공격이었다.

요한일서 3:8에 의하면, "하나님의 아들이 나타나신 것은 마귀의 일을 멸하려 하심이니라"고 하였다. 그러나 예수님께서는 즉시로 공격하지 않았고, 그의 생애 초기에도 아무런 기적을 행하지 않으셨다. 심지어 그의 고향 사람들에게 어떤 감동적인 인상조차 거의 주지 않은 것으로 본다. 그들은 그가 권위 있게 가르치고 능력을 행하기 시작하셨을 때 놀라움을 금치 못하였다(마 13:53~58). 원수는 예수님께서 언제 활동을 시작하실지 의아해했으며, 이 기간 동안 분명히 당황

하였을 것이다. 그러나 마침내 예수님께서 세례를 받고 성령의 능력을 덧입게 되었을 때, 그 일은 일어났다(눅 3:21~22). 그때부터 예수님께서는 어둠의 나라와 적극적으로 맞서서 성령의 능력으로 사단에 대한 전쟁을 선포하셨다(눅 4:4). 그래서 예수님은 병을 고치고, 귀신들을 내어 쫓으며, 하나님의 나라에 대해 가르치고 그 나라의 대의를 위해 싸울 군사들을 모집하셨다. 예수님께서 사람들을 고치고 귀신들린 자들을 풀어 주셨을 때마다 그 악한 자를 공격하고 그 진영을 빼앗았다.

특히 예수님께서 가르치는 사역은 공생애 중 하나에 속하였다. 사단이 예수님에 대한 승리를 확신하면서 그를 죽이려고 꾀하였을 때, 성부 하나님께서 공격을 주도하여서 예수님을 일으킴으로 원수가 던질 수 있었던 죄악을 단번에 영원히 승리하게 하셨다.[40] 영적 전쟁에서 하나님의 전략은 목회자와 선교사, 그리고 그리스도인들이 사단과 그의 졸개들을 패배시키는 중요한 역할을 하게 하시는 것이다. 하나님은 사람이신 예수 그리스도 안에서 그를 통하여 원수를 물리치기를 원하였던 것이다.

2. 영적 전쟁의 성경적 이해

1) 구약성경에 나타난 영적 전쟁

영적 전쟁에 관한 출발은 구약성경인 창세기로부터 시작되었다.

---

40) Charles H. Kraft, Tom White, Ed Murphy & Others, 『영적 전투에서 승리하라』, 28~29.

마귀와 용, 그리고 옛 뱀은 타락 직후 에덴동산에서 평화롭게 죄를 모르고 살고 있던 아담과 하와를 찾아와 속임으로써 하나님의 형상으로 지음받은 인간을 넘어뜨렸다. 이제 하나님께서는 여자의 후손이며 사내아이 메시아이신 예수 그리스도와 하나님의 나라와 사단의 나라 사이에 영적 전쟁이 있을 것을 선언하신다(계 12장).

이러한 영적 전쟁의 실상을 구약성경에서 여덟 단계로 정리할 수 있다.[41]

첫째, 셋의 사건에서 홍수 사건까지의 영적 전쟁이다. 셋이 태어났을 때 사단은 셋의 가정을 통해 예정된 메시아가 올 것을 알고 셋의 가정을 파멸하기 위하여 할 수 있는 모든 노력을 시도하였다. 메시아에 관한 약속을 무효화시키기 위해 셋의 아들들을 유혹하여 가인의 딸들과 결혼하도록 하였다. 마치 마귀가 승리를 거둔 것처럼 보였으나 전혀 그렇지 않았다. 하나님은 홍수로 모든 인류를 전멸시켰으나 노아의 가정인 셋의 자녀들을 구원하셨다.

둘째, 홍수 사건에서 야곱까지의 영적 전쟁이다. 다시 한 번 마귀는 아이를 죽이려고 여인의 앞에 섰다. 메시아의 약속은 이제 아브라함에게 달려 있었다. 그의 아내 사라는 경수가 끊어졌으나 하나님의 능력으로 이삭을 낳았다. 이제 뱀의 머리를 상하게 할 후손은 이삭과 리브가에게 돌아갔다. 리브가는 아이를 생산치 못하였으나 다시 한 번 하나님의 능력으로 잉태하여 사단의 궤계를 무너뜨리고 약속의 계보는 계속적으로 유지된다. 약속의 하나님은 에서와 야곱 사이의 갈등 속에서 야곱을 구해 내신다.

---

41) 강승삼, 『영적 전쟁』 (서울: 총신대학교 선교대학원, 1996), 6~7.

셋째, 야곱에서 사막에 있는 유다 족속까지의 영적 전쟁이다. 다시 마귀(용)는 여자 앞에 선다. 그는 야곱의 자손인 유다 족속을 공격한다. 하나님은 이집트의 압박으로부터 그들을 구원하셨지만 그들은 하나님을 거부하고 금송아지 둘레에서 춤을 추며 뛰어놀았다. 그들은 하나님의 진노로 전멸당하여 사단에게 승리를 안겨 줄 뻔하였다. 그러나 중보자인 모세의 간청으로 인해 그 약속은 다시 지속되었다.[42]

넷째, 사막의 유다 족속에서 다윗 왕까지의 영적 전쟁이다. 하나님은 유다 족속 가운데 다윗의 가정을 선택하셨다. 약속된 메시아는 다윗의 자손으로부터 태어나게 되었다(삼하 7:12; 시 89:29, 35~36; 렘 23:5; 행 2:30). 이제 사단은 사울을 통해 다윗을 공격한다. 그러나 하나님께서는 그를 보호함으로 그의 약속을 지키신다.

다섯째, 다윗 왕에서 아달랴 여왕까지의 영적 전쟁이다. 사악한 부모인 아합과 이세벨 사이에서 태어난 사악한 여왕 아달랴가 통치했을 때, 사단의 도구인 그녀는 그녀의 아들 아하샤가 죽은 것을 보았다. 그녀는 다윗 왕의 모든 후손들을 진멸하였으나 하나님께서 그중 요아스를 구출하셨다(왕하 11:1). 그래서 다윗의 혈통으로부터 그리스도가 태어나게 되었고 약속은 보존되었다.

여섯째, 아달랴 여왕에서 아하스 왕까지의 영적 전쟁이다.[43] 이스라엘과 시리아의 연합군은 유다를 공격하여 메시아의 혈통인 다윗의 가문을 진멸하고 다브엘의 아들을 왕으로 삼고자 한다(사 7:6). 그러나 하나님은 이사야 선지자를 명하여 유다의 아하스 왕을 격려하라고 하셨다. 그러나 아하스는 하나님의 도움을 통해 징조를 구하라는

---

42) 강승삼, 『영적 전쟁』, 7.
43) 강승삼, "영적 전쟁의 신학적인 기초와 실재," 『세계선교』 제28호 (1996, 10월), 16.

말씀을 거절한다. 그러나 사단이 경악할 징조를 하나님께서 주셨는데 "보라 처녀가 잉태하여 아들을 낳을 것이요 그 이름을 임마누엘이라 하리라"고 말씀하셨다(사 7:14). 하나님의 목적은 반드시 이루어진다. 임마누엘 되시는 예수님은 다윗의 혈통으로부터 기어코 태어났다.

일곱째, 아하스 왕에서 에스더까지의 영적 전쟁이다. B.C. 5세기경, 아하수에로 왕이 통치권을 가지고 있었다. 사단의 도구로서 하만의 요구에 따라 아하수에로 온 나라에 유대인을 전멸하라는 조서를 반포한다(에 3:15). 이 조서는 왕의 반지로 인쳐졌다. 그러나 다윗의 혈통에서 태어나야 할 대중보자에 대한 하나님의 약속은 왕 중의 왕의 언약으로 인쳐졌다. 에스더와 모든 유대인들은 하나님께 금식기도를 하였는데 하나님은 유대인들을 구원하셨다.

마지막으로 여덟째, 에스더에서 베들레헴까지의 영적 전쟁이다. 이제 장엄한 드라마의 마지막 장면을 장식할 순간이다. 무대는 베들레헴이다. 구유에 아기 예수가 누워 계셨다. 예수가 태어나셨음에도 불구하고 용은 그를 죽이려고 시도했다.

요한계시록 12장에 의하면, 사단과 그리스도 사이에 영적 전쟁의 전체적 역사가 얼마 안 되는 글로써 기록되어 있지만, 예수 그리스도의 탄생과 관련되어 발생한 사건을 직접적이고 구체적으로 설명하고 있다. 동방박사로부터 보고를 들으려는 헤롯왕의 의도는 그를 경배하려는 것이 아니라 죽이고자 함이었다. 그러나 하나님께서 직접 개입하심으로써 헤롯왕의 계획은 수포로 돌아가고 말았다. 그러나 사단은 참패를 인정하지 않았다. 그래서 베들레헴과 그 지경의 두 살 이하 남자아이를 모두 살해하는 횡포를 자행하였다. 그러나 결국 헤롯왕은 실패하였고, 사단도 실패한 것이다. 아기 예수는 애굽에서 안전하게 거하게 되었다(마 2:13).

베들레헴에서 예수 그리스도의 탄생은 사단에 대한 하나님의 승리였다. 그리고 하나님의 백성들을 위한 구세주의 십자가상에서의 사망과 부활은 더욱 큰 승리이며, 예수 그리스도의 승천과 보좌에 앉으심은 어둠의 권세와 사단에 대한 최고의 승리였던 것이다(계 5:7; 빌 2:9).[44]

2) 신약성경에 나타난 영적 전쟁

예수님께서는 요단강에서 세례 요한에게 세례를 받고 성령의 충만을 받기까지 비교적 평화로운 삶을 사셨다. 마태복음 3:17에 의하면, "이는 내 사랑하는 아들이요 내 기뻐하는 자"라고 하나님께서 귀에 들리는 소리로 말씀하셨다. 그리고 후에 처음 일어난 일은 예수께서 성령에게 이끌려 마귀에게 시험을 받으러 광야로 가신 것이다.

예수님의 공생애 사역은 사단의 눈과 눈을 마주 대한 능력대결로 시작되었다. 이것은 역사에 기록된 최고의 전략적 차원의 영적 전쟁에 대한 설명이다. 영적 전쟁은 이 땅에서뿐만 아니라 예수님께서 세상을 떠나신 후에도, 예수님 전체 사역의 특색과 양태를 띠고 있음을 알 수 있다. 가장 심각하고 치명적인 결정타는 예수님께서 십자가 위에서 죽음으로 사단을 이기셨다는 점이다. 그러나 그것으로 전쟁이 끝난 것은 아니다. 예수님께서 하나님 아버지의 우편에 계시기에 전

---

44) 강승삼, 『영적 전쟁』, 7. 예수님의 부활 승천과 오순절 성령 강림 사건 이후에 그의 몸 된 교회가 세워진다. 그 옛 뱀인 용(창 3:15; 계 12:1~6)은 메시아를 놓치고 오히려 완전히 머리가 깨어졌지만 참패를 인정하지 않고 이제는 예수의 몸인 교회를 입을 벌려 공격하여 삼키려고 한다. 죄에 대한 예수 그리스도의 대속이 완전히 성취되었기에 사단은 신자를 송사하던 그의 자리(욥 1:7~11, 2:4~5)를 잃어버렸다(눅 10:18; 롬 8:33). 교회는 예수 그리스도를 전파하는 것이 영적 전쟁의 목적이다. 그러나 사단은 그의 노를 교회에 발산한다. 그래서 베드로는 "근신하여 깨어라 너희 대적 마귀가 우는 사자같이 두루 다니며 삼킬 자를 찾나니"라고 경고하고 있다(벧전 5:8).

쟁은 지금도 계속되고 있으며 앞으로도 계속될 것이다.[45]

그리스도인은 광야에서 하나님의 아들과 사단 간의 영적대결로 시작하여 "장차 마귀가 불과 유황 못에 던지우니 거기는 그 짐승과 거짓 선지자도 있어 세세토록 밤낮 괴로움을 받게 될" 저 놀라운 마지막 세대인 중간기간에 살고 있다(계 20:10). 예수 그리스도의 죽음과 부활을 포함한 모든 사역 가운데 선교는 이 같은 중간기간의 틀에서 수행되고 있다. 그래서 복음서에 예수님께서 수행하시는 모든 차원의 영적 전쟁을 많이 읽게 된다.

세계 성공회 성령쇄신 운동을 위한 SOMA의 국제 책임자였던 마이클 하퍼(Michael Harper)는 예수님의 사역 가운데 영적 전쟁에 대하여 말하기를, "예수 그리스도의 도래는 사단의 세력들에 대한 정면대결이다. 예수님의 사역은 귀신을 쫓아내는 것과 해방을 포함하였다. 예수님의 치유들은 다른 어떠한 요소보다 사단의 영향과 더 관련되었으며, 이 이야기들 중 몇 가지는 신약성경에서 가장 생생하고 중요한 것들이다."라고 하였다.[46]

그리고 캐나다 리전트칼리지(Regent College)에서 학장과 신학자로 활동했었던 마이클 그린(Michael Green)도 예수님의 사역 가운데 영적 전쟁에 대하여 말하기를, "성경에서 예수님의 사역은 누구보다도 마귀에 대하여 말한 것이 더 많다. 복음서 기자들은, 십자가에서 절정에 도달하는 예수님의 사역은 사단과의 실제적인 투쟁으로 가득 차 있다고 적었다."라고 하였다.[47]

---

45) C. Peter Wagner, 『영적 전투를 통한 교회성장』, 나겸일 역 (서울: 도서출판 서로사랑, 1997), 137~138.

46) Machael Harper, *The Healings of Jesus* (Downers Grove: Inter Varsity Press, 1986), 29~30.

47) Michael Green, *I Believe in Satan's Downfall* (Grand Rapids: Wiilliam B. Eerdmans Publishing Company, 1983), 26~27.

유명한 신약 학자 조지 래드(George E. Ladd)는 예수님 사역의 본질이라고 할 수 있는 영적 전쟁에 대하여 말하기를, "예수님의 가르침에 나타난 하나님의 나라는 이중적인 현현(顯現), 곧 세대 말에 사단을 멸망시키는 것과 예수님의 사역에서 사단을 결박하는 것이다."라고 하였다.[48]

사도 요한은 나중에 예수님의 사역을 회상하면서 그분의 사역에서 사단에 대한 영적 전쟁을 동일하게 강조하였다. 요한일서 3:8에 의하면, "하나님의 아들이 나타나신 것은 마귀의 일을 멸하려 하심이니라"고 하였다. 예수님께서는 실제로 세상에서 그 명령 밑에 사는 마귀와 졸개인 귀신들에게 때때로 말씀하셨다. 그리고 마귀의 일에 대하여 가르쳤고, 개인적으로 마귀를 대적하셨다. 예수님께서 사단과 대결 직후 "갈릴리에 두루 다니사 저희 회당에서 가르치시며 천국 복음을 전파하시며 백성 중에 모든 병과 모든 약한 것"을 고치셨다(마 4:23). 이러한 소문은 곧 멀리 퍼지게 되었고, 병든 자들이 치료받기 위하여 그에게 나오기 시작하였다. 예수님께서는 가공할 만한 적과 대결한 것이다. 예수님께서는 사단을 '이 세상의 주관자'라고 일컬었다(요 12:31, 14:30, 16:11). 이 말을 경솔하게 생각해서는 안 될 것이다.

예일대학교(Yale University) 성서신학 교수 수잔 개릿(Susan Garrett)의 저서 『마귀의 멸망』(The Demise of the Devil)에서 누가의 저서들에 초점을 맞추면서 예수님의 영적 전쟁에 대하여, "누가복음과 사도행전에서 사단에 대한 언급들은 적은 양이라 할지라도 의미상 매우 중요하다. 우리는 누가가 말한 구원사에서 사단의 중요성을 과소평가해

---

48) George E. Ladd, *A Theology of the New Testament* (Grand Rapids: Eerdmans Publishing Company, 1983), 66~67.

서는 안 된다. 우리를 구원하시고자 하는 예수님의 전쟁은 매우 필요하며, 아주 격렬하며, 하나님의 목적에 부합하는 사단의 맹렬한 저항 때문에 그의 승리는 위대한 것이다."라는 결론을 내렸다.[49]

미국 새너제이크리스천대학(San Jose Christian College)에서 성경 및 선교학 교수 에드 머피(Ed Murphy)는 복음서에서 나타난 영적 전쟁에 대하여 말하기를, "복음서 안에는 영적 세계의 전쟁이 150번 나왔다고 말하며, 성경 기자들이 영의 세계를 자신들과 예수님께서 살고 사역하셨던 상황에 비추어 보아 의심할 여지가 없다."라고 하였다.[50]

예수님께서 이 세상에 오신 것을 군사적인 침입과 유사한 것으로 이해하는 것은 잘못된 것이 아니다. 예수님은 공격적으로 오셨고, 전진기지를 차지한 것이다. 예수님은 하나님의 나라를 도래시키면서 오셨고, 그 나라의 복음을 선포하였다. 그래서 세례 요한은 하나님의 나라가 곧 온다고 전파하였다(마 3:2). 그리고 예수님께서는 그의 제자들에게 하나님의 나라를 전파하라고 말씀하셨다(마 10:7). 이것은 인간의 전 역사를 통틀어서 가장 획기적인 전환점이 되었다. 예수님께서 이 땅에 오시기 전에, 사단의 지배는 수천 년 동안 이어져 왔다. 사단이 예수님에게 '세상 나라와 그 영광을' 그대에게 제공하겠다고 한 말은 주목할 만하다(마 4:8). 예수님께서는 세상의 소유권 문제를 놓고 다투지 않았다. 만일 사단이 세상 소유주가 아니었더라면, 세상 소유권과 관련된 사단의 유혹은 광대의 익살일 것이다. 사단은 무서운 능력을 가졌고 여전히 가지고 있다.[51] 그러나 결코 하나님의 능력

---

49) Susan R. Garret, *The Demise of the Devil* (Minneapolis: Frotress Press, 1989), 37.

50) Ed Murphy, *The Handbook of Spiritual Warfare* (Nashville: Thomas Nelson Publishers, 1992), 290.

51) C. Peter Wagner, 『영적 전투 통한 교회성장』, 140~141.

에는 상대가 될 수 없다. 사단의 나라는 2천 년 동안 후퇴하였고, 하나님의 나라로 대치되었다. 이제 사단은 밀리고 밀려서 10/40 창문지역이라는 벽에 등을 기대고 있다.[52]

사단은 여전히 많은 사람들을 수하에 두고 있기 때문에, 예수님께서는 세상에 계실 때에 마귀에게 행한 것과 같이 오늘날도 그와 영적 전쟁을 하도록 천국 군대를 보내고 있다. 예수님께서는 12명의 제자들이 나가서 사역하도록 처음 허락하셨을 때, 복음전파 사명을 튼튼히 무장시키기 위해 영적 전쟁과 관련된 두 가지 일을 행하였다. 예수님께서는 제자들에게 "더러운 귀신을 쫓아내며 모든 병과 모든 약한 것을 고치는 권능을 주시니라"고 말씀하셨다(마 10:1). 예수님께서는 제자들에게 "가면서 전파하여 말하되 천국이 가까이 왔다 하고 병든 자를 고치며 죽은 자를 살리며 문둥이를 깨끗하게 하며 귀신을 쫓아내라"고 명령하셨다(마 10:7~8).

선교 사역을 위한 이러한 영적 전쟁의 양식은 십자가나 부활로 중단되지 않았다. 예수님께서는 부활 후 제자들에게 "너희는 가서 모든 족속으로 제자를 삼아 아버지와 아들과 성령의 이름으로 세례를 주고 내가 너희에게 분부한 모든 것을 가르쳐 지키게 하라"고 명령하셨다(마 28:20). 분명히 예수님께서 제자들에게 명령하신 중요한 임무들 중에 한 가지는 귀신을 쫓아내는 것이었다. 그리고 나중에 예수님께서 다메섹 도상에서 사도 바울을 개인적으로 만났을 때 그를 열방의 선교사로 보내시면서, 그 눈을 뜨게 하여 어두움에서 빛으로, 사단의 권세에서 하나님께로 돌아가게 하고자 하였다(행 26:18).[53] 마귀는 자신

---

52) 10/40 창문지역은 적도를 중심으로 북위 10도에서 40도까지의 지역으로 서아프리카에서 일본까지를 의미한다.

의 권세 아래 있는 누구도 포기하지 않기 때문에, 사도 바울은 평생 동안 그 마음에 영적 전쟁과 관련된 것으로 분명히 인식하고 있었다.

하나님의 나라는 여전히 모든 대륙에서 사단의 나라를 패배시키고 있다. 전 지구촌의 도시들과 지방, 그리고 종족들 안에서 남녀와 아이들의 종국적인 충성을 받아 내기 위하여 전쟁은 여전히 계속되고 있다. 오늘날 그리스도인들 중에 불신자들을 어둠에서 빛으로 취해야 할 최전선으로 부름 받은 사람들은 예수님께서 가지셨던 동일한 영적 전쟁의 장비를 필요로 하고 있다.[54] 그리스도인들만이 이 어두운 세력들을 대항하여 전쟁할 권세를 가지고 있을 뿐만 아니라 영적 전쟁에서 싸워야 할 책임도 있다. 예수님께서 능력 사역으로 행한 모든 것을 성령으로 행하셨다. 그래서 제자들은 가장 좋은 영적 훈련을 받았다. 그래서 예수님께서는 3년 동안 복음전도, 치유, 거룩함, 윤리, 청지기 사명, 축사행위, 설교, 신학, 도덕, 구약성경, 선교, 기타 모든 것을 제자들에게 가르치셨던 것이다.[55] 하나님 나라의 사역을 중심으로 한 예수님의 사역이었다면 제자들은 다른 사역들을 기대하지 않았을 것이다. 사단은 멸망했지만 영적 전쟁은 계속된다. 그래서 모든 그리스도인들은 예수님을 따르는 제자들로서 선교 사역에 영적 전쟁을 해야 하는 충분한 이유를 가지고 있다.

이러한 점에서 사도행전은 영적인 능력 사역들과 선교신학의 분야에서 중요한 것들을 가르치고 있다. 즉 사도행전 1:8에 의하면, "오직 성령이 너희에게 임하시면 너희가 권능을 받고 예루살렘과 온 유대

---

53) C. Peter Wagner, 『영적 전투를 통한 교회성장』, 142~144.

54) C. Peter Wagner, 『영적 전투를 통한 교회성장』, 145.

55) 예수님께서는 제자들에게 사역의 본을 보여 주셨고, 현장 실습을 개인적으로 감독하셨다.

와 사마리아와 땅 끝까지 이르러 내 증인이 되리라"라고 말씀하셨다. 이 성경 말씀에서 두 가지 강조점은 능력사역(power ministries)과 타 문화권 선교(crosscultural mission), 그리고 선교신학이다.[56]

피터 와그너(C. Peter Wagner)는 풀러신학교에서 능력사역 및 선교 신학을 가르치면서 세 권으로 된 사도행전 주석을 저술하였다.[57] 그 책에서 전략 차원의 영적 전쟁으로 해석될 수 있는 사도들의 다섯 가 지 사례 사역들을 찾았다. 첫째, 베드로 대 마술사 시몬의 대결이 다.[58] 둘째, 베드로 대 헤롯왕의 대결이다.[59] 셋째, 사도 바울 대 바예 수(또는 엘루마)의 대결이다. 넷째, 사도 바울 대 점쟁이 귀신의 대결 이다. 마지막으로 다섯째, 사도 바울 대 에베소의 다이애너(또는 아데 미)의 대결이다.

사도 시대에는 초자연적인 능력을 갖고 사역하는 것이 너무 당연 한 복음전파 방식이었기 때문에 다른 비평가들은 그 문제에 대하여 민감하다. 그러나 누가는 사도행전에 초자연적인 능력사역을 특별한

---

56) C. Peter Wagner, 『영적 전투를 통한 교회성장』, 182~183.

57) 와그너의 사도행전 주석은 다음과 같이 3권으로 저술되었다. 그것은 『불을 질러라』(Spreading the Fire), 『세계를 밝혀라』(Lighting the World), 『개척하라』(Blazing the Way)이다.

58) C. Peter Wagner, 『영적 전투를 통한 교회성장』, 191~192. 누가는 사마리아 복음화 기사 중 거의 절반 을 '마술사 시몬'이라고 불린 시몬과 베드로의 능력대결에 할애하고 있다. 이것은 사마리아인들을 복음으 로 개방되게 한 근본적인 사건으로 이해될 수 있다. 와그너는 이렇게 말한다. 빌립이 '그들에게 그리스도 를 전한 것'이나 '많은 중풍 병자와 앉은뱅이'를 고친 것이 중요하다고 말하려는 것이 아니다. 두 가지 다 중요하다고 말한다. 이것은 사마리아인들을 영적 포로로 잡아 둔 악령의 세력이 어떤 방법으로든 약화되 었음을 의미한다. 사마리아에서는 보이지 않는 어두움의 세계의 더 높은 영역들에서 어떤 일이 벌어지는 것처럼 보인다. 원수의 전열은 흐트러졌다. 의심할 여지없이 이 많은 일들은 사람들의 치료와 구원과 축귀 와 관련된 사역들이 야기되었는데 그 모든 역사는 사단을 당황하게 하였다. 우리는 어두움의 세계가 세 칸이 아니라 상호 연관된 전체라는 것을 알아야 한다. 마술사 시몬은 사마리아에서 강한 자가 누구인가에 대한 실마리를 제공해 준다. 그 마술사는 소위 그 지역을 장악하고 있는 '지역 귀신'이 직접 내린 능력을 받았다.

59) C. Peter Wagner, 『영적 전투를 통한 교회성장』, 198~199. 누가는 사도행전 12장에서 "헤롯왕이 예루 살렘 교회의 두 지도자들을 공격할 대상으로 두었다"라고 말하면서 시작한다. 헤롯왕은 야고보와 베드로 를 처형하기로 결정하였다. 그는 야고보를 죽였고, 베드로도 죽이려고 상당히 애를 썼지만 전혀 그렇게 할 수 없었다. 와그너는 이 사건을 전략 차원의 영적 전쟁의 다른 예라고 생각하였다.

문제로 삼을 필요가 없었다고 한다. 피터 와그너(C. Peter Wagner)는 사도들이 모든 개연성을 갖고 누가가 말한 것보다 훨씬 더 구체적으로 많은 전략 차원의 영적 전쟁에서 실제적으로 행하였다고 한다.[60]

베드로는 전략적 차원의 영적 전쟁의 용사였다. 그는 수년 후 베드로전서를 기록할 때에 그것을 망각하지 않았다. 그는 "근신하라 깨어라 너희 대적 마귀가 우는 사자같이 두루 다니며 삼킬 자를 찾나니"라고 말했다(벧전 5:8). 그러나 베드로가 기도하였다는 말이 없는 것은 흥미롭다. 베드로가 감옥에 있을 때, 누가가 우리에게 말하는 것은 잠자고 있었다는 것이 전부이다. 마가의 어머니 마리아는 베드로의 주된 중보자인 것처럼 보인다. 그녀는 베드로의 생명이 위협당하고 있을 때, 가장 친밀한 중보자이었을 것이다. 중보자들로부터 보호를 받지 못한다면, 그리스도인은 영적 전쟁에서 승리하지 못할 것이다.[61] 그리스도인은 역사를 통해 베드로가 끝까지 선봉적인 전투를 계속하였고, 순교라는 궁극적인 대가를 지불하였음을 배우게 된다.[62] 사도 바울의 회심은 영적 전쟁에 대한 기록 중에서 가장 극적인 장면이었다. 사도 바울이 회심한 날 예수님께서 사도 바울에게 직접 말씀하셨다(행 26:17~18).

이것은 사도 바울을 남은여생 동안 열정적으로 헌신하게 했던 큰 위임이었다. 그의 역할은 선교 사역에 있어서 복음전파와 교회개척이다. 사도 바울이 받은 이 위임은 영적 어두움에 매여 있는 종족 그룹들을 예수 그리스도의 빛으로 데려오는 과정이다. 즉 어두움에 있는

---

60) C. Peter Wagner, 『영적 전투를 통한 교회성장』, 186.

61) C. Peter Wagner, 『영적 전투를 통한 교회성장』, 201~202.

62) 오리겐은 네로 치하 대략 기원 후 64년경 베드로는 자신이 주님과 같은 자세로 처형될 자격이 있다고 생각지 않았기에 그의 요구대로 거꾸로 십자가에 못 박혔다고 한다.

'사단의 권세에서 하나님께로' 옮겨 가는 것이다(행 26:18). 이것은 악한 권세들을 공격적으로 대적하는 것이다. 예수님께서 사도 바울에게 대적의 영적인 포로들을 해방시키기 위해서는, 누가복음 11장에서 제자들에게 말씀하셨듯이 강한 자를 이기거나 결박해야 한다고 말씀하신다.[63] 사도 바울은 나중에 그의 서신서에 영적 전쟁에 대하여 기록한다. 그는 에베소서 6:12에서 영적 전쟁에 대하여 말하기를, "우리의 씨름은 혈과 육이 아니요 정사와 권세와 이 어두움의 세상 주관자들과 하늘에 있는 악의 영들에게 대함이라"라고 하였다.

특히 사도행전에서 발견되는 사도 바울은 귀신과의 직접적인 두세 번의 대적보다 더 많은 경험들을 통하여 이 싸움을 어떻게 싸워야 할지를 알았다. 사도행전 13장의 내용은 사도 바울이 후대에 사람들을 사단의 권세로부터 하나님께로 돌이키면서 행한 모든 것에 대해 예언적인 소개로 나타난다. 만일 그러하다면, 영적 전쟁과 능력대결은 사도 바울의 계속적인 사역의 뚜렷한 특징들이다.[64]

존 스토트(John R. W. Stott)는 영적 전쟁의 맹렬함에 대하여 말하기를, "누가는 독자들 앞에 극적인 능력대결을 펼쳐 놓았는데, 사도 바울 안에 있는 성령은 악한 자를 쫓아내고 점쟁이를 혼란시켰다. 복음은 마술에 대해 승리를 거두었다."라고 하였다.[65]

---

63) C. Peter Wagner, 『영적 전투를 통한 교회성장』, 208~209. 와그너는 사도 바울이 다메섹 도상에서 예수님을 통해 전략적 차원의 영적 전쟁을 위임받았다고 주장하였다.

64) C. Peter Wagner, 『영적 전투를 통한 교회성장』, 211~212.

65) John R. W. Stott, *The Spirit, the Church and the World: The Message of Acts* (Downers Grove: Inter Varsity Press, 1990), 220. 스토트는 1921년 런던에서 출생하여 영국 켐브리지대학교를 졸업하고, 런던 랭함 플레이스에 있는 유명한 올소울스교회(All Souls Church of Langham Place)에서 25년간 담임목사로 교회와 기도, 그리고 사람과 문서, 설교를 중심으로 사역하였다. 스토트는 탁월한 세계적인 복음전도자요, 설교가로서 학자인 동시에 뛰어난 저술가로서 세계적으로 알려져 있다. 또한 목회뿐만 아니라 전도와 선교, 학생 운동, 지성사회 복음화 등 다방면에 걸쳐 사역의 폭을 넓혀 왔다. 영국 UCCF(한국의 IVF)와 국제복음주의학생동맹(IFES)을 중심으로 전 세계적인 복음주의 학생운동에도 깊이 관여하였다. 영국을 비

수잔 개릿(Susan R. Garrett)도 스토트의 영적 전쟁 견해에 대하여 말하기를 "바예수와 사도 바울 간의 대결은 성령과 마귀 간의 영적 전쟁이다."라고 동의하였다.[66] 개릿은 이것을 최상의 영적 전쟁으로 보았다. 그래서 사도 바울은 성공적으로 바예수의 정체를 밝히고 형벌한 것을 묘사한다. 원수의 모든 권세를 능가하는 권세를 소유하였기 때문에, 사도 바울이 부름받은 일을 할 수 있었다고 누가는 말한다(눅 10:19).[67] 따라서 우리는 복음서들과 사도행전에서 전략적 차원의 영적 전쟁에 대한 많은 성경적 교훈들을 발견할 수 있다. 마찬가지로 서신서도 도시들과 전 세계에 예수 그리스도의 복음을 가지고 나아갈 수 있는 영적 전쟁의 중요한 교훈들이 담겨 있다.

그리고 사도 요한 외에 어느 누구도 쓸 수 없는 성경의 마지막 책인 요한계시록을 보아도 그의 책들이 영적 전쟁과 관련되어 있음을 발견한다. 예를 들면, "하늘에 전쟁이 있으니 미가엘과 그의 사자들이 용으로 더불어 싸울새 용과 그의 사자들도 싸우나… 그러므로 하늘과 그 가운데 거하는 자들은 즐거워하라 그러나 땅과 바다는 화 있을진저 이는 마귀가 자기의 때가 얼마 못 된 줄을 알므로 크게 분 내어 너희에게 내려 갔음이러라 하더라… 예수의 증거를 가진 자들로

롯한 범세계적인 복음주의 지도자로서 '로잔 언약'(Lausanne covenant, 1974)의 입안자 중 한 사람이기도 한 그는 로잔 회의와 복음주의적 개신교 – 가톨릭 간의 대화에 적극적으로 참여해 왔다. 근래 수년간은 'London Institute for Contemporary Christianity'의 연구소장으로 지내며, 제3세계에서 광범위한 설교 사역과 동시에 기독교 문서를 전달하는 데 헌신하고 있다. 이러한 스토트의 폭넓은 관심은 그의 여러 저서에 잘 반영되어 있다. 특히 베스트셀러인『기독교의 기본진리』는 무비판적으로 기독교를 받아들임으로 참된 진리에 대해 확신을 갖지 못한 이들에게 기독교의 교리를 명확하게 전달하고 있는 책으로 신학생뿐만 아니라 기독교인이라면 읽어야 하는 필독서로 꼽힌다.『그리스도의 십자가』는 하나님의 구속사역의 핵심인 십자가를 다각적인 시각으로 그리고 있다. 그 외『현대 기독교 선교』와 그가 편집인으로 있는『Bible Speaks Today Series』의 신약 주석들이 대표작이며, 30여 권이 넘는 저서들은 목회자와 신학자들은 물론 평신도에게 큰 영향을 끼쳤다.

66) Susan R. Garrett, *The Demise of the Devil*, 84.

67) Susan R. Garrett, *The Demise of the Devil*, 84.

더불어 싸우려고”와 같은 표현이 전형적이다(계 12:7, 12, 17). 요한은 성경에서 가장 분명한 영적 전쟁의 책인 요한계시록을 기록하였을 뿐만 아니라 세 개의 서신들을 썼다. 그 서신서에는 우리의 대적인 마귀를 대결하는 것이 많이 언급되어 있다. 요한일서 3:8에 의하면, “하나님의 아들이 나타나신 것은 마귀의 일을 멸하려 하심이니라”고 기록하였다. 우리도 마귀의 일을 멸할 수 있다. 요한일서 2:13에 의하면, 젊은이들에게 “너희가 악한 자를 이기었음이니라”고 예수님의 핵심 말씀인 ‘이기라’를 사용하고 있다. 그리고 베드로도 독자들에게 분명한 말로 그리스도인의 삶에서 만나게 되어 있는 영적 전쟁에 대하여, “근신하라 깨어라 너희 대적 마귀가 우는 사자같이 두루 다니며 찾나니”라고 경고한다(벧전 5:8). 베드로는 마귀를 무시하라는 것보다 그를 ‘대적하라’고 말한다(벧전 5:9). ‘마귀를 대적하는 것’이 곧 귀신들을 쫓아내는 것이다. 그리고 야고보도 영적 전쟁에서 마귀를 대적하라고 말하였다(약 4:7).

트리니티복음주의신학교 조직신학 교수 웨인 그루뎀(Wayne A. Grudem)은 누가복음 9:1에서 이러한 영적 전쟁의 사역에 대하여 말하기를, “예수님께서는 지상 사역 기간 중에 하나님의 나라를 전파하기 위하여 12제자들을 파송하였고, 그때 그는 모든 귀신들을 제압할 권세를 그들에게 주었다.”라고 하였다.[68] 그리고 이제 사도 바울도 에베소에 있는 동안 손수건으로 귀신들을 쫓아내고, 마술가들의 회심을 공개하고, 책 더미들을 불태움으로 증거하고, 에베소에 다이애너의 왕국이 무너지는 것을 본 은장색들의 분노를 대하면서 고린도 신자들에게

---

68) Wayne A. Grudem, *The Kingdom and the Power* (California: Regal Books, 1993), 75.

보내는 고린도후서를 기록하였다.[69]

사도 바울은 선교 사역을 통하여 많은 불신자들이 구원받지 못했기 때문에 좌절하였다. 그는 이것 때문에 불신자들이 복음을 듣고도 구원을 받지 못하게 하는 사단의 직접적인 역할에 대하여 가장 분명한 성구들을 쓰게 되었다. 이것의 직접적인 의미는 효과적인 선교가 근본적으로 이 세상 신인 마귀에 대한 영적 전쟁이라는 데 있다.[70] 그러므로 선교를 위한 영적 전쟁은 이 세상 신과의 정면 대결이라기보다 악한 자가 인간 조직망에 할당한 졸개들과의 영적대결이다.

비율적으로 가장 강한 능력의 언어를 보유한 사도 바울의 서신은 에베소서였고, 두 번째 능력 용어를 보유한 서신은 골로새서이었다. 이러한 영적 전쟁에 대하여 골로새 교회나 에베소 교회는 에베소의 다이애너 정사들과 관련되어 있다. 사도행전 19장에 의하면, 이 두 교회는 사도 바울이 가장 맹렬한 영적 전쟁에 임하고 있을 때 세워졌다. 골로새서 2:15에 의하면, "정사와 권세를 벗어 버려 밝히 드러내시고 십자가로 승리하셨느니라"라는 말씀은 영적 전쟁에서 최후의 승리를 얻게 될 것임을 확신시켜 준다. 더욱이 사도 바울은 골로새서에서 어둠의 세력들이 단지 피조물들임을 상기시켜 주고 있다.[71] 하나님은 그리스도인에게 영적 전쟁의 무기들을 주었고, 십자가의 피로 강하게 하였지만 그것들을 적절하게 사용하도록 기대하신다.

---

69) 기독교대백과사전편찬위원회, 『기독교대백과사전 제12권』 (서울: 기독교문사, 1984), 884. 은장색이란 은을 다루는 자로서, 원광을 정련하기도 하고 그 최종 산물을 두드려 펴거나 물건을 만드는 사람을 말한다. 은장색은 악기(민 10:2)와 부속품 및 장식품(출 26:19), 성막 및 성전을 위한 기물(민 7:13; 삼하 8:11), 그리고 우상도 만들었다(출 20:23). 은장색을 언급하고 있는 유일한 신약성경의 본문은 사도 바울이 설교를 통하여 우상타파를 주장하자 은장색 조합에서 소동이 일어난 사건을 다루고 있다. 아마도 데메드리오가 그해에 은장색 조합장이었던 것 같다.

70) C. Peter Wagner, 『영적 전투를 통한 교회성장』, 261~262.

71) C. Peter Wagner, 『영적 전투를 통한 교회성장』, 267~268.

사도 바울의 편지들을 읽은 에베소 신자들은 에베소서 6:12에서 "우리의 씨름은 혈과 육에 대한 것이 아니요 정사와 권세와 이 어두움의 세상 주관자들과 하늘에 있는 악의 영들에게 대함이라"라고 말한다. 이것은 다이애너와 그 졸개들에 대한 배경적인 언급을 간파한 것이다.[72] 에베소서 6장에 의하면, 사도 바울은 모든 그리스도인들이 영적 전쟁에 돌입하기 때문에 무장해야 한다고 말한다. 그는 그리스도인들을 먼저 씨름하는 사람들에 비유하였고, 나중에는 군사들로 비유하였다.

고린도후서 2:14에 의하면, "항상 우리를 그리스도 안에서 이기게 하시고 우리로 말미암아 각처에서 그리스도를 아는 냄새를 나타내시는 하나님께 감사하노라"고 고백하였다. 이렇게 사도 바울은 복음이 전파될 것과 어두움의 영역이 모든 차원에서 패배될 것을 믿었다.

이제 사도 바울은 에베소를 떠나는 대신에 그의 제자 디모데가 그곳에서 선교 사역을 하였다. 그는 디모데에게 "내가 선한 싸움을 싸우고 나의 달려갈 길을 마치고 믿음을 지켰으니"라고 말하였다(딤후 4:7). 그는 여러 가지 가르침들 중에 디모데에게 자신이 행했던 영적 전쟁에 대해 계속하라고 부탁하였다. 디모데는 에베소 마술사들의 책들을 불사르는 것을 보았고, 강력한 다이애너의 하수인들인 은장색들이 폭동을 일으킬 정도의 큰 능력을 잃는 것을 보았다.[73]

영적 전쟁에 있어서 가장 중요한 원리는 예수 그리스도 중심으로 보아야 한다. 그래서 제자들이나 사도들은 예수님께서 보인 하나님의 초자연적인 역사를 통하여 사단과의 영적 전쟁에서 이길 수 있었다.

---

72) C. Peter Wagner, 『영적 전투를 통한 교회성장』, 271.

73) C. Peter Wagner, 『영적 전투를 통한 교회성장』, 274.

이러한 성령의 능력으로 복음이 전파되고 많은 사람들은 예수 그리스도를 자신의 주인으로 영접하게 될 것이다. 지금도 성령의 역사와 능력은 사람들을 회개시키고 살아 계신 하나님을 만나게 한다. 성령과 함께하는 영적 전쟁은 지속적이고 하나님과 지속적인 관계가 계속 유지될 때 사단의 권세로부터 해방받게 될 것이다.

3. 영적 전쟁에 대한 역사적 이해

1) 존 웨슬리(John Wesley) 이후의 영적 전쟁의 흐름

역사적으로 중요한 복음의 진전은 기도 운동을 통해 이루어졌다. 18세기는 인류 역사에 있어서 영적 대각성 운동이 일어난 시기이다. 영적 각성이 불붙기 이전에는 암흑의 긴 세월 속에 빠져 있었다. 그 때는 사회와 도덕, 그리고 정치적으로 몹시 혼란한 시기였다. 특히 영국은 자연신론의 영향으로 성경의 권위가 흔들리기 시작했고, 영적인 상태는 무관심과 회의론이 팽배해져 자유가 방종으로 바뀌는 단계에 이르렀다. 그래서 교회는 하나님께 예배드리는 사람이 줄었고 예배가 줄었으며 교회 건물은 황폐해져 갔다.

이러한 영적 무기력함 속에서 하나님은 역사를 반전시키는 일을 계획하셨다. 그래서 1739년 1월 1일, 존 웨슬리(John Wesley)와 찰스 웨슬리(Charles Wesley), 그리고 조지 휫필드(George Whitefield)와 네 명의 홀리 클럽(Holy Club) 회원들, 그들과 마음을 같이했던 여섯 명의 사람들이 런던에서 함께 모여 기도모임을 가졌다.[74] 특히 웨슬리는 일생 동안 귀신 들림의 실재를 굳게 믿었다. 웨슬리가 노바 스코티아에 파송한 선교사들 중의 한 사람인 윌리엄 블랙은 웨슬리에게 매우 사나운 한 사람을 포함해서 귀신 들린 사람들에 관하여 편지를 써 보냈다. 이에 웨슬리는 영적 전쟁의 경험에 대하여, "사단이 이런 가련한 귀신 들린 사람들을 통해서 자신을 공공연하게 나타내 보이려는 것은 좋은 현상이다. 그로 인해서 사단은 자신의 왕국을 약화시키고, 우리들이 사단을 더욱 적대시하도록 자극하는 것이다."라고 평가하였다.[75] 이것은 웨슬리가 영적 전쟁 속에서 귀신의 영향력을 경험했던 인생의 전성기였다. 18세기 영적 각성 운동은 영국에 이어서 20세기 전반에 영적인 제1의 물결, 즉 오순절 운동이 일어났던 것이다.[76]

이 운동은 찰스 파함(Charles Parham) 목사로부터 시작되었다.[77] 파함은 토페카(topeka)라는 도시에 '벧엘 치유의 집'(Bethel Healing Home)을 설립하여 사람들에게 봉사하며 대접하는 일에 앞장을 섰다. 1900년 12월 31일, 파함은 벧엘성경학교에서 학생들과 함께 성령세례에 대하여 나누다가 다음 날 학생들 가운데 아그네스 오즈만(Agnes Ozman)이라는 30세 여성도가 성령께서 기도 중에 자신의 머리에 손을 얹으

---

74) Howard A. Snyder, 『교회사를 통해본 성령의 표적』, 명성훈 역 (서울: 도서출판 나단, 1994), 234~235. 금병달. "중보기도, 영적 전쟁의 최우선 전략." 『CCC편지』 (1998, 9월), 10. 이광순. "교회갱신과 선교: 웨슬리 운동과 1907년 대부흥 운동의 비교 연구." 『선교와 신학』 제3집 (1999, 2월), 85. 참고. 웨슬리 형제들이 중심이 된 홀리 클럽이란 성경공부 및 밤마다 모여서 기도하고, 일주일 중에 이틀을 금식하며 모임을 결성하여 세계적인 감리교의 씨앗을 태동시켰다. 존 웨슬리가 북미대륙의 인디언들에게 복음을 전파하려는 꿈은 그들의 중보기도 속에서 여물었던 것이다.

75) Luke Tyerman, *The Life and Times of John Wesley, M.A.3 vols* (London: Hoodder & Stoughton, 1870), 541.

76) 전용복. "중보기도와 영적 전쟁." 『빛과 소금』 (1998, 6월), 64.

77) 한세대학교 부설 국제신학연구원 편저, 『하나님의 성회 교회사』 (서울: 서울말씀사, 1993), 73. 파함은 1873년 미국 아이오와 주 무스카틴에서 출생해 아홉 살에 하나님의 부르심을 받고 열세 살에 주님을 영접했다. 그는 열여섯 살에 사우스웨스턴신학교(South Western Baptist Seminary)에 입학했다. 그러나 목회를 하나님이 주신 사명으로 여기지 못한 채 의학을 공부할 것을 결심하기에 이르지만 류머티스 열병에 시달리게 된다. 그 뒤에 치유의 은혜를 입은 그는 신학을 계속 공부하여 열아홉 살 때 캔사스 주 감리교회의 목사가 되었다.

라는 지시에 따라 그대로 행함으로써 방언을 받게 되었다.[78] 방언은
우리의 영으로 기도하는 것이다. 자신도 모르는 비밀, 우리의 영이 가
지고 있는 비밀을 하나님께 알려 드리는 것이다. 그때 하나님은 성령
으로 우리의 마음에 부은 바 되어 기쁨의 열매, 소망의 열매를 줌으
로 우리의 신앙생활에 믿음을 불어넣어 주신다.[79] 이것이 하나님의
응답이다.

오순절 운동은 1950년까지 멸시를 받으면서 성장하였다. 그 이유
는 오순절 운동을 하는 사람들 가운데 지식층 사람들이 많지 않았기
때문이다. 그러나 분명한 것은 이 모든 것들에서 하나님의 역사하심
이 나타난 것이다. 오순절 운동이 있기까지는 중보자들의 신실한 기
도가 있었다. 예를 들면, 18세기의 영적각성 운동과 20세기에 접어들
기 전 13세 소년 이반 로버츠(Evan Roberts)에 의해 시작된 미국의 웨
일즈 운동과 시카고의 무디성경학교(Moody Bible Institute), 매주 토요
일마다 열렸던 영국 케직 사경회의 연합 기도회는 모두 각 나라와 온
세계에 하나님의 영광이 충만하기를 원하는 영적 전쟁의 중보기도
모임이었다.[80] 이러한 영적 전쟁의 모임을 통해 하나님은 그들에게

---

78) 전용복, "중보기도와 영적 전쟁.", 65.

79) Michael Welker, 『하나님의 영』, 신준호 역 (서울: 대한기독교서회, 1995), 367~369. 신약성경은 방언에
대해 여러 번 강조한다. 마가복음 16:17은 새 방언을 말하는 것을 언급하며, 사도행전 10:46과 19:6은
방언을 말하는 것을, 고린도전서 12:30과 13:8은 단순히 방언을, 고린도전서 12:10은 각종 방언 말함을
언급한다. 사도 바울은 고린도전서 14:14에서 방언 기도에 대하여, "내가 만일 방언으로 기도하면 나의
영이 기도하거니와 나의 마음은 열매를 맺히지 못하리라"라고 확정하였다. 방언은 하나님의 은사로 방언
으로 말하는 자는 하나님께 말하는 것이며, 영 안에 있는 비밀스런 것을 말하는 것이며(고전 14:2), 이를
통해 자기 자신의 덕을 세운다(고전 14:4). "나는 너희가 다 방언 말하기를 원하며…"(고전 14:5). 방언
안에서는 인간의 영이 기도하며, 영 안에서 찬양이 행하여진다(고전 14:16). "내가 너희 모든 사람보다
방언을 더 말하므로 하나님께 감사하노라"(고전 14:18). "방언 말하기를 금하지 말라"(고전 14:39). 우리
의 신앙생활에 있어서 방언은 영적 전쟁의 무기가 될 수 있다. 방언을 받은 사람은 영적 삶에 유익을 주
기 위한 하나님의 선물이다.

80) 전용복, "중보기도와 영적 전쟁.", 64.

응답하셨다. 그리고 오순절 운동을 일으키는 위대한 역사를 이루게 되었다.

오순절 운동을 뒤로하고 20세기 중반에는 제2의 물결, 즉 은사주의 운동이 일어났다.[81] 이 운동은 1960년으로 넘어가기 전, 미국 캘리포니아 벳나이스의 성 마가감독교회(St. Mark's Episcopal Church)의 데니스 베넷(Dennis Bennett) 목사의 방언에서 비롯된다. 그는 오순절주의자들을 전혀 인정하지 않는 성공회의 목사였다. 그러나 베넷은 방언을 받게 되었고, 극심한 갈등에 빠지게 되었다. 1960년 4월, 그는 주일 1부 예배시간에 자신이 방언하는 것을 회중들에게 공포하였다. 예배가 끝나고 부목사가 찾아와서 자신은 방언하는 목사 밑에서 사역할 수 없다고 이야기한 후 사표를 내고 교회를 떠났다. 그래서 오순절의 별명을 가지고 있는 데이빗 플레시스(David Plessis) 목사에게 전화를 걸어 현재 자신의 처지에 대해 이야기했다. 그때 플레시스 목사는 "거기 머무르시오, 나오지 마시오."(Stay there, Don't come out)라고 말해 주었다. 용기를 얻은 베넷은 성도들에게 자신이 방언을 받은 사실을 이야기했다. 그러자 교인들은 불평하기 시작했고, 베넷의 사임을 요구하였다.[82] 이러한 소동은 전 미국 언론의 관심을 끌게 되었으며, 이에 대하여 주간지 『Time』은 "이제 방언은 미국 교회에서 다시 회복되고 있는 것처럼 보인다. 이것은 비단 자유분방한 오순절 교회에서만 나타나는 현상이 아니라 '얼어붙은 사람들'(Frozen People)이라 불리는 성공회에서도 방언이 나타났다."라고 보도하였다.[83]

---

81) 여기서 20세기 중반은 1960년 이후를 말한다.

82) 전용복, 『생명력 있는 기도 중보기도』 (서울: 도서출판 두란노, 1999), 15.

83) 전용복, "중보기도와 영적 전쟁", 66.

그러나 당시 성공회 주교는, 베넷을 출교시키지 않았고, 워싱턴 주 시애틀에 있는 성 누가교회(St. Luke's Church)에서 계속 목회할 수 있도록 협력하였다. 이렇게 해서 오순절주의자들만 오순절을 체험하던 역사가 기성교회로 넘어가게 되었다. 이것을 '은사주의'(Charismatic Movement) 또는 '새 오순절 운동'(Neo Pentecostal Movement)이라 한다. 베넷은 성령세례와 방언에 관한 책『오전 9시 정각』(Nine O'clock in the morning)을 저술하여 성도들이 성령세례와 방언에 대해 새롭게 정립하는 데 계기가 되었다.[84] 특히 1970년대 은사주의 운동에 힘입어 개척된 교회들은 급성장하여 대형 교회로 등장하였다. 복음을 위해 허락한 선물을 제대로 사용을 못 하는 사람들이 있게 되자, 하나님은 순수한 목적으로 은사를 사용하는 사람들을 세우기 시작하셨다. 이것이 바로 '제3의 물결'이다.[85]

제3의 물결은 은사와 능력으로 사역함을 강조한다. 은사주의에서는 분열이 많이 일어났지만, 제3의 물결에서는 결코 분열이 일어나서는 안 된다고 보고, 분열은 어떠한 대가를 치르더라도 피해야 한다는 것을 강조하였다. 은사주의 운동에서 축사 사역과 치유 사역은 은사를 가진 사람이나 지도자가 하였다. 그러나 제3의 물결에서의 축사 사역과 치유 사역은 특정한 층을 구분하지 않고 예수 믿고 교회의 지

---

84) 이 영향을 받은 한국교회도 1960년대 후반부터 1970년대에 부흥회가 많이 등장하게 되었다. 은사 운동을 통해 모든 기성 교단에서 오순절 운동이 일어난 것이다.

85) 전용복, "중보기도와 영적 전쟁", 66~67. 제3의 물결이라는 말은 피터 와그너가 1983년 "목회갱신"(Ministry Renewal)과의 인터뷰에서 처음 사용하였다. 미국에서 제3의 물결은 마이클 캐시디(Michael Cassidy)와 제임스 왕(James Wang) 같은 사람의 견해에 동감하는 사람들을 포괄한다. 이는 오순절 운동과 은사주의 운동의 내용을 다 같이 받아들이면서 이제 성령의 능력으로 가득 채워지는 그리스도의 체험을 성령세례에서 성령 충만으로 이야기한다. 성령 세례는 한 번 받지만, 삶 속에서는 계속 성령 충만을 받아야 한다고 주장하였다. 은사주의 운동에서는 방언이 성령세례의 증거라고 보지만, 제3의 물결에서는 방언을 은사 가운데 하나라고 본다. 성령이 충만하면 은사도 임하고 열매도 임한다고 설명한다.

체된 사람은 누구나 축사 사역과 치유 사역을 할 수 있다는 내용을 강조하였다.[86] 여기서 축사 사역과 치유 사역은 오늘날 교회를 세우는 데 있어서 큰 역할을 하며, 영적 전쟁의 현장인 선교 현장에서도 현지인이 귀신에게 사로잡혀 있을 때 선교사에게 필요한 능력 사역이다.

그리고 제3의 물결은 예배에 있어서 성령의 기름 부으심 가운데 찬양과 기도에 성령의 임재가 있어야 하고, 말씀도 성령의 임재가 있어야 함을 강조하였다. 모든 예배의 시종은 성령의 임재와 기름 부으심 가운데 이루어져야 한다. 그래서 예배를 드릴 때 성령께서 임재하시고 하나님의 나라가 임하며 치유와 구원의 역사들이 일어난다.[87] 이러한 제3의 물결은 미국의 수많은 교회를 부흥시켰을 뿐만 아니라 현재 세계선교에 있어서도 그 부흥은 계속 이어져 가고 있는 것이다.

4. 영적 전쟁에 대한 선교적 이해

1) 영적 전쟁과 능력대결(Power Encounter)

능력대결(Power Encounter) 또는 능력전도(Power Evangelism) 등 하나님의 현존하는 통치와 이에 따른 영적 능력의 현실성에 대한 강조는 미국의 경우 80년 초부터 머리를 들기 시작하였다.[88] 80년대 초까지

---

86) 전용복, 『생명력 있는 기도 중보기도』, 18.

87) 전용복, 『생명력 있는 기도 중보기도』, 19.

88) 이태웅, "능력대결에 대한 소고," 『현대선교』 제6호 (1994, 12월), 8. 능력대결(Power Encounter)이라는 단어는 먼저 알렌 티펫(Alen Tippett)이 남태평양 제도에 있었던 집단개종 운동을 설명한 책에서 사용하기 시작했다. 그 후 이 개념은 다른 여러 선교학자들을 통해 보강되었다. 윌로우뱅크 보고서(Willowbank Report)로 알려진 1978년 세계 복음화를 위한 로잔위원회 보고서에는 다음과 같은 개념을 채택했다. 비

만 해도 선교사들이 이 분야에 대해서 신학대학에서 공부하고 선교 현장으로 나가는 경우가 거의 없었다. 그러나 지금은 이 과목을 공부하지 않고서는 선교 현장을 위한 준비가 되지 않았다고 믿는 것이 현실이다. 따라서 한국에서 훈련을 받고 나가는 선교사들은 영적 전쟁과 능력대결에 대한 과목을 간과해서는 안 될 것이다.[89]

능력대결(Power Encounter)은 우리가 귀신을 쫓아내는 것만으로 제한하기가 쉬운데 그와는 달리 티모씨 워너(Timothy M. Warner)는 영적 전쟁의 본질에 대하여 말하기를, "영적 전쟁은 구원에 관한 진리의 문제이다."라고 하였다.[90] 그리고 닐 앤더슨(Neil T. Anderson)은 상담자나 협조자가 한 개인과 함께 사역하여 그 개인으로 하여금 스스로 진리를 깨닫게 해서 그 진리를 통해서 자신을 악의 영으로부터 해방받도록 하는 모델을 개발하였다.[91] 이것을 진리대결(Truth Encounter) 모델이라고 부른다. 또 그는 '영적갈등과 상담'(Spiritual Confict and Counseling)이라는 제목으로 세미나를 열기도 하였다. 이것은 상담을 받는 사람이 궁극적으로 자기 속에 귀신의 세력을 떠나도록 명하는 모델이다.[92]

영적 전쟁과 능력대결 운동은 지금 세계적으로 일어나고 있는 비기독교인 영적 운동에 대한 대항이라 볼 수 있다. 미국의 경우, 90년

서구적인 세계에 있어서의 개종이라는 것은 능력대결을 통해서 이루어진다. 즉 사람들은 한때 그들의 신에게 혹은 우상에게 충성하다가 구원을 통해서 악의 영으로부터 그리고 죽음으로부터 해방을 받게 된다. 이것을 가리켜 영적 전쟁이라고 한다.

89) 이태웅, "능력대결에 대한 소고", 3~4.

90) 안점식, 『세계관과 영적 전쟁』 (서울: 죠이선교회 출판부, 1995), 365.

91) 닐 앤더슨은 캘리포니아의 바이올라대학교와 탈봇신학대학원에서 실천신학 교수이자 학과장을 역임하였다. 그는 『Power Identity: Victorious Spiriual Growth』의 저자이며, 주로 제자훈련과 영적성장에 관한 주제를 다루는 강사로 초빙받고 있다.

92) C. Peter Wagner & F. Douglas Pennoyer, *Wrestling with Dark Angels*, 344.

대에 들어와서 능력에 대한 관심도가 극대화되었다. 초자연적인 능력
이 TV프로그램이나 소설, 그리고 매스컴 등 어디를 보아도 나타나고
있으며, 뉴에이지(New Age) 운동의 한 구체적인 사례라고 볼 수 있
다.93) 그리고 사단에 대한 숭배와 미신도 허다하다. 심지어 레이건 대
통령 가정의 경우, 특히 낸시 레이건이 60년대부터 계속적으로 점성
가에게 영향받은 것을 볼 수 있다. 낸시는 레이건 대통령이 암살을
모면한 때부터 점성술에 더 심취되었다. 이것은 지적인 계층이나 비
지식층이나 상관없이 일어나고 있는 현상들이다. 실제로 선교계를 보
면 더 심각하다.94)

필 파샬(Phil Parshall)은 모든 이슬람 교인들의 70%가 토속 이슬람
(Folk Islam)이라고 보고 단지 30%만이 정통적인 모슬렘이라고 보는데
바로 이 토속 이슬람은 정령숭배사상이 그 기초가 된다. 이는 온갖
미신과 신들의 지배를 받을 수밖에 없는 것이다. 티모씨 워너(Timothy
M. Warner)는 대부분 미전도 세계가 정령숭배주의자들이라고 말하였
다. 스티븐 닐(Stephen Neil) 또한 세계 인구의 40%가 정령숭배자라고
주장하였다.95)

이런 상황 속에서 사역을 하는 선교사들이 영적 전쟁과 능력대결
에 대한 지식을 가지고 선교 현장으로 나간다는 것은 매우 중요한 문

---

93) 안점식, 『세계관과 영적 전쟁』, 199~202. 뉴에이지 사상은 가시적인 학파나 사상 체계를 갖추지 않고,
종교와 사상, 과학, 문화, 음악, 미술, 영화 등 모든 영역의 저변에 서서히 몰래 침투해 들어가기 때문에
문제가 더욱 심각하다. 뉴에이지 사상은 죄라는 개념대신 무지(無知)라는 용어를 사용해서, 죄 문제의 해
결 없이 회개가 동반되지 않는 구원의 사상을 제시한다. 뉴에이지 사상에 있어서 구원은 인간이 곧 신이
라는 깨달음을 얻는 것이다. 뉴에이지 사상은 모든 분야에서 통일과 통합을 추구한다. 모든 종교와 사상은
하나라는 신조 아래 종교의 통합을 꿈꾸고 있다. 뉴에이지 사상의 핵심은 인간이 곧 하나님이라는 반성경
적 메시지이다.

94) 이태웅, "능력대결에 대한 소고", 9.

95) Gailyn Van Rheenen, *Communcating Christ in Animistic Context* (Grand Rapids: Baker, 1991), 25~27.

제이다. 왜냐하면 이것이 없다면 이들이 단순히 논리적으로 또는 지적으로만 대하려고 할 때 서구 선교사들이 경험했던 패배감을 이들도 역시 밟을 수밖에 없는 것이다.

특히 한국교회는 1960년부터 1970년까지 겪은 영적 부흥 운동 때문에 보편적으로 능력대결에 대한 상식은 다 가지고 있다. 그러나 아쉬운 것은 더 조직적으로 이것을 배워서 준비된 상태로 선교 현장으로 나갈 필요성이 있다. 능력대결은 또한 위험성을 가질 가능성도 있다.[96]

첫째, 왕국신학이 갖는 위험성을 능력대결에서도 가질 가능성이 있다. 왕국신학은 하나님과 사단의 대결에 대한 것을 공개적으로 나타내고 있는데 능력대결에서도 역시 하나님과 사단의 대결에 대해 많은 집중을 하고 있다. 이런 경우 잘못하면 죄, 회개, 하나님의 은혜, 하나님의 섭리와 겸손 등으로부터 초점이 벗어나 능력대결에만 지나친 강조점을 둘 가능성이 있다. 성경에서는 현재 이미 하나님의 나라가 도래했지만 또 앞으로 온전하게 성취될 것에 대한 균형 있는 긴장을 유지하고 있다. 그러나 잘못하면 도래한 하나님의 왕국(Inaugurated Kingdom of God)에 지나친 강조를 둘 가능성이 있다.

둘째, 능력에 대한 개념이다. 능력은 곧 가시적으로 악의 세력을 이기는 것으로 한정될 수 있는 위험성이 있다. 악의 세력을 가시적으로 이긴 모델들은 구약성경의 엘리야 선지자를 통해서 바알 선지자들이 굴복되는 경우도 있고, 예수께서 귀신을 쫓아내어 돼지에게 들어가게 해서 몰살케 하는 것도 볼 수 있다. 하지만 예수님께서 순전한 말씀을 통해서 사람을 변화시키신 예도 허다하다. 사마리아 여인

---

96) 이태웅, "능력대결에 대한 소고", 10~11.

의 경우가 그랬고, 니고데모의 경우도 그랬다. 이것도 역시 귀신을 쫓아내고 악의 영을 굴복시키는 것 못지않은 능력의 표현이다.

능력대결을 잘못 강조하다 보면, 말씀을 통해서 영혼들이 거듭나거나 치유되는 내적인 변화에 대한 능력의 표현들을 소홀히 할 가능성이 있다. 더 나아가 모든 가시적인 능력이 나타나야 정상적인 것으로 착각하기 쉽다. 지금은 하나님의 섭리에 따라서 어떤 때는 하나님이 그 능력을 보일 때도 있으며, 어떤 때에는 그것이 나타나지 않을 때도 있는데, 마치 내가 능력을 아무 때나 사용할 수 있는 것이라고 생각한다는 것은 잘못이다. 그리고 반드시 그렇게 가시적인 능력 표현이 있어야 영성이 있다고 간주하는 것 또한 큰 오류일 것이다. 때에 따라서는 은사에 따라 능력이 나타날 수도 있고, 하나님의 섭리에 따라 그 능력이 가시화될 수 있지만 이런 경우에도 말씀을 통해서 내적인 변화가 나타나지 않을 수도 있다는 점을 간과해서는 안 된다.

셋째, 하나님의 왕국에는 여러 가지 가치관들이 있다. 그중에 사랑과 겸손과 고난을 통한 성숙, 오래 참음 이런 것들이 자칫 잘못하면 뒷전으로 물러가고 오직 능력으로 대결하여 눈에 보이는 효과를 얻는 것을 가장 큰 도구로 생각할 수 있는 위험성이 있다. 우리는 이런 것들을 균형 있게 제 위치에 사용하지 않으면 안 된다.

이것에 대비하여 티모씨 워너(Timothy M. Warner)는 이 능력대결을 가르칠 때 제일 먼저 '균형'(Balance)을 강조한다.[97] 즉 균형 속에서 이것이 강조되지 않으면 우리가 본래 의도하지 않은 '패러다임의 전환'(Paradigm Shift)을 가져와서 지금까지 성경에서 강조했던 모든 덕

---

97) 이태웅, 『한국교회의 해외선교 그 이론과 실제』 (서울: 죠이선교회 출판부, 1994), 195.

을 정적(Static: 靜的)으로 매도하고 가시적으로 나타나는 힘의 모습으로만 선호하는 사상으로 바뀔 가능성이 있다.[98]

마지막으로 넷째, 은사의 다양성이다. 우리는 은사의 다양성을 무시할 가능성이 있다. 하나님의 왕국에는 여러 종류의 은사가 있다. 그 은사에 따라서 희한한 능력 경험과 봉사하는 것, 그리고 구제하는 것을 통해서 하나님을 섬길 수가 있다. 이 중에 어떤 희한한 능력을 사용하는 은사만 더 귀하다고 말할 수 없다. 교회의 생활에 있어서 능력을 행하는 사람들이 가져온 유익도 많지만 해(害)도 적지 않다. 반면에 겸손히 섬기며 종의 역할을 하는 섬기는 은사를 가진 사람들이 교회에 덕을 세운 사례들이 많이 있다. 그래서 사람에 따라 은사는 각각 다르다.[99] 능력대결에 대해 자칫 잘못 강조하다 보면, 능력을 행하는 그 자체와 귀신을 쫓아내는 것만이 가장 크고 가장 귀한 사역으로 착각하게 만들 수 있는 가능성이 있다.

따라서 목회자와 선교사, 그리고 그리스도인이 성경 속에서 균형을 이루며 살아가는 것처럼, 능력대결도 균형을 잡고 다른 기존의 교리와 진리를 무시하지 않는 가운데서 적절히 사용한다면, 영적 전쟁은 그리스도인이 귀하게 사용할 수 있는 중요한 도구가 될 것이다.[100] 그래서 선교사들이 성경에 나타난 진리의 균형 잡힌 능력대결을 배워서 선교 현장으로 나간다면, 하나님의 거룩한 사역을 더욱더 효과적으로 증거 할 수 있을 것이다.

---

98) 이태웅, "능력대결에 대한 소고", 11.

99) 이태웅, "능력대결에 대한 소고", 11~12.

100) 사단의 세력을 대적하고 싸우는 것은 어떤 문화 속에 있든지 간에 우리 모든 그리스도인에게 있어서 당연히 있는 일이다. 그중에서도 특별히 정령숭배 사회에서 사역을 하는 선교사들에게 요구되는 것이 바로 능력대결이다.

2) 영적 전쟁과 교회성장(Church Growth)

1980년대 교회성장 운동의 동향을 살펴보면, 종전에 사회적 차원과 문화적 차원, 그리고 인류적 차원에서 영적인 차원을 중요시하게 된 경향을 발견할 수 있다.[101] 예를 들면, 1980년대 미국은 대형교회가 우후죽순처럼 생겨났는데, 대부분 주요 도시에서는 지금까지 보지 못했던 초대형 교회가 세워졌다. 그래서 수많은 교회성장 세미나와 자료들이 공개되었고, 기독교 기관과 학교, 그리고 매스 미디어의 증가도 굉장하였다. 겉으로는 미국 기독교가 크게 부흥한 것처럼 보였지만 실제로 그렇지 못했다. 역시 1980년대 말에도 교회 출석 성도는 1980년대 초와 다를 바 없었다. 오히려 기독교 교회의 성도 수는 감소한 상태였다.[102] 이러한 일들은 기독교에 있어서 가장 큰 위기였으며, 교회가 성장하기 위해서 진정한 싸움은 영적 전쟁이라는 사실을 깨닫게 되었을 때 비로소 가능하게 된 것이다.

피터 와그너(C. Peter Wagner)는 미래의 교회성장 운동에 대하여, "1980년대의 10년 동안 나의 연구 목표 중에 하나는 초자연적인 표적과 기사들을 과거의 교회성장과 연결시키는 방법과 미래의 교회에

---

101) 교회성장 운동은 도날드 맥가브란에 의해 창시된 운동으로서 1981년 맥가브란의 은퇴 이후는 피터 와그너에 의해서 주도되었다. 교회성장이란 예수 그리스도와 아직 아무런 개인적 관계를 가지고 있지 않은 사람들로 하여금 그와 더불어 교제를 가지도록 해 주며, 책임 있는 교인이 되도록 만들어 주는 데 관련된 모든 사항을 의미한다. 첫째, 성숙을 향한 위로의 성장(growing up to maturity, 행 2:42)이다. 즉 말씀과 예배와 성찬과 기도의 영성으로 교회의 영적 성장 혹은 질적 성장을 말한다. 둘째, 공동체 안에서 함께 성장(growing together in community, 행 2:44)이다. 이것은 믿는 자들끼리 연합하고 하나 되는 내적 성장으로 조직 성장을 의미한다. 셋째, 봉사를 통한 밖으로서의 성장(growing out in service, 행 2:47)이다. 이것은 불신자와 세상으로부터 인정과 칭찬을 받는 외적 성장 혹은 봉사성장을 의미한다. 넷째, 수적 성장(growing more in numbers, 행 2:47)이다. 이것은 영적 · 내적 · 외적 성장의 결과 양적 성장의 열매를 거두게 된다.

102) C. Peter Wagner, 『기도는 전투다』, 42~43.

어떻게 영향을 주는가를 밝히는 것이다."라고 언급하였다.[103]

성령의 초자연적인 표적과 기사에 대한 교회성장의 강조는 영국에서 미국으로 옮겨 온, 풀러신학교 교수직을 담당했었던 에디 깁스(Eddie Gibbs)의 주장에서도 발견된다. 깁스는 교회성장에 대하여 말하기를, "교회성장에 대한 원리들을 적절히 적용하기 위해 영적인 능력의 역사가 있어야 하며, 성령께서 임재 하시어 선포하는 말씀을 적절한 표적과 기사들로 확인해 주어야 한다."라고 하였다.[104] 이와 같이 교회성장 운동의 변화들은 인류구원의 사명인 선교 운동에서 영적 전쟁으로 성령의 능력과 그 은사를 힘입어 추진해야 한다.[105] 최근 교회성장은 영적 차원에 대해 새로운 강조를 하기 시작하였는데, 그것은 오순절주의, 성령 운동, 기도 운동, 성령의 은사, 기사와 표적 등에 대한 영적 전쟁을 말한다.[106] 교회는 이러한 힘의 대결의 추수를 통해, 각 사람은 하나님의 계시된 예수 그리스도를 통하여 수천 명의 사람이 인격적 회심으로 성장하게 된다.[107]

명성훈은 교회성장이 영적 전쟁의 한 표현이라는 전제하에서 그 중요성을 네 가지 이유로 주장하였다.[108]

첫째, 영적 전쟁은 세계 복음화에 절대적인 것이다. 2차 세계대전

---

103) C. Peter Wagner, *Your Church Can Grow* (California: Regal Books, 1979), 37. 이러한 경향은 풀러신학교 선교대학원에서 치유사역(Healing Ministry)의 교과목을 개설하고, 존 윔버와 공동사역을 했던 활동과, 1980년대 후반의 피터 와그너 저서에서 현저하게 나타나 있다. 1986년에는 『Spiritual Power and Church Growth』(성령의 능력과 교회성장), 1987년에는 『Signs and Wonders Today』(오늘의 표적과 기사), 그리고 1988년 『Third of the Spirit』(성령의 제3의 물결)을 계속 출판하였다.

104) C. Peter Wagner, 『교회성장전략』, 이재범 역 (서울: 도서출판 나단, 1990), 230.

105) 이수환, "타 문화권에서의 영적 전쟁 전략." 『학술논단』 제4집 (1998. 11월), 152.

106) 명성훈, 『당신의 교회도 성장할 수 있다』 (서울: 국민일보사, 1994), 172.

107) 박문옥, 『오순절신학의 이해』 (서울: 도서출판 한글, 1999), 257.

108) 명성훈, 『당신의 교회도 성장할 수 있다』, 173~175.

이후 세계선교의 물결을 살펴보면, 1950년대는 개인전도와 1960년대는 사회봉사, 그리고 1970년대는 성경공부와 1980년대는 은사 운동이 강조되었다. 그러나 1990년대에 들어서는 영적 전쟁 혹은 영적 싸움으로서의 선교적 이해가 주된 관심사가 되고 있는데, 그 이유는 이러한 선교관점이 가장 효과적인 영적 열매를 가져다주기 때문이다. 그러므로 복음을 전달하기 위해서는 배후의 세력인 사단의 진을 파하는 것이 가장 중요하다. 그것이 전도와 선교로 사단의 왕국에 속한 자들을 하나님의 왕국으로 끌어들이는 영적 전쟁의 행위라는 것이다.

둘째, 영적 전쟁은 하나님께서 강조한 것이다. 성서적으로나 역사적으로 하나님께서는 싸우시는 하나님으로 나타난다. 구약성경을 보면, 마치 성경이 전쟁의 책이요 하나님은 전쟁의 하나님인 것처럼 느껴질 정도라는 것이다.

셋째, 그리스도인이 된다는 것은 바로 영적 전쟁에 돌입하는 것이다. 그리스도인이 거듭나는 그 순간부터 원하든 원치 않든 관계없이 영적 전쟁에 참여하게 된다.

넷째, 영적 성장이나 교회 성장이 바로 영적 전쟁에서 승리한 결과인 것이다. 사단은 그리스도인들이 영적으로 무기력한 삶을 사는 것을 기뻐한다. 성령 충만한 교회와 성장하는 교회는 영적 전쟁에서 이기는 교회이다.

따라서 교회성장은 영적 전쟁의 결과이다. 영적 전쟁에서 승리하기 위해서는 먼저 기도가 최우선되어야 한다. 실제로 기도는 성경에서 나타난 교회성장의 능력적 원천으로, 초대교회 성장의 근본적인 원인이 기도로 인한 성령의 능력임을 알 수가 있다.

오늘날 역시 연약한 교회가 영적 전쟁에서 대항할 수 있는 유일한 무기가 있다면 바로 중보기도이다. 교회를 반대하고 핍박하고 힘에 철퇴를 가한 것도 기도의 능력이다. 이러한 기도의 능력 때문에 교회는 지금까지 성장과 발전을 거듭 할 수 있었다. 그러므로 영적 전쟁 속에서 교회성장을 원한다면, 모든 성도는 교회와 목회자를 위해 기도해야 할 것이다.[109]

3) 영적 전쟁과 중보기도(Intercession Prayer)

현대 사회는 예전과 비교하여 그리스도인의 삶 속에 죄악이 더 팽배해지고 있다. 이것을 이길 수 있는 하나님의 능력이 과거보다 더 많이 요청되는 시기이다. 악한 영들의 세력과 공중 권세 잡은 자들의 실상을 알고 있는 그리스도인들은 그것들과 보이지 않는 영적 전쟁을 해야 한다.

그리스도인의 싸움은 혈과 육에 대한 것이 아니라 공중 권세 잡은 자들과의 싸움이요, 보이지 않는 영들과의 영적인 싸움이다. 그러므로 그리스도인의 몸 된 지체들은 교회가 서로 협력하여 영적인 능력을 형성해 밀고 나가면 승리할 수 있다.[110] 이것이 바로 중보기도이

---

109) 중보기도는 교회를 부흥시키는 원인이다. 교회 부흥의 전제 조건은 갱신 운동이다. 즉 묵은 뿌리가 뽑히고 썩은 가지가 잘려야만 그것에서 새로운 싹이 돋아날 수 있다. 그러므로 지금까지 잠자던 교회와 신앙이 깨어나고 현재 교회에 있는 사람들 사이에 갱신이 일어나야만 부흥이 이루어지는 것이다. 그리고 이 부흥은 교회뿐만 아니라 선교로 그 영향을 미칠 수 있는 것이다.

110) 홍영기, 『중보기도 군사들아』 (서울: 교회성장연구소, 2005), 14~15. C. Peter Wagner, 『방패기도』, 명성훈 역 (서울: 도서출판 서로사랑, 1997), 28. 중보란 영어 표현으로 'Intercession'이다. 이 단어의 뜻은 둘 사이에 내가 끼어들어 가는 것, 즉 둘 사이에 서서 나아가는 것을 의미한다. 그러므로 중보는 어려움에 빠진 사람을 위해 하나님 앞에서 하나님의 자비를 얻고자 권리를 가지고 간구하는 행위를 말한다. 선지자 에스겔을 통해 여호와께서 말씀하셨는데 에스겔 22:30에 의하면, "이 땅을 위하여 성을 쌓으며 성 무너진 데를 막아서서 나로 멸하지 못하게 할 사람을 내가 그 가운데서 찾다가 얻지 못한고로"라고 하였다. 이것이 중보기도의 모습이다.

다. 중보기도란 하나님 앞에 어떤 사람을 대신해 내가 나아가는 것을 의미한다. 그래서 영적 전쟁에서 기쁨으로 승리하려면 반드시 중보기도를 해야 할 것이다.

이러한 중보기도의 중요성을 다섯 가지 이유로 살펴보고자 한다.[111] 첫째, 중보기도는 성도의 특권이자 의무이다. 중보기도가 성도의 특권이 되는 것은 전능하신 하나님의 손을 움직일 수 있기 때문이다. 둘째, 하나님께서는 중보기도자를 찾으신다. 하나님은 그 계획한 일을 진행할 때, 중보기도자를 찾을 뿐만 아니라 중보기도자를 통해서 일하신다. 기도의 사람 이 엠 바운즈(E. M. Bounds)는 중보기도에 대하여 말하기를, "교회는 더 좋은 계획과 방법을 추구하지만 하나님은 더 좋은 사람을 찾으신다. 성령의 역사는 어떤 방법이 아니라 기도의 사람을 통해 이뤄진다."라고 하였다.[112] 셋째, 중보기도는 예수님이 강조하였고, 직접 모본을 보이셨다.[113] 넷째, 중보기도는 기적과 문제응답을 가져오는 열쇠이다. 마지막으로 다섯째, 중보기도는 교회성장을 가져다준다.

이처럼 중보기도는 사단을 대적하고 교회를 부흥시키는 힘의 원동력이 된다. 아울러 선교 현장에서도 한국교회의 지속적인 중보기도가 요구된다. 예수님은 겟세마네 동산에서 중보기도로 영적인 싸움을 한

---

111) 홍영기, 『중보기도 군사들아』, 16~30.

112) Ben Patterson, 『목회자의 기도는 어떻게 응답되나?』, 김창대 역 (서울: 작은행복, 2000), 41.

113) 리즈 하월즈(Reess Howells)는 1879년 영국의 웨일즈에서 태어나 수년간 아프리카 선교사로 사역하였다. 그는 탁월한 중보기도로 전 세계의 그리스도인들에게 잘 알려진 사람이다. 그의 중보기도는 사랑과 긍휼의 행동이 뒷받침되었는데, 어느 날 하월즈가 복음을 전하여 회심한 사람 중 한 사람이 심한 폐병에 걸렸다. 그때 하월즈는 환자와 같이 깊이 아파하면서 그를 위해 중보기도 하였다. 그는 실제로 중보기도 대상자들과 함께 살았으며, 부랑자와 고아들을 위해 그들의 삶과 아픔을 함께 나누면서 중보기도의 길을 걸었다. 예수 그리스도처럼 하월즈도 자신을 십자가에 못 박는 삶을 통해 중보기도자의 길을 걸었던 것이다.

것을 볼 수 있다. 이러한 성경적 사례는 영적 전쟁을 위한 교과서이기도 하지만 하나님께서 어떻게 중보기도자들을 사용하시는지를 보여 주는 사례이기도 하다.

출애굽기 17장에 여호수아가 아말렉 사람들을 물리친 르비딤의 전쟁의 기록이 나온다. 여호수아는 르비딤 전투를 승리로 이끈 위대한 장군으로 전쟁사에 그 이름이 기억되고 있다. 여호수아가 군대를 이끌고 싸우는 동안 모세는 산에 올라가서 여호수아를 위하여 기도하는 것이었다. 언덕 아래를 내려다보며 모세가 손을 들고 기도하면 여호수아가 이기고, 반대로 손을 내리면 여호수아가 밀리는 일이 일어났다. 모세는 계속 손을 올려야 했고 이를 위해 아론과 훌이 모세의 손을 계속 지탱해 주었다.[114] 그 결과 여호수아는 전쟁에서 이길 수 있었으며, 모세가 기도하는 동안 싸웠다(출 17:8~13). 물론 여호수아가 전쟁에서 이겼지만 실제로는 하나님의 능력이었다. 그러나 하나님의 능력을 받은 통로는 장군인 여호수아가 아니라 모세의 중보기도를 통해서 하나님께서 일하신 것이다.

미국 오번신학교(Auburn Theological Seminary)의 성서신학 교수 월터 윙크(Walter Wink)는, 역사는 중보자에게 달려 있다고 주장하였다.[115] 이처럼 하나님의 사랑을 받고, 하나님의 능력이 나타나서 중보자들의 기도를 통하여 선한 역사가 일어나는 것이다.

감리교의 창시자 존 웨슬리(John Wesley)는 중보기도에 대하여 말하기를, "믿음의 기도에 대한 응답 없이 이 세상에서 하나님이 행하시는 것은 아무것도 없다."라고 하였다.[116] 종교개혁자 존 칼빈(John

---

114) Clinton E. Arnold, *3 Crucial Questions about Spiritual Warfare* (Michigan: Baker Books, 1997), 48.
115) C. Peter Wagner, 『방패기도』, 24~25.

Calvin)도 그의 책 『기독교 강요』에서 중보기도에 대하여 말하기를, "기도가 얼마나 필요한지는 말로 설명할 수 없다. 그리고 하나님의 섭리는 인간의 믿음을 배제하지 않는다. 이스라엘 하나님은 졸지도 주무시지도 않으신다. 그러나 하나님은 우리가 게으르고 나태하면 마치 우리를 잊으신 것처럼 잠잠하실 것이다."라고 하였다.[117] 기도는 전능하신 하나님께서 세상을 움직이고 그리스도인과 관계를 형성하는 방법이다.

오순절 교단 중 하나인 국제 포스퀘어가스펠교회 담임목사 잭 헤이포드(Jack W. Hayford)는 중보기도에 대하여 말하기를, "하나님의 선하심이 우리 가운데 나타나실 것인지, 아니면 죄와 사단의 능력이 허락되어 우리 가운데 거할 것인지에 대한 선택은 우리에게 달려 있다. 그것을 결정하는 요소는 우리의 기도이다."라고 하였다.[118] 요한복음 17장에서 제자들을 위한 중보기도는 예수님이 제자들과 하나님 사이에 중보자로서 가지는 사랑의 마음을 표현하고 있다. 예수님은 오늘도 계속해서 그리스도인들을 위해 중보기도를 해 주신다.

히브리서 7:25에 의하면, 이러한 중보기도 사역은 그리스도인 혼자 감당하는 것이 아니다. 그리스도인의 미약한 중보기도는 영원한 중보자가 되시는 예수님에 의해 뒷받침되고 힘을 공급받는다.[119] 영적 지

---

116) 홍영기, 『중보기도 군사들아』, 28. 아담 클라크는 그의 자서전에서 존 웨슬리가 배를 타고 영국으로 돌아가고 있었을 때, 역풍을 만난 사건에 대해 말하고 있다. 당시 웨슬리는 책을 읽고 있었는데 갑판에 뭔가 일이 생긴 것 같아 사람들에게 물어보니 역풍이 불고 있다는 것이다. 그러자 그는 클라크와 함께 "그러면 기도합시다."라고 말하였다. 웨슬리는 중보기도에 대하여 말하기를, "전능하시고 영원하신 하나님, 당신은 어느 곳에서나 주관하시며 만물은 당신의 뜻을 섬기나이다. 하나님께서는 그 손으로 바람을 움켜쥐시고 홍수도 잔잔케 하시며 영원히 왕으로 군림하시나이다. 이 바람과 파도에 명하시어 당신께 복종케 하사 우리가 갈 항구로 빠르고 안전하게 우리를 데려가게 하소서!"라고 하였다.

117) John Calvin, *Institutes of the Christian Religion, Book III* (Grand Rapids: Eerdmands Publishing Company, 1983), 2~3.

118) Jack W. Hayford, *Prayer Is Invading the Impossible* (New York: Ballantine Books, 1983), 57.

도자를 위한 중보기도의 중요성을 잘 알고 있었던 사도 바울은 그의 서신서를 통해 다섯 번이나 중보기도 부탁을 하고 있다.

피터 와그너(C. Peter Wagner)는 그 다섯 가지 기도에 대하여 말하기를 "첫째, '형제들아 우리를 위하여 기도하라'(살전 5:25). 데살로니가전서 서두를 보면, 사도 바울은 자신이 먼저 성도들을 위해 기도하고 있음을 알리며, 그들에게 믿음과 소망과 사랑의 수고를 기억하고 있다고 말한다(살전 1:2~3). 또 편지를 맺으면서 사도 바울은 성도들에게 상호 교환적으로 자신을 위해 믿음과 소망과 사랑의 사역을 하도록 기도 부탁을 하고 있다. 둘째, '형제들아 내가 우리 주 예수 그리스도로 말미암고 성령의 사람으로 말미암아 너희를 권하노니 너희 기도에 나와 힘을 같이하여 나를 위하여 하나님께 빌어'(롬 15:30). 이것은 보다 더 구체적인 중보기도를 위한 부탁이다. 왜냐하면 사도 바울은 자신이 예루살렘으로 떠날 때 원수로부터 보호를 받고 성공적인 사역이 될 것을 간구하기 때문이다. 그는 계속해서 로마의 성도들을 방문할 수 있도록 기도 부탁을 하고 있다. 사도 바울은 중보기도 사역에 함께 동참하는 것으로 여기고 있다. 셋째, '너희도 우리를 위하여 간구함으로 도우라 이는 우리가 많은 사람도 우리를 위하여 감사하게 하려 함이라'(고후 1:11). 사도 바울이 고린도 교회 성도들에게 중보기도를 부탁한 것은 베드로가 중보기도를 생사의 문제로 삼은 것과 유사하다. 넷째, '이것이 너희 간구와 예수 그리스도의 성령의 도우심으로 내 구원에 이르게 할 줄 아는 고로'(빌 1:19). 사도 바울이 이 글을 쓸 때는 감옥에 있을 때였다. 사도 바울은 의가 밝혀져 자신

---

119) Richard J. Foster, 『기도』, 송준인 역 (서울: 도서출판 두란노, 1995), 259.

이 풀려나도록 기도에 의존하고 있다. 다섯째, '너희 기도로 내가 너희에게 나아가게 하여 주시기를 바라노라'(몬 1:22). 그는 빌레몬의 기도를 하나님께서 들으실 것을 확실히 믿었기 때문에 빌레몬에게 자신을 영접할 방을 준비하라고까지 지시했던 것이다."라고 하였다.[120] 이 다섯 가지의 성경 구절은 중보기도가 성경적이라는 것이다. 따라서 중보기도를 통하여 일반 성도들도 사도 바울과 같은 사역에서 오늘의 영적 전쟁에 동참할 수 있을 것이다.

인도네시아 선교사이었던 에드윈 스투브(Edwin Stube)는 중보기도에 대하여 말하기를, "중보기도는 전쟁이다. 그리고 이 전쟁을 수행하는 데에는 원칙이 있다. 영적 전쟁은 먼저 기도로 이기고 그 다음에 행동으로 실천되어야 한다."라고 하였다.[121] 그리스도인의 삶은 영적 전쟁이다. 그리스도인들이 원하든 원치 않든 간에 원수 마귀는 넘어뜨리려고 온갖 수단을 동원하여 공격해 올 것이다.

특히 목회자와 선교사는 영적 전쟁의 최전선에서 적과 싸우기 때문에 더욱 강력한 공격을 받게 된다. 이러한 영적 전쟁의 현장에서 중보기도는 하나님의 강력한 방패 역할을 하게 될 것이다.

4) 영적 전쟁과 영적 도해(Spiritual Mapping)

영적 도해(Spiritual Mapping)라는 용어가 처음으로 사용된 것은 선교연구가 죠지 오티스 2세(George Otis, Jr)의 책 『마지막 대적』(The Last of the Giants)에서이다.[122] 그는 영적 도해에 대하여 말하기를,

---

120) C. Peter Wagner, 『방패기도』, 35~36.
121) C. Peter Wagner, 『방패기도』, 39~40.

"세계를 보이는 대로가 아닌 있는 그대로 보아야 한다."라고 하였다.[123] 현재 영적 도해 이론을 주장하는 사람들은 이 말을 그들의 관점에서 가장 간결하게 압축한 것으로 말하고 있다.

영적 도해 이론은 피터 와그너(C. Peter Wagner)가 편집하여 1993년 출판된 『지역사회에서 마귀의 진을 헐라』(Breaking Strongholds in Your City)라는 책에서 체계화된 형태로 제시되었다. 그리고 이 책에 기고한 사람들 가운데 신디 제이콥스(Cindy Jacobs)를 비롯한 8명은 개인적인 영적 경험을 통해 얻은 실제적인 면들을 다루고 있으며, 이론적으로 정리하는 작업은 피터 와그너(C. Peter Wagner)의 주도 아래 이루어졌다.

이 운동은 먼저 이론이 제시된 다음 전개되기보다 영적 전쟁에 비슷한 견해와 성향을 가진 사람들의 실제적인 영적 경험과 그로부터 제기된 것들을 통합하는 과정을 거쳐 온 것이다.[124] 주목할 만한 사실은, 이 운동이 A.D. 2000 운동의 연합기도위원회를 하나의 공식화된 장으로 활용하면서 전 세계적인 선교 기도 운동에 중요한 영향력

---

122) 동글이의 미션 블로그, "도시정탐과 영적 도해", http://blog.empas.com/doongly/897746. 영적 도해의 성경적 근거로는 민수기 13장에 보면, 하나님께서 약속의 땅 가나안을 이스라엘에게 주실 것을 약속했으면서도 그 땅을 정탐하게 하신다. 각 족속의 족장, 즉 각 종족의 리더인 두령 12명을 선정해 가나안 땅을 탐지하게 하면서 조목조목 자세히 보고 올 것을 지시하신다. 그 땅에 거하는 사람들이 강한지 약한지, 땅은 좋은 땅인지 그렇지 않은지, 거주하는 형태가 산성에 있는지 혹은 평지에 거주하고 있는지, 토지는 비옥한지 척박한지와 수목이 많은지 적은지를 정탐할 것을 말씀하셨고, 또 그 땅의 실태를 확인할 수 있는 증거인 열매를 가져올 것을 말씀하셨다. 하나님께서 가나안 땅을 이스라엘에게 주실 것은 확실한 사실인데 그럼에도 그 땅을 자세히 정탐하고 돌아올 것을 명령하신 하나님은 그 땅에 대한 특별한 의도가 있음을 우리는 알 수 있다. 후에 정탐을 하고 돌아왔던 여호수아와 갈렙이 가나안 땅을 점령하는 과정에서 적절하게 자신이 보았던 정보를 활용해 진행했을 것이다. 죠지 오티스 2세는 YWAM 소속 선교사로 사역한 바 있다. 그리고 'The Sentinel Group'의 설립자 겸 대표이며, 피터 와그너와 함께 A.D. 2000 운동의 연합기도위원회에서 영분별도 분과를 이끌기도 하였다.

123) George Otis Jr, *The Last of the Giants: Lifting the Veil on Islam and the End Times* (Grand Rapids: Chosen Books, 1991), 85.

124) 문상철, "영분별도 이론의 신학적 문제," 『현대선교』 제6호 (1994, 12월), 31~32.

을 행사하였다.[125] 이러한 사실은 영적 도해의 이론이 신학대학 일각에서만 논의되는 이론이 아니라, 실제적으로 교회나 선교에 영향을 미치는 운동으로 발전하고 있다는 것을 말해 주고 있다.[126]

영적 도해(Spiritual Mapping) 이론은 지역 악령에 기초하여 각 지역에 어두운 세력들의 요새가 있으며, 이를 파괴해야만 복음 전파가 활발하게 진행될 수 있다고 보는 것이다. 그래서 그 지역의 겉모습만이 아니라 그 지역의 영적 실체를 파악해서 그 지역에서 하나님께서 영광 받으시는 것을 방해하는 어둠의 세력들을 분별하여 드러내어 선교를 위한 기도에 활용하는 전략이다.[127]

영적 도해 이론에서 분별하고자 하는 것은 악령들의 요새로 하나님에 대한 지식을 가로막고, 하나님의 구속에 대한 계획을 방해하는 가운데 자신을 높이기 위해 사단이 구축한 진지이다. 그리고 기억해야 할 것은, 사단은 이런 요새의 존재를 숨기려고 하며, 문화라는 분장술 속에 스스로를 가리려고 한다는 것이다. 그런데 문제는 오늘날 선교사들은 문화를 분석할 줄 알면서도, 많은 경우에 문화의 형성 뒤에 작용하고 있는 악령들의 힘을 분별해야 된다는 필요성을 깨닫지 못하는 데 있다.[128]

세계 중보기도 사역자 신디 제이콥스(Cindy Jacobs)는 악령들의 요새 종류에 대하여 말하기를, "개인의 삶에 영향을 미치는 '개인적 요새', 하나님의 뜻에 어긋나는 줄 알면서도 이를 고칠 수 없다고 생각

---

125) 이 운동은 1995년 5월 서울에서 열렸던 GCOWE II 대회에서도 이들이 주도하던 연합기도위원회가 구성해서 운영하였다.

126) 문상철, "영분별도 이론의 신학적 문제.", 32~32.

127) 문상철, "영분별도 이론의 신학적 문제.", 34.

128) 문상철, "영분별도 이론의 신학적 문제.", 34~35.

하게 하는 '마음의 요새', '이데올로기의 요새', '밀교적인 요새', '사회적 요새', '도시와 교회 사이에 존재하는 요새', '사단의 진지', '분파주의적 요새', '죄악의 요새' 등이 있다."라고 하였다.[129]

이러한 사단의 요새들을 분별하는 한 가지 방법론으로서 키엘 베르그(Kjell Sj berg)는 여섯 가지 질문에 대하여, "첫째, 그 나라의 주요한 이방 신들은 누구인가, 둘째, 다산(多産)의 신들을 숭배하는 것과 관련된 제단, 신전, 신령한 장소는 무엇인가, 셋째, 왕이나 대통령이나 부족 추장 가운데서 살아 있는 신이라고 받들어진 정치 지도자들이 있는가, 넷째, 땅을 더럽힌 피 흘림이 있었는가, 다섯째, 하나님의 사자들이 어떤 대접을 받았는가, 마지막으로 여섯째, 과거의 권력의 자리가 어떻게 세워졌는가 등의 질문에 답하는 가운데서 그곳 악령의 요새를 분별할 수 있다는 것이다."라고 제시하였다.[130]

피터 와그너(C. Peter Wagner)는 이런 영적 도해 작성의 과정을 요약하면서, 정보를 수집하는 단계와 정보에 바탕을 두고 행동하는 단계로 나누고 있다. 정보를 수집하는 단계는 결국 조사 과정인데, 이것은 역사적 조사, 지리적 조사, 영적 조사 등으로 세분화되고 있다. 이 가운데서 역사 연구, 특별히 종교 역사에 대한 연구는 죠지 오티스를

---

129) Cindy Jacobs, *"Dealing with Strongholds,"*, In Breaking Strongholds in Your City: How to Use Spiritual Mapping to Make Your Prayers More Strategic, Effective and Targeted, Edited by C. Peter Wagner (California: Regal Books, 1993), 80~93. 개인적인 요새는 개인적인 죄, 사상, 감정, 태도, 행동 패턴을 말한다. 밀교적인 요새는 마술, 사단숭배, 뉴에이지 운동을 말한다. 사단의 진지는 특정한 어둠의 세력에 의해 심하게 억압되고, 사로잡힌 곳을 말한다. 분파주의적 요새는 교회에서의 분열, 교리에 대한 잘못된 자부심, 그리스도의 몸을 분열시키는 교단주의적 우상을 말한다. 죄악의 요새는 선대의 죄악이 후대에 전수되는 것으로서 문화적으로 작용하며, 교회의 교단이나 개교회 상황에서도 작용된다.

130) Kjell Sj berg, *"Spiritual Mapping for Prophetic Prayer Actions,"*, In Breaking Strongholds in Your City: How to Use Spiritual Mapping to Make Your Prayers More Strategic, Effective and Targeted, Edited by C. Peter Wagner (California: Regal Books, 1993), 110~114. 베르그는 스웨덴의 A.D. 2000 연합 기도 운동의 영적 전쟁을 위한 코디네이터이며, 스웨덴을 위한 중보기도 운동에 10년 이상 일해 온 사람으로 소개되고 있다.

비롯한 여타 영분별 이론을 주장하는 사람들이 한결같이 강조하는 분야이다.[131]

한 가지 예를 들면, 버뮤다 삼각지대에서의 잦은 선박 및 항공 사고는 1972년 McAll과 그 부인의 역사 조사를 통해서 과거 노예 상인들이 병약해서 팔아넘길 수 없는 노예들을 200만 명 이상 물에 빠뜨려 숨지게 한 사실 때문임을 알게 되었고, 그 후에 영국의 주교들과 사제들을 비롯한 종교지도자들을 초청해서 1977년 7월 성만찬을 한 이후로 잠잠해졌다는 주장이다. 이런 분별의 예들은 『지역사회에서 마귀의 진을 헐라』(Breaking Strongholds in Your City)라는 책의 필자들에 의해 다양하게 설명되고 있다.[132]

포괄적으로 영적 도해(Spiritual Mapping) 이론은 능력대결의 세부 카테고리로 다루어지고 있다.[133] 이것은 많은 논란 속에서도 능력대결(Power Encounter) 운동은 그 양상을 달리하면서 계속 진행되고 있다는 것을 말한다. 이런 배경 가운데 새롭게 전개되고 있는 이 운동에는 긍정적인 면과 부정적인 면이 동시에 있지만, 일단 긍정적인 것을 중심으로 그 의미를 먼저 정리할 때 다음의 몇 가지를 지적할 수 있다.[134]

첫째, 영적 도해 이론은 하나의 선교 기도 운동으로서 제시되고 있다. 피터 와그너(C. Peter Wagner)는 영적 도해에 대한 책의 서문에서 영적 도해에 대하여, "공동체 복음화를 위해 기도하는 데 더 구체적이고, 더 능력 있게 기도하기 위한 도구일 뿐이다"라고 밝혔다.[135] 그

---

131) 문상철, "영분별도 이론의 신학적 문제", 35~36.

132) 문상철, "영분별도 이론의 신학적 문제", 36.

133) C. Peter Wagner, "*Territorial Spirits*", In Engaging the Enemy: How to Fight and Defeat Territorial Spirits, Edited by C. Peter Wagner (California: Regal Books, 1991), 43.

134) 문상철, "영분별도 이론의 신학적 문제", 36~37

리고 그는 지역 악령의 존재에 대해 설명하면서도 이것이 효과적인 복음화를 염원하는 동기에서 나온 것임을 강조하고 있다.

둘째, 영적 도해 이론은 지적인 영역에서 연구의 기능과 영적인 영역에서 영적 전쟁을 결부시키려는 시도를 하고 있다.

셋째, 영적 도해 이론은 기존의 문화적 민감성 측면에서 영적 민감성을 강조하는 측면으로 타 문화권 선교의 이슈를 옮겨 가는 경향을 보이고 있다. 즉 문화인류학적 관점이 문화의 집단성을 강조하는 것이어서 선교사가 거기서 적용해야 한다는 관점이라면, 영적 도해의 관점은 그 문화권 어둠의 세력에도 불구하고 선교사의 영적 분별력과 역량으로 영적 전쟁을 수행해야 한다는 관점을 내보이고 있다.

넷째, 선교학의 방법론에 있어서 케이스 스터디 위주의 경험주의적인 방법론을 과감히 도입하고 있다. 그래서 성경이 분명히 말하지 않는 영역에 대해서도 경험론적으로 입증하려고 하는 시도를 하고 있다. 물론 이것은 주관주의에 빠지기 쉬운 위험성을 가지고 있는 것이 사실이다. 그리고 그들은 이 점을 이해하고 나름대로 성경적 근거를 찾으려고 노력하면서, 동시에 집단적 검증을 통해 개인적 체험들을 통한 추론을 뒷받침하려고 노력을 하고 있기도 하다.

마지막으로 다섯째, 영적 도해 이론에서는 도시 선교 이면에 작용하고 있는 영적인 실상을 보여 줌으로써 도시 선교에 활력을 불러일으키고자 하는 의도를 읽을 수 있다.

이것은 서구 물질문명의 뒤에 존재하는 영적인 어둠을 구체적으로

---

135) C. Peter Wagner, "*Introduction*,", In Breaking Strongholds in Your City: How to Use Spiritual Mapping to Make Your Prayers More Strategic, Effective and Targeted, Edited by C. Peter Wagner (California: Regal Books, 1993), 18.

보고자 하며, 빠른 속도로 전개되고 있는 도시화의 이면에 존재하는 영적인 참혹성을 부각시키고자 한다.[136] 영적 도해 이론은 이와 같은 긍정적인 면들을 가지고 있지만, 충분한 신학적인 논의를 거치지 않고 경험주의적으로 전개되어 왔기 때문에 많은 위험성을 안고 있는 것이 사실이다. 그러나 이 운동의 본래 선한 취지를 살리기 위해서는 신학적인 검증 작업이 계속되어야 할 것이다.

영적 도해 이론은 결국 세계선교를 위한 기도 운동이며, 기도를 전략적으로 하자는 것으로 이해하면 그 동기를 존중하게 되지만, 중요한 것은 예수 그리스도의 주권과 능력이 우선이고 그 다음이 기도라는 것이다. 즉 기도는 기계적이고 공식적으로 들어맞게 이해해서 그의 능력을 의지하기보다 우리가 지역 악령들에 대처하기 위해서 분별해야 한다. 그리고 우리가 기도해서 그 권세를 묶어야 한다는 것은 결국 성령의 능력만을 빌려 인본주의적으로 접근하는 방식으로 오해될 소지를 안고 있다.[137] 따라서 이것을 우리는 계속적으로 능력대결의 구도로만 볼 것이 아니라 진리대결의 구도로 보아야 한다. 왜냐하면 예수 그리스도께서는 완전한 주권과 통치와 능력을 가지고 계시기 때문이다.

5) 영적 전쟁과 교회개척(Church Planting)

교회는 만민에게 복음을 전파하라는 주님의 명령을 실행하는 공동체이다. "모든 족속으로 제자를 삼으라"는 주님의 명령은 모든 족속

---

136) 문상철, "영분별도 이론의 신학적 문제.", 37.
137) 문상철, "영분별도 이론의 신학적 문제.", 49~50.

에게 필요한 교회를 세움으로 세례를 주고 양육하여 또 다른 교회를 재생산하라는 명령으로 이해되어야 하며, 그 어떤 사역도 교회개척보다 우선될 수 없다(마 28:18~20).

도날드 맥가브란(Donald A. McGavran)은 교회개척에 대하여, "교회가 없는 새로운 종족집단 안에 하나의 단일한 회중을 시작하는 것은 일반적으로 그리 어렵지 않다."라는 놀라운 진술을 하였다.[138] 정말 어렵지만 필수적인 것은, 사회의 문화적 정신을 반영하는 성장하는 교회를 하나가 아니라 집단으로 개척하는 것이다. 이러한 선교학적 돌파는 영적 전쟁에 있어서 매우 중요한 것이다.

그래서 도날드 맥가브란은 선교의 목표에 대하여 말하기를, "인류 중 교회가 없는 곳에 성장하는 회중들을 집단적으로 세우는 것이다." 라고 하였다.[139]

데이빗 헤쎌그레이브(David J. Hesselgrave)도 기독교 선교의 핵심인 교회개척에 대하여, "주님은 지상 사역을 하시는 동안 그가 자기의 교회를 세우실 것이며 음부의 권세가 교회를 이기지 못하리라고 예

---

138) 선두적인 선교학자로 세계에 널리 알려진 맥가브란은 선교사 부모 밑에서 인도에서 태어났다. 1923년 제3대 선교사로서 다시 인도로 갔다. 그는 인도에서 종교교육국장을 역임했으며, 사복음서를 힌두어의 크하티스가르히(Chhattisgarhi)어로 번역하였다. 그는 풀러신학교에 세계선교대학원을 설립했으며, 1990년에 93세 일기로 작고하였고, 『The Bridges of God, Understanding Church Growth』를 포함해서 서너 권의 영향력 있는 책을 저술하기도 하였다.

139) Ralph D. Winter & Steven C. Hawthorne, 『미션 퍼스펙티브』, 정옥배 역 (서울: 도서출판 예수전도단, 2000), 452. 랄프 윈터는 과테말라 산지의 마야 인디언을 대상으로 10년간 사역을 한 후에 풀러신학교에 새로 설립된 세계선교대학원 선교학 교수가 되었다. 풀러에서 10년간 일한 후 그는 아내 로베르타와 함께 미국 캘리포니아 주 파사다(pasadena)에 프런티어선교회(Frontier Mission Fellowship, FMF)를 설립하였다. 이 선교회는 후에 미국 세계선교센터(U.S Center for World Mission)와 윌리엄캐리국제대학교(William Carey Internation University)의 모체가 되었다. 그 두 기관은 선교 일선에서 일하는 다른 선교회들을 돕고 있다. 스티브 호돈은 미국 텍사스 오스틴에 있는 '길을 만드는 사람들'(Way Maker)의 설립자이며 책임자이다. 1981년에 'Perspectives on the World Christian Movement' 훈련과정과 책을 공동 편집한 후, 세계 대도시들을 방문하여 그곳의 미전도 종족들에 대해 연구 조사하는 '여호수아 프로젝트'를 시작하였다. 그는 그래함 켄드릭(Graham Kendrik)과 함께 『Prayerwalking: Praying On Site with Insight』를 공동 저술했으며, 그 외에도 많은 글을 썼다.

언하셨다."라고 강조하였다.

그가 십자가 위에서 죽었을 때 교회가 태어나 성장하도록 자신을 죽음에 내어 주면서 교회를 준비하셨다(엡 5:25). 지금은 하늘에 계시며 교회를 거룩하게 하거나 "불러내고 계시고" 마지막에 나타내기 위해 준비하고 계신다(엡 5:26~27). 그가 다시 오실 때 하나님 앞에 영광스러운 교회로 세울 것이다(살전 4:13~18; 계 4:6). 그러므로 교회는 하나님의 마음에 후에 생각해 내신 것이 아니다. 하나님께서 영원 전에 계획하였고, 그의 아들의 죽음과 부활로 마련하셨다(엡 1:19~23). 성자께서 사명을 위해 제자들을 가르치고 성령으로 그들에게 능력을 줌으로 교회의 형성과 발전을 준비하셨다(행 1:4~8).[140]

교회개척은 하나님이 가장 기뻐하시는 반면 사단이 가장 두려워하는 일이다. 사단은 선교지를 통해서 여러 가지 방법을 통해 교회개척을 방해할 것이다.[141]

---

140) 제자들은 교회를 매우 중요하게 생각하였다. 누가는 우리에게 오순절 후에 "주께서 구원받는 사람들을 날마다 더하게 하시니라"(행 2:47)고 알려 주고 있다. 그는 핍박으로 말미암아 예루살렘의 사자들이 흩어졌을 때 그들이 "두루 다니며 말씀을 전파하였으며"(행 8:4), 신자들의 순종을 통하여 교회들이 설립되었다는 사실을 말해 주고 있다. "그리하여 온 유대와 갈릴리와 사마리아 교회가 평안하여 든든히 서 가고 주를 경외함과 성령의 위로로 진행하여 수가 더 많아지니라"(행 9:31), "안디옥에서는 주의 손이 그들과 함께하시매 수다 한 사람이 믿고 주께 돌아왔다"(행 11:21), 사도 바울과 실라가 시리아와 길리기아로 다녀가며 이전에 세워진 교회들을 든든히 할 때 "이에 여러 교회가 믿음이 더 굳어지고 수가 날마다 더하였다"고 말했다(행 16:5).

141) GMP 개척선교회, "선교정보와 자료", http://www.gmp.or.kr. 세계에서 가장 큰 미전도 국가인 터키 내에 1960년대 이후 지금까지의 사역 결과로 전역에 많은 가정모임과 교회들이 개척되었다. 2004년 이스탄불만 하더라도 40개 정도의 가정모임과 교회가 개척되는 등 터키 전역에 70개 이상의 가정모임과 교회가 생기고 신자의 수가 2천4백 명을 넘어섰다. 터키 내 교회개척 사역의 가장 어려운 장애요소라 하면 대개가 터키 사회의 복음에 대한 편견과 잘못된 인식 및 헌법이 개신교의 존재를 인정치 않는다는 점 등이다. 이 사회에 깊이 뿌리내린 기독교에 대한 적대감은 과거 유럽 기독교 국가들과의 오랜 전쟁으로 인한 역사적인 반감으로서 터키인들이 신자가 되는 일에 두려움을 갖게 한다. 신자들의 공동체인 교회는 반사회적인 음모집단으로 내비칠 수도 있다. 그러나 최근 여러 가지 어려움에도 불구하고 이런 사회적 반감과 편견은 서서히 극복되고 있다. 이런 사회적 변화에 대처하면서 교회개척에 필요한 여러 방법을 함께 모색한 적이 있었다. 대부분의 사역자들이 이런 사회적 변화를 긍정적으로 인정하고 좀 더 적극적인 방향을 의논하면서 몇 가지를 검토했다. 첫째, 외국인 사역자와 현지 교회 간의 긴밀한 협력이었다. 둘째, 무교회 지역에 대한 적극적인 기도와 일꾼 파송이었다. 마지막으로 셋째, 이를 위한 차세대 지도자 양성에 힘써야 할 것 등이었다. 그리고 최근의 변화라고 한다면 정부가 지정한 종교부지가 아닌 곳

영적 전쟁의 현장인 선교지에서 교회개척은 그야말로 시간이 걸리고 어려움이 따르는 작업이다. 영적 전쟁이 치열한 선교지에서 교회개척은 하나님의 능력을 기대해야 한다. 이른바 영적 전쟁에 대한 능력 전도를 의미한다. 그래서 선교지에서 강력한 능력전도가 복음의 접촉점이 될 것이다.[142]

피터 와그너(C. Peter Wagner)는 교회개척에 대하여 말하기를, "하늘 아래 가장 효과적인 단일 전도 방법은 새로운 교회들을 설립하는 것이다."라고 하였다. 모든 사람이 그의 말에 동의하지 않았지만 지난 20년에서 30년간 연구조사에 의해 입증된 것이다.[143] 따라서 효과적으로 복음을 전하기 위해서는 선교지에서 새로운 교회들을 개척해야 한다. 새로운 교회개척은 이 땅 위에 있는 교회를 향하신 하나님의 뜻이라는 사실과 세계선교를 효과적으로 이룩하기 위한 영적 전쟁의 사역임을 알 수 있다.

에서 이루어지는 종교행위도 종교집회로 인정한다는 법원의 판결, 주민등록증의 종교란의 폐지(2005년 시행) 및 타 종교에 대한 모독행위를 하지 못하도록 한 법 제정 등이다. 이런 사회적 여건의 변화를 보면서 교회개척을 좀 더 지혜롭게 그리고 신중하게 검토해 볼 필요가 있다고 본다. 현재 터키 81개 주 중에서 교회나 정기적인 모임이 아직도 없는 지역이 대략 55개 주에 이른다. 이런 주들에도 서서히 신자들이 생기고 있다. 그와 함께 관문도시인 대도시들에 거주하는 사람들의 복음에 대한 반응이 상당히 높아지고 있다. 이런 면에서 전문화된 도시선교 전략의 개발과 집중 및 협력이 필요하다고 보인다.

142) 김스데반, "하나님의 교회를 개척하라." 『개척정보』 199호 (2004. 9월), 3.

143) 바울선교회, "타문화권 교회 설립", http://www.bauri.org. 본 내용은 20기 바울선교사 훈련생 국내훈련 중 박기호 박사의 강의 내용이다. C. Peter Wagner, 『피터 와그너의 교회개척 이렇게 하라』, 서로사랑 편집부 역 (서울: 도서출판 서로사랑, 2002), 31~38. 와그너는 교회개척을 함으로 가져다주는 여섯 가지 유익에 대하여 말하기를, "첫째, 교회개척은 전도의 열쇠이다. 둘째, 교회개척은 오래된 교회들보다 더 빨리 성장한다. 셋째, 교회개척은 교회에 다니지 않는 사람들에게 더 많은 선택의 기회를 준다. 넷째, 교회개척은 항상 필요하다. 다섯째, 교회개척은 교단이 생존하도록 도와준다. 여섯째, 교회개척은 기존의 그리스도인의 욕구를 충족시켜 준다."라고 하였다.

6) 영적 전쟁과 신유(Divine Healing)

신유는 하나님의 섭리이며, 그 주체는 하나님이시다. 신유가 예수 그리스도께서 이 땅에서 사역하신 영적 전쟁의 주요 행위라는 것은 틀림없는 사실이다.[144]

알버트 심프슨(Albert B. Simpson)은 신유에 대하여, "하나님의 초자연적인 능력이 인간의 육체 속에 주입(infused into human bodies)됨으로써 원기가 회복되는 것이며 육체의 연약하고 아픈 부분이 하나님의 생명과 능력을 통해서 회복되는 것이다."라고 정의하였다.[145]

루벤 토레이(Reuben A. Torrey)는 신유에 대하여 말하기를, "신유에 대한 문제가 세계 도처에서 많은 사람들의 관심의 대상이 된다."라고 하였다.[146] 특히 복음서의 중심 되는 교리인 신유는 중생 · 성결 · 신유 · 재림 중에 한 주제로 한국교회사에서도 1907년부터 오늘날까지 강조되었다.[147] 신유는 성결교회에서 특히 강조하는 중심 복음 중의

---

144) 홍기영, "인간의 치유와 예수의 선교,"『선교신학』4권 (2000, 10월), 20. 박영환, "성결교 선교신학과 사중복음의 관계성에서 나타난 과제와 방향에 관한 고찰,"『신학과 선교』제29권 (2004), 224. 예수님의 신유 형태는 '말씀, 접촉, 믿음, 축귀' 네 가지로서 하나님의 나라를 경험하거나 예수가 구세주이심을 체험케 하셨다.

145) Albert. B. Simpson, *The Four-Fold Gospel* (Herrisburg Pennsylvania: Christian Publication Inc, 1956), 60. 심프슨은 해외선교를 위해 1889년 국제복음연맹(International Missionary Alliance)을 만들었고, 국내선교를 위해서는 1890년 기독교연맹(Christian Alliance)을 조직하였다. 그리고 1898년에는 두 기관을 합하여 기독교연합선교회(Christian & Missionary Alliance)를 창설하였다. 기독교선교연합회는 현재 미국에서 가장 빨리 성장하는 교단의 하나이며, 세계선교에 가장 열심인 교단으로 알려져 있다. Albert. B. Simpson,『신유』, 박명수 · 박도술 역 (서울: 은성출판사, 1999), 22~23.

146) Reuben A. Torrey, *Divine Healing* (Grand Rapids, Michigan: Baker Book House, 1974), 12. 토레이는 과거에 이 신유의 교리를 반대하던 사람들도 관심을 가지게 되었다고 보았다. 그러나 아직도 반대하는 사람들이 많이 있지만 그러나 수천수만의 병자들이 안수자들에게 모여들고 있으며 동시에 문제점도 많이 있다고 말했다.

147) 성결교회와 역사연구소 편,『신유』(서울: 도서출판 바울서신, 2002), 33~34. 성결대학교 역사신학 교수인 정상운은 신유의 있어서 기독교연합선교회(C&MA)의 심프슨→동양 선교회(OMS)의 나까다 쥬지, 킬보른→한국성결교회의 김상준, 이명직, 김응조의 역사적 순서에 따라 전제적인 면에 있어서는 거의 같으나 서로 간의 차이를 약간 보이고 있다고 본다.

하나로 신유의 공통되는 설명들은 예수교대한성결교회 헌장 '제2장 신조 제6절 신유'에서 반복되어 나타나 있다.[148] 존 웨슬리(John Wesley)도 신유의 은혜를 믿었으며, 이를 교회에 정착시켜야 한다고 강조하였다.[149] 따라서 선교를 위해 신유가 영적 전쟁에 있어서 중요한 역할을 한다. 이것은 가난한 사람들, 연약한 사람들, 귀신 들린 사람들, 상처받은 사람들, 억압받은 사람들 그리고 무엇보다도 영적으로 버림받은 사람들을 위해 효과적인 선교 사역이 될 수 있다. 뿐만 아니라 영적 전쟁에 있어서 예수교대한성결교회의 교리인 신유는 21세기 선교 사역에 새롭게 강조되어야 할 것이다.[150]

---

148) 헌장개정위원회, 『예수교대한성결교회 헌장』 (서울: 성청사, 1984), 30. 제6절 신유 제17조 우리는 그리스도의 속죄로 말미암아 하나님의 능력으로 육체의 질병을 고쳐 주시는 신유(神癒)를 믿는다. 1. 신유의 뜻: 신유라 함은 하나님의 보호로 육신이 항상 건강한 것과 병날 때에 하나님께 기도함으로써 병 고침을 받는 경험을 이름이니, 이는 하나님의 뜻이며(마 8:2~3), 하나님의 약속이며(출 15:26; 신 7:15; 약 5:15), 하나님의 능력의 역사이다(시 103:3). 2. 신유에 대한 태도: 신유는 현재 신자의 육체에 임하는 그리스도 구속의 은총의 일부로서, 주님 친히 채찍에 맞으심으로써 모든 사람의 질병을 맡으신 것이다(사 53:4~5; 마 8:17). 주님 세상에 계실 때에 많은 병자들이 고침을 받았거니와, 주님 고난받으신 후 이 초자연적인 신유의 역사는 세계 각처에서 계속하여 나타나고 있으니, 신자들은 마땅히 병날 때에 회개와 믿음과 기도로 이 은혜를 받을 것이며(약 5:16~17) 또는 전도할 때에 이 은혜를 증거하며, 이 은혜가 나타나게 하기 위하여 기도할 일이다(행 4:30). 3. 신유와 의약: 신유는 의약을 쓰지 않고 오직 하나님의 전능하심과 그 약속의 말씀을(출 15:16) 믿고 기도하여 고침을 받는 것이다. 그러나 우리가 신유를 믿는다 하여, 의약과 과학적 치료를 부인하거나 남이 의약을 쓴다고 하여 비평하지 말아야 한다.

149) 이성주, 『조직신학 제3권』 (서울: 문서선교 성지원, 1989), 159. 한국성결교회연합회 신학분과위원회 편, 『이명직ㆍ김응조 목사 생애와 신학사상』 (서울: 도서출판 바울서신, 2002), 160.

150) 신유는 기독교의 오랜 실천 가운데 하나이다. 예수님께서는 하나님의 나라를 선포하는 일의 일환으로 병자를 고치시고 완쾌시키는 일을 집중적으로 행하셨다. 네 개의 복음서가 흠정역본에 의하면 총 3,764절로 되어 있다. 특히 마태복음은 총 1,058절 중 99절이 신유에 관한 구절이고, 마가복음은 678절 중 139절, 누가복음 1,149절 중에 134절, 요한복음은 879절 중에 112절로 구성되어 있다. 이 구절들을 다시 사건을 기록하는 이야기와 예수님의 직접적인 대화와 관련된 구절로 나누면 신유에 대한 비중은 한층 높아진다. 사도행전 교회의 사도들도 마찬가지로 신유의 실천을 강조하였다. 사도행전의 전체가 사도들의 축귀와 신유 사역을 통해 말씀이 전파되는 모습을 그리고 있다. 사도행전 이후의 초대교회에서도 신유 운동은 여전히 중요한 기독교의 실천이었다. 신유가 성경적인 근거를 가진 실천적 은혜이며 은사이기 때문에 오늘도 여전히 주장되어야 한다. 마가복음 16:18에는 "병든 사람에게 손을 얹은즉 나으리라"고 말씀하셨다. 우리가 건강한 것은 하나님의 뜻이라고 찰스 & 프란시스 헌터 부부는 『신유의 방법』이라는 책에서 소개하고 있다.

7) 영적 전쟁과 도시선교(Urban Mission)

아놀드 토인비(Arnold Toynbee)는 도시에 대하여 말하기를, "미래는 세계가 하나의 거대한 도시가 될 것이다."라고 하였다.[151] 지금 전 세계는 도시화되어 가고 있다. 1800년에 세계 인구 5%가 도시에 살았다.[152] 1900년에는 그 수치가 14%로 증가하였다. 1950년에는 28%로 증가했으며, 2002년에는 세계 인구의 48%에 달하는 30억 인구가 도시에 살고 있다. 이런 현상으로 현재에 도시화와 함께 도시빈민들이 증가하고 있으며, 농촌과 오지에서 도시로 이주해 온 사람들은 도시빈민가나 슬럼에 정착하게 된다. 그들은 필요한 수입을 올릴 수 있는 기술이나 능력이 없기 때문이다. 2002년 도시빈민인구는 30억 인구 가운데 거의 50%에 육박하여 14억 9천만 명이며, 2025년에는 도시 인구 46억 가운데 3분의 2에 해당하는 30억 명이 도시빈민이 될 것이다.[153] 오늘날 영적 전쟁터는 시간과 공간을 초월해서 이루어지고 있

---

151) 신세원, "한국교회의 도시 선교론", http://kcm.co.kr/mission/2000/2000-11.htm.

152) 이광순 · 이향순, "도시의 발달과 도시 선교," 『선교와 신학』 제10집 (2002. 12월), 18~21. 도시는 흔히 대규모 인구 집적지로 간주되지만 그러한 상식적인 규정이 아니라 좀 더 엄밀하게 말하면 정의하기가 쉽지 않다. 고대 로마인들은 하나의 무리로 정착지를 형성한 사람들의 공동체를 civitas라고 했는데, 그것은 영어 단어 city의 어원이 되었다. 또한 사람들이 형성한 물리적인 장소를 urb로 일컬었으며, 그것은 urban의 어원이 되었다. 그러한 어원들에서 추론해 본다면 도시는 단순한 인구 집적지가 아니라 관계로 결속된 인간 공동체이자 특정 장소를 가리킨다. 성경에서 등장하는 도시들은 넓은 의미에서 선교와 관련된다. 선교가 하나님의 구원 계획이 펼쳐지는 것이라면 소돔과 고모라에서 의인을 찾았던 것은 바로 그 도시들을 구원하려는 선교적 의도를 드러내는 것이라고 할 수 있다. 구원 계획이 가장 명확하게 펼쳐졌던 사례는 요나의 니느웨 선교로 보인다. 니느웨는 이방의 도시였지만 하나님의 구원 계획은 요나를 통해 이방 도시까지 전개되었다. 그리고 도시 전체가 회개하고 하나님께로 돌아온 것으로서 구약성경에서 성공적인 도시 선교의 사례로 볼 수 있다. 신약성경의 도시들은 로마 제국 치하에 있었다. 예루살렘이나 시리아 속주 주도였던 안디옥과 사도 바울이 들렸던 다메섹, 에베소, 고린도, 로마, 아테네 등은 모두 로마 제국의 통치하에 있거나 식민 도시들이었다. 사도 바울은 로마 제국의 도시들을 복음으로 정한 도시 선교사였다.

153) David B. Barret & Todd M. Johnson, "*Annual Statistical Table on Global Mission: 2002*," IBMR (January 2002), 23.

다. 산업이 발달하면서 사람들은 도시로 집중하기 시작했다. 부와 명예를 얻기 위해 급증하는 도시 인구는 많은 범죄와 타락을 초래하게 되었다.

선교를 위해 도시에 들어가면 하나님의 나라와 사단의 나라 간에 강력한 충돌이 일어난다. 사단과 그의 부하들인 어둠의 천사들은 본질적으로 우는 사자와 같이 두루 다니며 삼킬 자를 찾는 파괴자이다(벧전 5:8). 그들은 억압과 가난으로 이미 고통을 받고 있는 도시들을 더욱 불행하게 만들려고 한다.154)

찰스 크래프트(Charles H. Kraft)는 귀신에 대하여, "귀신들이 하는 일은 무슨 수를 써서라도 선을 방해하는 것이다. 귀신들의 기본 전략은 약점을 찾아서 공격하는 것이다. 귀신들은 공정하게 행동하지 않는다. 어떤 사람의 약점이 크면 클수록 귀신들은 바로 그 약점을 더욱 자주 공격할 가능성이 높다. 귀신들은 상처 입은 피해자의 피 냄새를 맡고 그를 끝까지 추적해 잡아내는 악랄한 약탈자와 같다."라고 지적하였다.155)

도시선교를 하면 이 같은 일들이 일어나는 것을 목격한다. 따라서 선교를 위해 도시로 들어가서 복음을 전하는 것은 사탄의 나라에 도전장을 던지는 것이다. 그러므로 도시에서 사역하는 선교사들은 귀신들의 공격에 대항해 싸워 이길 수 있도록 영적 전쟁을 준비해야 할 것이다.

---

154) 한화룡, "도시빈민 선교와 능력 대결," 『기독신학저널』 제4호 (1998, 10월), 277.

155) Charles H. Kraft, *Defeating Dark Angels* (Ann Arbor: Servant, 1992), 107. 찰스 크래프트는 풀러신학교(Fuller Theological Seminary)에서 인류학 및 이(異)문화 간의 의사 전달학 교수로 봉직 중이다. 저서로는 『A Study of Housa Syntax(Hartford Studies in Linguistics)』, 『Communicating the Gospel God's Way(William Carey Library)』, 『Communication Theory for Christian Witness(Abingdon Press)』 등 다수가 있다.

누가복음 4:33~35와 누가복음 5:12~15, 그리고 누가복음 6:6~10에 의하면, 실제로 예수님은 새로운 지역에 들어간 후 신유와 축사와 같은 능력을 나타내 보이셨다. 또 예수님은 제자들을 파송하면서 그들에게 말씀 선포와 함께 능력 사역을 병행하셨다(행 3:1~10, 5:15~16, 9:23~42). 그러므로 도시선교에 참여하는 자들은 가능한 한 영적 전쟁에 대해 많은 것을 배우고 경험하는 것을 필요로 한다. 그것은 영적 전쟁에 대한 지식과 경험이 없이 효과적인 도시선교를 하기란 어렵기 때문이다. 사실 가난과 고통이 극심한 도시에서 성령의 능력을 계속적으로 부음이 없으면 사역하는 것이 불가능하다. 따라서 도시를 위해 기도할 때, 악한 영들의 궤계를 무너뜨릴 때, 하나님께서는 이 세대에 "적은 무리여 무서워 말라 너희 아버지께서 그 나라를 너희에게 주시기를 기뻐하시느니라."라고 말씀하셨다(눅 12:32).

3장_선교 사역에서 영적 전쟁의 실제적 접근

1. 영적 전쟁의 영역
2. 영적 전쟁을 위한 교회의 준비
3. 영적 전쟁의 승리를 위한 선교사의 영성 훈련
4. 영적 전쟁을 위한 선교사의 전략

영적 전쟁은 혈과 육에 속한 것이 아니다. 마귀에게 속아서 탈취당한 헌법적인 권세에 대한 영적 전쟁이다. 어두움의 세상 주관자의 세력으로부터 하나님의 형상으로 지음 받은 타락한 인간들을 구원하고자 하는 사랑이신 하나님의 뜻에 따라서 싸우는 영적 전쟁이다.[156] 그래서 이러한 영적 전쟁의 영역에 있어서 어떤 것들이 있는지 살펴보고자 한다.

1. 영적 전쟁의 영역

실제로 사단은 "우는 사자처럼 두루 다니며 삼킬 자를 찾는" 존재이다(벧전 5:8). 그와 그를 좇는 타락한 천사들은 하나님과 하나님의 종들에 대하여 영적 전쟁을 선포하였다. 따라서 감히 그의 영역을 침범하려는 사람을 공격하기 위해 그가 사용하는 방법들이 있다.

---

156) 강승삼. "영적 전쟁의 신학적인 기초와 실재", 22.

1) 신체적 영역

영적 전쟁의 영역에 있어서 사단은 사람의 신체적 영역을 공격할
수 있다.

첫째, 귀신들은 사람의 신체를 괴롭힐 수 있다. 특히 성경에서 욥의
경우는 전형적인 사례이다. 사단은 인간에게 악한 질병을 가져다주고
있다. 욥기 2:7에 의하면, "사단이 이에 여호와 앞에서 물러가서 욥을
쳐서 그 발바닥에서 정수리까지 악창이 나게 한지라"라고 하였다.

욥은 피부질환으로 고생하면서 기와조각을 가져다가 몸을 긁었다
고 성경은 말씀하고 있다. 물론 욥의 피부병은 병균으로부터 온 것이
라고 할 수 있다. 그러나 이러한 병균을 공급하는 것은 사단이다. 욥
이 완전히 회개하고 사단이 물러갈 때 그의 피부병이 깨끗이 치유되
었다.[157]

누가복음 13:11에 의하면, 사단은 사람들의 육체뿐만 아니라 정신
에도 질병을 가져온다.[158] 그리고 예수님께서는 18년 동안 사단에게
매인 바 된 아브라함의 딸을 안식일에 이 매임에서 푸는 것이 합당하
다고 하면서 마귀의 속박에서 해방시켜 주셨다(눅 13:10~17). 또한 예
수님께서는 "귀신 들려 벙어리 된 자"를 그의 능력으로 풀어 주시고
벙어리가 말을 하게 되었다(마 9:32~33). 그리고 "귀신 들려 눈멀고
벙어리 된 자"를 고쳐서 그 사람이 말하며 보게 되었고(마 15:29~31;
막 7:31~37), 거라사 지방에서 더러운 군대 귀신에 들려 무덤 사이에
서 유랑하고 아무도 통제할 수 없는 막강한 귀신의 능력으로 쇠사슬

---

157) 이성주, 『조직신학 제3권』, 178.
158) 성기호, 『이야기 신학』 (서울: 국민일보사, 1997), 123.

과 쇠고랑을 깨뜨리며 밤낮 소리를 지르며 돌로 자기 몸을 상하게 하던 자를 말끔히 고쳐 주었으며(막 5:1~13), 가나안 여인의 귀신 들린 딸을 고쳐 주셨다(마 15:21~28; 막 7:24~30). 그리고 예수님께서는 귀신 들린 소년을 고쳐 주셨다(마 17:14~19; 막 9:14~29; 눅 9:37~45). 또한 사도들도 병든 사람과 더러운 귀신에게 괴로움을 받는 사람을 고치기도 하였다(행 5:12~16).

여기서 중요한 신학적인 분석을 세 가지로 나누어 볼 수 있다. 첫 번째, 예수님께서 자신의 권세와 명령으로 능력을 행하셨다. 두 번째, 사도들도 예수 그리스도의 이름으로 능력을 행했다. 마지막으로 세 번째, 하나님께서 성령의 능력을 기름 붓듯 하였으므로 예수님과 사도들은 능력을 행할 수가 있었다(행 10:38).[159]

둘째, 귀신들은 육체적인 본능을 강하게 충동질할 수 있다. 그것은 음식에 대한 욕구와 성적인 욕구를 말한다. 특히 기독교 결혼과 가정은 복음을 전하는 데 있어 하나님에 의해 제정된 특별한 위치를 차지하기 때문에 특별한 공격을 받는다.[160]

셋째, 귀신들은 사람들에게 영향을 주는 매개체로서 물리적인 물체를 사용하여 사람들의 신체를 괴롭힐 수 있다. 그 물체나 우상 자체는 능력이 없으나(사 44:9~20; 렘 10:3~5) 사교적인 목적으로 만들어진 물건을 이용하여 귀신의 능력이 행해질 수 있다. 그러므로 그런 것들을 그리스도인의 가정에 들여와서는 안 된다(신 7:25~26).[161]

---

159) 강승삼, "영적 전쟁의 신학적인 기초와 실재", 23.
160) 강승삼, 『영적 전쟁』, 29.
161) 강승삼, "영적 전쟁의 신학적인 기초와 실재", 23.

2) 영적인 영역

영적인 영역은 마귀의 공격 터전이 될 수 있다.[162] 첫째, 귀신들은 언제나 그리스도인들의 영적 생활을 파멸시키기 위해 시도를 한다. 예수님께서 공생애를 시작하시고, 40일의 금식을 끝냈을 때 마귀가 시험을 하였다(마 4:1). 아담과 하와를 타락시킨 것같이 성도들의 마음이 예수 그리스도를 향하는 진실과 깨끗함에서 떠나 부패할까 두려워한다고 설명하였다(창 3:1~6, 고후 11:3). 그리고 사도의 선교 여행을 방해하고 가지 못하게 막기도 하였다(살전 2:18). 사도 베드로 또한 "근신하라 깨어라 너희 대적 마귀가 우는 사자같이 두루 다니며 삼킬 자를 찾는다"라고 경고하였다(벧전 5:8). 둘째, 마귀의 공격은 그리스도인 속에 역사하시는 하나님의 성품과 예수 그리스도 안에 있는 그리스도인의 정체성 혹은 위치에 대한 것이다. 예수님의 열두 제자들도 예수님으로부터 사단과 귀신들을 제압할 수 있는 권세를 위임받아 그 권세를 사용하여 기뻐하였다. 그러므로 이러한 권세를 위임받은 선교사는 선교 현장에서 적용해야 할 것이다.

3) 정신적 · 정서적 영역

사단은 정신적 영역과 정서적 영역에 공격을 한다. 이것은 사람의 마음속에 일어나는 영적 전쟁을 하는 것이다(엡 6:12). 마귀는 과거의 범죄한 정서적 경험을 토대로 멍에(bondage)로 삼아 공격의 근거로 삼

---

162) 강승삼, "영적 전쟁의 신학적인 기초와 실재", 23~24

는다. 그래서 오늘날 많은 그리스도인들이 죄를 용서받고 난 뒤에도 여전히 과거의 죄의식 속에서 괴로워하는 사람들이 많다. 이런 행동은 하나님의 약속의 말씀을 불신하는 죄의 행위가 되고, 또한 그 멍에를 이용하여 다른 범죄로 발전시켜 나가게 한다.

그래서 사단은 목회자와 선교사나 평신도들이 그들의 사역을 수행하지 못하도록 모든 방법을 사용할 것이다. 선교지의 주민들이 분명히 사단의 소행으로 인식하는 영적 전쟁에서 선교사가 어찌할 줄 모를 때 아무리 그 타격이 없다 하더라도 복음 전파에 방해가 되는 것은 분명하다. 그러나 선교사들이 영적 전쟁에서 이기지 못할 때, 사람들은 귀신들의 능력이 선교사가 섬기는 예수 그리스도의 능력보다 더 큰 것으로 생각한다.[163] 이러한 영적 전쟁의 도전 앞에서 선교사는 예수 그리스도를 믿음으로 말미암아 싸워 이김으로써 복음을 강하게 증거 하도록 해야 할 것이다.

4) 마귀의 공격을 어떻게 방어할 것인가?

사단의 주요 목적은 하나님의 종들을 영적으로 무기력하게 만드는데 있다. 사단은 선교사가 하나님의 신실하시고 미쁘심을 의심하고 자신의 삶에서 하나님의 권위를 사용하지 않고 거부하도록 한다. 그러므로 선교사는 하나님의 말씀의 권위를 항상 삶에서 인정하며 자신의 삶을 살아야 한다. 즉 영적 훈련을 항상 해야 한다. 그렇지 않으면 영적으로 무기력한 상태에 있는 선교사에게 물론 자칫 영적으로

---

163) Timothy M. Warner, 『영적 전투』, 109.

게을러질 때 미혹게 하는 영이 찾아오기 쉽다(고후 11:3).[164]

첫째, 선교사의 연약한 마음속에 악하고, 거짓되고, 정욕적인 생각을 불어넣을 수 있다. 존 뉴포트(John Newport)는 마귀로부터 공격을 받을 수 있는 연약한 마음에 대하여, "타락한 천사들은 직접적으로 우리의 의지에 호소할 수가 없다. 그러나 우리의 상상력, 감정, 욕구 등에 호소할 수 있다. 그리고 욕정을 불러일으킬 수 있다."라고 지적하였다.

둘째, 선교사에게 조상의 죄를 근거로 하여 공격할 수 있다. 하나님은 아비의 죄가 자녀들에게로 삼사 대까지 이르게 된다고 하시고, 하나님을 사랑하고, 그의 계명을 지키는 자에게는 천대까지 은혜를 베푼다고 말씀하셨다(출 20:5~6). 다니엘 9:16에 의하면, "우리 죄와 우리 열조의 죄악을 인하여 예루살렘과 주의 백성이 사면에 있는 자에게 수욕을 받음이니이다"라고 하였다. 다니엘처럼 선교사는 조상의 죄를 하나님께 용서받아야 한다. 그래서 오늘날 예수 그리스도를 영접할 때나 학습이나 세례를 받을 때 부모와 조상 죄의 영향에서 벗어날 수 있도록 기도하고, 예수 그리스도의 이름으로 무효임을 선언하는 것이다.

셋째, 선교사에게 개인적인 피를 공격의 근거로 삼을 수 있다. 남에게 원한을 품거나 용서를 하지 않은 경우는 우리가 용서하거나 원한을 화해하기까지 하나님께서도 우리를 용서하지 않으신다(마 6:14~15, 18:35; 엡 4:32). 용서하지 않는 마음은 마음의 상처를 그냥 소지하고 있어서 그 아픈 상처를 계속 건드리기 때문에 계속 다른 죄

---

164) 강승삼, "영적 전쟁의 신학적인 기초와 실재", 24~25.

로 추가될 수 있다. 다른 사람을 용서하는 것은 곧 나를 위한 것과 같다. 용서를 하면 하나님께서 우리의 죄를 용서해 주고 마음의 상처를 고쳐 주고, 귀신이 틈타는 것으로부터 우리를 보호해 주신다.

넷째, 선교사가 영적으로 깨어 있지 못하고 무의식적으로 다른 종교 의식에 참여한다든지 부주의할 때 마귀에게 공격의 근거가 될 수 있다.[165] 그래서 베드로전서 5:8에 의하면, "근신하라 깨어라 너의 대적 마귀가 우는 사자같이 두루 다니며 삼킬 자를 찾는다"는 것을 기억해야 할 것이다.

2. 영적 전쟁을 위한 교회의 준비

1) 세계관을 바꾸라

인간은 수많은 세계관과 사상이 난무하는 시대에 살고 있다. 그래서 어떤 세계관이 참된 진리이며, 어떤 사상이 거짓된 가르침인지를 종잡을 수가 없다. 교회가 영적 전쟁을 수행함에 있어 가장 큰 장애물은 세계관(World View)이다. 세계관이란 말 그대로 세계를 바라보는 눈 혹은 관점이다.[166]

제임스 사이어(James W. Sire)는 세계관에 대하여 말하기를, "우리의 세계를 이루는 기초에 대해 우리가 의식을 하든지 의식하지 못하든지 간에 가지고 있는 특정한 전제 또는 가정이다."라고 하였다.[167] 즉

---

165) 강승삼. "영적 전쟁의 신학적인 기초와 실재", 25.

166) 명성훈. 『당신의 교회도 성장할 수 있다』, 176.

167) James W. Sire, *The Universe Next Door* (Downers Grove: Inter Varsity Press, 1976), 17.

세계관은 세상을 보는 렌즈이다. 그러나 대부분 세계관은 영적인 세계에 대해 분리되는 두 가지 영역으로만 이해하려는 경향이 있다. 하나는 하나님께서 역사하시는 초자연의 세계이다. 다른 하나는 인간이 사는 자연적 세계이다. 자연세계는 자연법칙에 따라 움직이도록 되어 있다. 이 법칙은 하나님께서 세상을 창조할 때 세우신 것이지만, 오늘날 사람들은 어떠한 영의 개입이 없는 상태에서 움직이고 있다고 믿고 있다.[168]

이러한 세계관은 우리로 하여금 "이것이냐? 혹은 저것이냐?"라는 양자택일의 질문을 하게 한다. 즉 "그것이 초자연적이냐? 혹은 자연적이냐?, 그것이 종교적이냐? 혹은 과학적이냐?, 그것이 영적이냐? 혹은 그것은 심리적이냐?, 그것이 신성한 것인가? 혹은 세속적인가?, 아니면 그것이 귀신적인가? 혹은 단순히 육신적인가?"라는 질문만 하게 한다. 그 두 세계관 사이에 어떤 다른 세계가 존재할지에 대해서는 무관심하고 무지하다. 그 결과 많은 경우에 티모씨 워너(Timothy M. Warner)가 말했던 대로 '기능적 이신론자'가 되어 버렸다. 그리스도인은 하나님을 창조자로 시인하기 때문에 기독교 세계관을 가지고 있다고 본다. 그러나 때로는 하나님께서 지금 하늘의 보좌에 계시고 세계는 영적인 요소가 전혀 작용하지 않는 과학적 법칙들에 의해서 움직이고 있다고 하기도 한다. 이것이 바로 기능적 이신론인데 이 세계관은 전적으로 서구적 사상에 의한 세계관이다.[169]

그러나 성경은 그리스도인이 살아가고 있는 세계를 '하나님의 영역과 인간의 영역, 그리고 자연의 영역'으로 분류하고 있다. 이 세 부

---

168) 명성훈, 『당신의 교회도 성장할 수 있다』, 176.
169) 명성훈, 『당신의 교회도 성장할 수 있다』, 176~177.

류는 지속적으로 움직이면서 서로 간에 상호 접촉하고 영향을 미치고 있다. 서구 세계관은 성경적 세계관에서 벗어나 초자연의 세계로 혹은 세상으로 움직이는 것을 말한다. 자연적 세계는 이를 세상적으로 설명함으로써 초자연적인 영역과 자연적 영역의 접촉이 줄어들게 하였다. 이러한 세계관이 우리의 신학 교육기관을 지배하게 되면서 복음적인 그리스도인들을 포함한 우리 사회의 대부분이 이 세계관에 의해 영향을 받게 된다. 그 결과 이 세상은 자연법칙에 의해서 움직이는 비인격적이고 물질적인 세계만이 아니라 천사들이 하나님의 권위와 능력을 가지고 떠받치고 있다는 사실을 실감하지 못하고 있다. 또한 악한 영인 귀신이 존재하고 굉장한 영향력을 행사한다는 사실에 대해서도 이론이나 신학으로는 인정하지만 실제적으로 우리 삶의 현상 안에서는 거의 느끼지도, 체험하지도, 설명하지도 못하는 경향이 있다. 이러한 세계관의 세속화 때문에 영적 전쟁이 실제로 존재한다는 생각은 우리에게서 거의 사라져 버리고 말았다. 그러한 세계관으로 사역하는 것 때문에 동료들의 비웃음이나 조롱을 받는 것보다는 차라리 귀신들을 이론과 신학의 영역에 남겨 놓은 것으로 만족하면서 가능한 한 귀신의 세계와 관계를 맺지 않으려고 의도적인 노력을 하게 된다. 그 결과 극소수만이 영적 전쟁에 참여하고 있는 실정이다. 이러한 일은 바로 사단의 고도 전략에 그리스도인들이 넘어간 결과이다.

그러므로 목회자와 선교사는 세속화된 세계관을 성경적인 세계관으로 바꾸려는 노력이 필요하다. 귀신과의 싸움이 실제 육체적인 생활과 다를 바 없는 것은 사실이지만 특히 선교와 교회의 사역은 바로 공중의 권세와 정사와 어두움의 악한 영들과의 치열한 영적 전쟁이라는 것을 생활 가운데서 인식해야 한다.

명성훈은 이러한 세계관의 변혁과 영적 전쟁에 대한 올바른 관심을 갖기 위해서 우선 이 분야의 책들을 읽어야 한다고 강조하였다.[170] 첫째, 죠이선교회 출판사에서 출판한 티모씨 워너의『영적 전투』는 개괄적으로 매우 중요한 책이다. 둘째, 나단 출판사에서 나온 찰스 크래프트의『능력 그리스도교』는 서구적 세계관을 성경적 세계관으로 바꾸어 주는 방법론을 광범위하게 적용하고 있는 책이다. 셋째, 예수전도단에서 나온 딘 셔만의『영적 전쟁』은 영적 전쟁의 실제 방법론을 다루고 있다. 넷째, 나단 출판사의 존 웜버의『능력전도』는 병자를 고치고 귀신을 내어 쫓는 전도의 영역에서 고전이 되고 있는 책이다. 마지막으로 다섯째, 예수전도단에서 나온 존 도우슨의『하나님을 위하여 도시를 점령하라』와 피터 와그너의『제3의 바람』중 한 가지를 꼭 읽으라고 말한다.

아울러 피터 와그너는 전략적 차원에서의 영적 전쟁에 대한 자료들을 추천한다. 첫째, 도서출판 서로사랑에서 나온 피터 와그너의『기도는 전투다』라는 책이다. 둘째, 도서출판 서로사랑에서 나온 피터 와그너의『영적 전투를 통한 교회성장』이라는 책이다. 마지막으로 셋째, 죠이선교회 출판사에서 나온 신디 제이콥스의『대적 문을 취하라』를 적극 추천하였다.[171] 이러한 영적 전쟁에 대한 책들을 읽고 나면 우리가 가지고 있는 세계관에 놀라운 변화가 일어날 것이다.

---

170) 명성훈,『당신의 교회도 성장할 수 있다』, 177~179.

171) C. Peter Wagner,『신학대학에서 배우지 않는 일곱 가지 능력원리』, 홍용표 역 (서울: 도서출판 서로사랑, 2002), 104.

2) 하나님과 올바른 관계를 가지라

영적 전쟁에서는 능력보다 관계가 더 중요하다. 왜냐하면 영적 전쟁은 인간이 싸우는 것이 아니라 우리를 통하여 하나님께서 싸우시는 것이기 때문이다. 하나님께서 우리를 인정하고 도우시는 관계가 없이는 절대로 승리할 수 없다. 그래서 하나님과의 올바른 관계란 예수 그리스도 안에서의 믿음과 순종이다. 또한 사단에 대항하여 싸우기 전에 위로 하나님과 연합되어야 한다. 이에 대하여 야고보가 매우 적절하게 안내하고 있다. 야고보서 4:7~8절에 의하면, "그런즉 너희는 하나님께 순복할지어다 마귀를 대적하라 그리하면 너희를 피하리라 하나님을 가까이 하라 그리하면 너희를 가까이 하시리라 죄인들아 손을 깨끗이 하라 두 마음을 품은 자들아 마음을 성결케 하라"라고 말한다. 여기서 마귀에 대하여 대적하라고 한 번밖에 언급하지 않았지만 하나님과의 관계는 세 가지로 강조하셨다. 첫째, 하나님께 순복하라는 순종이다. 둘째, 하나님을 가까이 하라는 믿음이다. 셋째, 손을 깨끗이 하고 마음을 성결케 하라는 거룩이다.

그래서 습관적인 죄가 있는 상태로는 영적 전쟁을 시도하지 말아야 한다. 먼저 회개하고 하나님과의 관계에 확신이 있을 때 영적 싸움에서 담대하게 승리할 수 있다. 하나님과의 관계가 깊어질수록 사단과의 싸움도 강도 높은 승리를 얻을 수 있을 것이다.[172]

---

172) 명성훈, 『당신의 교회도 성장할 수 있다』, 179.

3) 전투적 기도에 들어가라

전투적 기도는 마귀를 대적하고 쫓아내는 명령형 기도를 말한다. 여기서 영적 전쟁에서 마귀를 대적하기 위해서는 두 가지가 필요하다.[173] 첫째, 그리스도인의 지위 혹은 신분을 영적으로 명확하게 이해하고 확신하는 일이다. 즉 그리스도인은 예수 그리스도와 함께 하늘에 앉힌 자이며 하나님의 자녀이다. 그리스도인은 적과의 대결에서 이길 수 있는 신분이다. 이것을 알아야 담대하게 승리할 수 있다. 둘째, 마귀가 떠나도록 입을 열어 명령하는 기도를 해야 한다. 사단이 기도와 찬송을 다 싫어하지만 기도와 찬송만으로는 충분하지 않다. 마귀를 대적하여 떠나가도록 명령하는 기도를 드려야 한다. 하나님이 우리에게 주신 권세를 직접적으로 책임 있게 사용해야 한다. 기도는 영적 전쟁에 있어서 가장 강력한 무기이다. 기도는 영적 전쟁의 그 자체로 하나님께 소원을 아뢰는 통로일 뿐만 아니라 마귀를 실제로 멸할 수 있는 하나님의 강력한 능력이다.

이에 대하여 사무엘 고든(Samuel D. Gordon)은 기도에 대하여, "기도는 숨어 있는 적을 향해 승리의 일격을 가하는 것이다. 그리고 목회사역은 사람들 가운데서 그 타격의 결실을 거두어들이는 것이다. 많은 그리스도인들이 활력 있는 전투적 기도생활을 유지하지 못하여 낙심에 빠진다. 그리고 그 원인을 자기 자신에게 돌리며 훈련이 부족한 탓으로 생각한다. 물론 그것은 사실이다. 그러나 기도가 전투라는 것을 인식하지 못하는 것이 더 커다란 원인이다. 그것은 교회로 하여

---

173) 명성훈, 『당신의 교회도 성장할 수 있다』, 180.

금 영적 전쟁에서 기도가 얼마나 결정적인 것인지 이해하지 못하게 하고, 무력한 기도와 낙심을 불러일으키려는 사단의 전략이 성공하고 있다는 증거가 된다. 기도는 일보다 더한 것으로 전쟁 그 자체이다." 라고 강력한 도전을 주었다.[174]

4) 중보기도 특공대를 조직하라

영적 전쟁을 위한 전투적 기도는 선교사나 목회자 혼자만 하는 것이 아니다. 반드시 중보기도 특공대를 구성해야 한다. 출애굽기 17장에 의하면, 아말렉과의 르비딤 전투에서 여호수아가 이긴 것은 자신이 훌륭한 장군이기도 했지만 결정적인 승리는 아론과 훌이 함께한 모세의 중보기도가 원인이었다.

피터 와그너(C. Peter Wagner)는 목회자와 선교사가 중보기도를 많이 받아야 하는 다섯 가지에 대하여 말하기를, "첫째, 목회자는 평신도보다 더 많은 책임을 지기 때문이다. 둘째, 목회자는 더 많은 유혹의 대상이 될 수 있기 때문이다. 셋째, 목회자는 사단의 제1공격 목표가 되기 때문이다. 넷째, 목회자는 수많은 사람에게 영향을 미칠 수 있기 때문이다. 마지막으로 다섯째, 목회자는 많은 대중에게 노출되고 관찰되기 때문에 더 많은 기도가 필요하다."라고 하였다.[175]

그러므로 목회자와 선교사는 체계적이고 조직적인 중보기도 특공대를 조직하여 자신의 전반적인 사역은 물론 영적 전쟁에서의 사역을 잘 감당할 수 있도록 24시간 기도를 받아야 한다. 더 나아가 목회

---

174) 명성훈, 『당신의 교회도 성장할 수 있다』, 180.
175) 명성훈, 『당신의 교회도 성장할 수 있다』, 181.

자와 선교사는 가장 많이 기도를 하는 사람이기도 하지만 가장 많이 기도를 받아야 하는 존재임을 성도들에게 가르쳐야 한다. 그리고 중보기도의 은사를 받은 사람들을 중심으로 기도부대를 만들어야 한다. 최근에 출석 성도의 5%에서 10% 사이의 사람들이 중보기도의 은사를 받은 것으로 보고되었다. 이들을 잘 훈련하여 교회의 결정적인 사역을 위해 집중적으로 기도하게 하는 것이다.[176]

미국의 대표적인 한인 교회인 남가주 사랑의 교회는 중보기도 하는 120문도의 중보기도 팀이 운영되고 있다. 특별히 담임 목사와 주일예배를 위해서 기도한다. 그리고 중보기도를 담당하는 사역자가 기도 팀의 영적인 면이 약화되지 않도록 개인 권면뿐만 아니라 규칙적으로 기도제목을 새롭게 해서 배분하는 일을 잊지 않고 있다.[177]

그리고 전 미국 스카이라인 웨슬리언교회를 목회했으며, 세계 최고의 리더십 전문가이자 성공학 강사인 미국의 존 맥스웰(John C. Maxwell)은 1백 명의 기도특공대가 주일에 드리는 네 번의 예배 때마다 25명씩 예배시간 내내 중보기도 함으로써 놀라운 기적과 성장의 역사를 경험하였다.[178] 이렇게 중보기도는 교회의 결정적인 사역뿐만 아니라 이제 선교사를 위해 구체적으로 중보기도를 해야 할 것이다.

부산 광안교회는 매일 저녁 8시에 부서별로 하루씩 기도하고, 저녁 9시에는 선교정탐을 다녀온 청년들을 중심으로 40명 정도의 성도들이 매일 기도한다. 기도내용은 선교사별로 입양한 종족을 집중하여 지역을 크게 나누어 나라별로 프로젝트 사역과 선교부 정책이나 전

---

176) 명성훈, 『당신의 교회도 성장할 수 있다』, 181.

177) 오정현, 『열정의 비전메이커』 (서울: 규장문화사, 1997), 199.

178) 명성훈, 『당신의 교회도 성장할 수 있다』, 181~182.

략, 그리고 선교 단체를 위하여 중보기도를 한다. 주요 대상 지역은 동남아시아가 가장 많고, 중앙아시아 및 구소련 지역, 중국과 일본, 그리고 일본을 포함한 동아시아, 아프리카, 중동, 중남미 순서 등이다. 그리고 선교를 위한 중보기도의 제목은 선교사가 직접 기도편지나 이메일(E-mail)로 보내는 경우가 가장 많았고, 파송 단체의 기도 소식지를 참고하는 경우도 있다. 그 다음은 보안이 필요한 특수 지역에서는 인근지역에 사람을 정하여 팩스로 받는 경우도 있었다.

현재 선교사를 위한 중보기도의 모델로 삼고 있는 한국교회로는 전주 안디옥교회, 부산 수영로교회, 그 외에 남서울 평촌교회, 온누리교회, 영화교회, 형제침례교회 등이 있다.[179) 이러한 중보기도를 위해 선교 현장에 대한 집중적인 홍보는 영적 전쟁을 위한 효과적인 전략이다.

신림교회는 종족을 알기 위해 베트남 관련 영화를 상영하기도 하며, 지구촌교회는 월 1회 선교사를 초빙하여 특강을 듣고, 기도 소식지 앞부분에 기도 순서를 가르쳐 주고 있다.[180) 남서울 평촌교회는 기도생활을 점검해 주고, 결과를 확인시켜 준다. 선교사를 위한 중보기도는 무엇보다도 담임 목회자의 선교에 대한 결단과 목회 방침이 중요하다고 한다.[181) 인천 복된교회는 주일예배와 담임목사, 그리고 부교역자와 파송한 선교사들을 위해 토요일에 집중적으로 중보기도하는 기도특공대를 운영하고 있다. 이렇게 성장하는 교회들의 특징은

---

179) 유종성, "선교지의 영적 변화, 중보기도에 달려 있다." 『빛과 소금』 (1999, 8월), 54.

180) 홍영기, 『중보기도 군사들아』, 30. 한국교회에서 지속적인 성장을 이루는 지구촌교회는, 교회가 펴낸 자료집을 보면 중보기도 사역이 성장의 중요한 원인 중 하나임을 알 수 있다. 지구촌교회는 2년 4개월 총 5,134시간을 교회를 위한 중보기도를 한다. 이는 하루 평균 6시간씩 중보기도를 드린 셈이다. 지구촌교회는 기도에 헌신해 온 700여 명의 중보자가 있다. 기도의 능력으로 인하여 교회가 크게 부흥하게 된다.

181) 홍영기, 『중보기도 군사들아』, 55.

모두 다 중보기도 동역자를 모집하여 훈련하고 그들을 영적 전쟁의 최전방에 배치하는 것이다. 그래서 중보기도의 동역자를 세우고, 그들과 시간을 함께하는 것은 매우 중요하다. 이러한 중보기도자와 함께하는 영적 전쟁은 하나님의 축복이다.

5) 교회는 영적 전쟁에 대하여 가르치라

영적 전쟁에 있어서 가장 큰 장애물은 무지이다. 무지는 사단의 가장 효과적인 무기로 사람들은 몰라서 죄를 짓기도 하지만 몰라서 하나님의 능력과 축복을 받지 못하고 실패하기도 한다. 그러므로 교회는 이러한 영적 전쟁에 관해 일관된 교회의 믿음과 입장을 가르쳐야 한다.

미국 하와이 코나에 국제예수전도단 열방대학교 기독교사역 대학학장인 딘 셔만(Dean Sherman)은 영적 전쟁에 대한 세 단계에 대하여 말하기를, "첫째, 믿음과 교리를 강조한다. 둘째, 행하는 단계로 순종과 실천을 강조한다. 셋째, 싸우는 단계로서 투쟁과 훈련을 강조한다."라고 하였다.[182] 다시 말하면, 영적 전쟁의 출발점은 진리를 아는 데에 있다. 영적 전쟁의 백전백승은 마귀를 알고 하나님을 의지하는 것에서 출발해야 한다. 목회자와 선교사는 성도들에게 무엇보다도 하나님의 능력과 승리를 기대하도록 가르쳐야 한다. 그것은 초자연적인 능력을 강조하고 성령의 은사를 발견하도록 가르쳐야 한다.

목회자와 선교사는 영적 전쟁을 함에 있어 기도의 중요성과 방법

---

182) 명성훈, 『당신의 교회도 성장할 수 있다』, 182.

을 성도들에게 대적 마귀와 싸워 이기는 군사임을 가르쳐야 한다. 설교와 성경공부, 그리고 세미나를 통해서 깨닫게 하는 것도 좋은 방법이다. 사단의 역사가 나타날 때, 자신이 없다고 회피하거나 경험이 없다고 억눌려서만은 안 된다. 그리고 성도들에게 분열을 극복하고 하나 되는 것만이 살길임을 인식시켜야 한다. 이것은 다른 지도자의 도움을 받아서라도 교회가 영적인 군대가 되도록 훈련해야 할 것이다.[183]

6) 성령 운동에 동참하라

영적 전쟁의 주체는 인간이 아니라 성령이시다. 내가 싸우는 것이 아니라 성령 하나님께서 마귀의 능력을 대적하신다. 그러므로 그리스도인은 자신의 삶의 통치권을 성령께 넘겨주어야 한다. 즉 목회나 선교 사역의 주도권을 성령께 드려야 한다. 그리스도인이 될 때 성령께서는 우리 안에 들어와 내주하신다. 따라서 귀신은 결코 성령께 떠나라고 강요할 수 없다. 그러므로 우리가 성령으로 행한다면, 즉 믿음과 순종 가운데 걸어간다면, 우리는 결코 귀신의 침입과 공격을 두려워할 필요가 없다. 그것은 우리가 사단의 공격에 대비할 필요가 없다는 말이 아니다. 단지 우리가 두려움 가운데 살 필요가 없다는 의미이다. 그러나 우리가 진리를 추구하지 않고 우리 삶의 주인이신 성령께 순종하지 않는다면 적에게 기회를 내어 주게 된다.[184]

성령 운동은 어느 오순절 교파의 전유물이 아니다. 하나님은 모든

---

183) 명성훈, 『당신의 교회도 성장할 수 있다』, 182.
184) 명성훈, 『당신의 교회도 성장할 수 있다』, 183.

그리스도인들의 하나님이며, 모든 교회의 창조자이시다. 그러므로 그리스도 안에 거하는 자마다 성령을 인정하고 환영하고 모셔 들이고 의지해야 한다. 그리고 성령의 자연적 사역뿐만 아니라 성령의 초자연적인 사역에 열려 있어야 한다. 그리고 병을 치료하고 귀신을 내어쫓는 성령의 권세와 능력을 사용할 수 있어야 한다. 성령 운동의 새로운 물결이었던 이른바 '제3의 물결'은 성령의 교리나 체험이나 현상과 관계없이 성령과 함께하는 초교파적 사역에 대해서 효과적인 열매를 보여 주고 있다.[185] 예수 그리스도의 열매인 교회는 성령으로 충만할 때 비로소 사단을 이길 수 있다. 그러나 사단은 우리가 성령 운동에 동참하지 못하도록 방해할 것이다.

연세대학교 조직신학 교수 김균진은 성령 운동의 동참에 대하여 말하기를, "우리에게 확신(確信)을 주며, 신앙의 활동적인 변화가 일어난다."라고 하였다.[186] 마찬가지로 영적 전쟁에서 사단을 이기기 위해 목회자와 선교사는 지속적으로 성령 운동에 동참해야 할 것이다.

7) 지역사회를 영적 도해하라

영적 전쟁에서 영적 도해를 적용하기 위해서는 지역귀신(territorial spirit)의 이름을 아는 일과, 그 지역의 역사적 배경을 조사하는 일이 수반되어야 한다.[187] 특별히 피터 와그너(C. Peter Wagner) 는 영적 전

---

185) 명성훈, 『당신의 교회도 성장할 수 있다』, 183.

186) 김균진, 『기독교조직신학 III』 (서울: 연세대학교 출판부, 1987), 131.

187) 영적 도해란 말은 그대로 영적 지도를 그리는 것으로서 도시나 국가나 세계를 겉으로 드러난 현상으로 서만이 아니라 그 현상을 있게 한 본질적인 혹은 영적인 세계의 배후를 규명하는 작업이다. 즉 어느 지

쟁의 차원에서 귀신들을 직접 내어 쫓는 지상적 차원과 샤머니즘과 같은 귀신문화를 추방하는 주술적 차원, 그리고 전략적 차원을 말한 바 있다. 여기서 전략적 차원이란 에베소서 6:12에 의하면, '정사와 권세와 어두움의 세상 주관자들'에 대한 싸움을 지역 귀신과의 싸움이라고 정리하였다.[188]

이러한 전략적 차원에서 도시나 지역은 그 고유한 영적 분위기를 가지고 있다. 그러한 분위기를 지역의 이데올로기, 종교적 습관, 문화적인 죄악, 그리고 역사적인 사건 등을 조사하여 영적 도해를 실시하면, 그 지역의 악한 영들을 결박하고 영혼을 사로잡고 있는 사단의 세력을 깨뜨리는 데 효과적일 수 있다.[189]

8) 비난과 핍박을 지혜롭게 소화하라

선교사는 영적 전쟁에 관심을 가지고 그 사역에 뛰어 들어가면 반드시 내외적으로 비난과 오해와 핍박이 다가온다. 진리가 어떠한 형태로 제시되든지 그것을 거부하는 사람은 항상 있게 마련이다. 그러한 일을 예수님은 당했고, 또 그리스도인에게도 똑같은 일이 있을 것이라고 말씀하셨다(마 7:13~14; 요 15:18~25). 그러나 예수님은 귀신들을 쫓아내었고, 사람들을 치료하셨다. 그리고 제자들에게도 똑같은 일을 하라고 명령하셨다. 하나님은 자신의 백성을 통해서 오늘날 동일하게 귀신들을 멸하고 질병을 치료하고 계신다. 그가 가졌던 은사

역에 존재하는 악령들의 존재와 그들의 활동을 파악하여 영적 전쟁의 유리한 고지를 점령하는 것이다.
188) 명성훈, 『교회성장마인드』 (서울: 교회성장연구소, 2001), 383~384.
189) 명성훈, 『교회성장마인드』, 384.

와 똑같은 수준은 아닐지라도 예수님은 우리를 통해서 여전히 악한 영의 능력을 이기도록 도와주신다.[190]

사단의 거짓 중의 하나는 영적 전쟁을 특정한 은사주의자나 도에 지나친 사람들이나 하는 일이라고 주장하는 것이다. 그러나 영적 전쟁은 일부의 사명이 아니라 모든 교회와 모든 그리스도인들의 필연적인 사명이다. 그러므로 영적 전쟁에 대한 무지와 오해 혹은 시기와 질투로 인한 갈등이 있을 때 그리스도인은 두려워하지 말아야 한다. 오히려 그들을 잘 이해하고 그들을 위하여 기도해 주어야 한다. 그리고 교회의 질서와 조직을 존중해 주고, 사랑을 가지고 서서히 점진적으로 들어가야 한다.

이러한 관점에서 영적 전쟁은 수단이지 목적이 아니다. 우리의 목적은 하나님의 영광이요, 인간의 영혼구원이다. 그러므로 분열되거나 상처받아 교회를 떠나는 일이 없도록 보호 장치를 동원하면서 영적 전쟁에 접근해야 할 것이다.[191]

9) 다른 교회 혹은 사역자들과 함께 연합하라

분열은 사단의 진을 강화시키는 것이요 연합은 성령의 진을 강화시키는 일이다. 영적 전쟁의 제1원칙이 성령과의 연합이라면, 제2원칙은 동역자들과의 연합이다. 연합전선은 어떤 전쟁에서나 영원한 승리의 비결이다. 오늘의 교회가 세상과 사회와 사단에 대항하지 못하고 무기력한 이유는 교회와 지도자들이 너무 분열되어 가고 있고 자

---

190) 명성훈, 『당신의 교회도 성장할 수 있다』, 184~185.
191) 명성훈, 『당신의 교회도 성장할 수 있다』, 185.

기중심적이기 때문이다.

효과적인 도시선교를 함에 있어 영적 전쟁의 전략은 목회자와 선교사들, 그리고 영적 지도자들이 연합하여 정기적으로 기도하는 것이다. 목회자와 선교사들로부터 그 도시와 그 지역의 영적 세력에 대항하기 위하여 영적인 문지기로서의 사명을 다해야 한다. 서로의 부정적이고 비판적인 대립관계를 청산하고 진짜 대적이 누구인지를 분별해야 한다.[192]

영적 전쟁에서 단독사역은 위험하기 짝이 없는 것으로, 이 분야에 관심과 경험, 그리고 은사가 있는 사람들끼리 정기적으로 모여 공부하고 기도하고 서로 협력하는 것이 필요하다. 또한 지체의식을 가지고 서로를 세워 주면서 두려움과 편협, 그리고 주관주의를 극복해야 할 것이다.[193]

10) 성경적 균형을 잃지 말라

영적 전쟁에서 조화와 균형은 최상의 전략이다. 영적인 문제는 균형을 벗어나서 극단주의에 빠질 위험이 항상 도사리고 있다. 물론 귀신의 실제적인 활동을 아예 무시하는 것도 문제이지만 모든 것을 귀신의 역사로 단정하는 것도 어리석은 일이다. 그래서 목회자와 선교사는 항상 성경의 권위에 기초해야 한다. 그리고 성령의 음성에 귀를 기울여야 한다. 성경과 성령, 그리고 교회는 바로 예수 그리스도 중심적인 사역을 지키게 하는 절대적인 요소이다.[194]

---

192) 명성훈, 『당신의 교회도 성장할 수 있다』, 185.
193) 명성훈, 『당신의 교회도 성장할 수 있다』, 186.

이제 교회는 예수 그리스도의 승리와 성령의 능력에 대한 진리를 이론과 신앙고백 차원을 넘어 실제적인 경험과 사역 안으로 가지고 들어와 귀신을 두려워하지 말아야 한다. 목회자와 선교사는 이러한 주제에 관심을 가져 무슨 어려운 일이 일어나지는 않을까 하는 걱정을 없애야 하고, 사단의 속임수를 단호하게 물리쳐야 한다.[195] 따라서 목회자와 선교사는 예수 그리스도 안에서 승리할수록 그리고 패배한 사단에 대해서 분명히 할수록 피할 수 없는 영적 전쟁에서 더욱 확신을 가지고 승리할 것이다.

3. 영적 전쟁의 승리를 위한 선교사의 영성 훈련

서구에 비해 한국 선교역사는 그리 오래되지 않았다. 그런 가운데 한국교회가 파송한 선교사의 숫자는 계속적으로 증가하는 추세이다. 한국세계선교협의회(KWMA)가 2010년 1월 발표한 자료에 의하면, 한국은 169개국에 20,445명 선교사를 파송한 것으로 집계되었다. 지난 2004년 12,159명에서 2010년 1월까지 21,735명으로 6년 만에 9,576명이 증가하였다. 미국을 비롯한 북미주에서 파송한 한인 선교사 885명의 수를 합한다면, 실제 한국 선교사 수는 이보다 더 증가한다. 2009년보다 다소 증가폭이 미약하지만 국제적인 금융 불황과 경기 침체 속에서 이루어 낸 증가이기에 더 큰 의미가 있다. 또한 이슬람권의 계속되는 반기독교적 상태와 국내적으로는 아프가니스탄 사태 이후에도 교회의 선교 열기는 식지 않았으며, 교회의 사명이 선교에 있음

---

194) 명성훈, 『당신의 교회도 성장할 수 있다』, 186.
195) 명성훈, 『당신의 교회도 성장할 수 있다』, 187.

을 한국교회가 인식하고, 적극적으로 선교에 참여하고 있는 것으로 보인다. 한국교회 96개 교단에서 9,063명을 파송하였으며, 229개 선교 단체에서 12,672명을 파송하여 교단 41.7%, 선교 단체 58.3%이다. 선교사 자녀 수도 선교사 파송과 더불어 늘어나 지난 2009년 13,868명으로 집계되었다.[196] 이렇게 많은 선교사들이 세계 곳곳에서 사역하며 선교의 주도적인 활동을 하고 있다. 그러나 선교사의 목회적 관리에 있어서 중요한 것은 선교사의 영성 훈련이다.[197]

이러한 영성 결핍은 선교사의 가정과 사역의 전 부분에 실패를 초래하여 결과적으로 무용한 선교사가 되게 한다. 선교사의 영성 결핍이 정상적인 정서 생활에도 영향을 미칠 수 있다. 영성의 결핍은 가정불화뿐만 아니라 인간관계 문제, 그리고 부도덕한 생활까지 치닫게 된다. 제2·3세계 선교사의 중도 탈락의 36.6%가 선교사의 영성 결핍이 원인으로 보고되었다. 실제적으로 선교사 사역의 여부는 그 선교사의 영적 상태와 직접적으로 관련되어 있다고 말해도 과언이 아니다. 선교사가 강하고 성숙한 영성 훈련을 하는 길은 사도 바울이 디모데전서 4:7~8에서 말하는 대로 경건을 위해서 자신을 훈련하는 길밖에는 없다.[198] 영적 생활이 메말라 버리면 선교사는 하나님의 사역을 지속적으로 해나갈 수가 없다. 자신의 영성을 유지하기 위한 방법들을 고민하는 것은 너무나 중요하다. 선교 현장에 간 지가 오래된 후에도 선교사는 계속 예수 그리스도의 은혜와 지식 가운데 자라야 한다.

---

196) 한국세계선교협의회, "선교정보", http://www.kwma.org.
197) 강승삼, 『선교행정과 정책』 (서울: 총신대학교 선교대학원, 1996), 20.
198) 강승삼, 『21세기 선교 길라잡이』 (서울: 생명의말씀사, 1998), 81.

따라서 선교사의 목표 설정은 진정한 리더의 지속적인 영성 훈련이다.[199] 그렇지 않으면 영적 전쟁에서 선교사의 생활은 황폐해지고 사역은 비효과적이 될 것이다.

1) 기도 훈련

제임스 몽고메리(James Montgomery)는 기도에 대하여 말하기를, "기도가 그리스도인의 필수적인 호흡이다."라고 하였다.[200] 기도가 모국의 공기라고 한다면, 선교사는 그 습관을 더욱 계발해야 한다. 기도는 환경에 따라 변할 수도 있고 고된 일이 될 수도 있다. 만약 선교사가 기도를 자신의 일과 혹은 심지어 그의 선교부에 보다 광범위한 일에만 제한시킨다면 그는 곧 기도가 지루하기 시작하는 것을 발견할 수 있다. 사도 바울은 그의 개종자들에게 모든 성도들과 모든 사람들과 모든 일들을 위해 기도할 것을 권면하였다(엡 6:18; 딤전 2:1; 빌 4:6). 선교사들은 사도 바울의 권면을 좇아서 그의 기도 속에 전 세계적 관심을 포함시키기 위해 기도를 확장시키는 일을 할 수 있다.[201]

선교사가 매일 기도 스케줄을 유지하는 데 거슬리는 두 가지 기본적인 문제가 있다. 첫째, 일이 쌓여서 시간에 대해 부담을 느끼게 되면 기도는 제일 소홀해지는 것이 된다. 둘째, 한번 소홀해지면 그것을 극복하기가 어렵다. 왜냐하면 기도는 습관이기 때문이다. 선교사는

---

199) John E. Haggai, 『미래는 진정한 리더를 요구한다』, 임하나 역 (서울: 하늘사다리, 1996), 88.

200) 강승삼. "영적 전쟁의 신학적인 기초와 실재", 29. 성경에 시편 외에도 657회 기도 요청과 457회 기도 응답의 기록들이 있다. 기도는 주관적인 영적 활동이 아니다. 그것은 구체적인 결과를 이루는 하나님의 힘이요, 불가능을 가능하게 하는 것이다.

201) J. Herbert Kane, *Life and Work on the Mission Field* (Grand Rapids, Michigan: Baker Book House, 1980), 25~126.

기도를 적게 하는 악순환을 허용해서는 안 될 것이다.[202)

이러한 관점에서 선교사는 기도에 대한 행위를 규정하는 몇 가지 조건들을 발견해야 한다.[203)

첫째, 선교사는 거룩한 손을 들어야 한다. '깨끗한 손' 곧, 거룩한 손은 거룩한 성품을 나타낸다. 어떤 식으로든 하나님께 가까이 다가가고자 선교사는 반드시 거룩한 성품을 지녀야 한다. 거룩하지 않고는 하나님을 볼 수가 없다(합 1:13). 이처럼 죄를 벗어 버려야 할 필요성을 자각하고 우리의 손을 거룩하게 하기로 결단하는 것은 하나님께 나아가기 위한 필수 조건이다. 우리는 기도의 응답에 대한 의문을 제기하기에 앞서 먼저 이 일을 해야 한다.[204)

둘째, 선교사는 진노가 없어야 한다. 진노는 원한이나 질투나 악의 혹은 이웃이 우리에게 실제로 행했거나 행한 것으로 보이는 어떤 잘못을 용서하지 않는 마음을 의미한다. 하나님께서 우리의 기도와 간구에 귀를 기울여 주실 것으로 기대할 권리가 우리에게 있다는 사상은 고린도후서 13장에 완벽하고도 자세하게 묘사되어 있다. 만일 우리가 종이라면 왕과 권좌에 앉은 모든 사람에게 분노의 감정을 가져서는 안 된다.

마지막으로 셋째, 선교사는 의심이 없어야 하며 혹은 분쟁이 없어야 한다. 마음속에 의심을 품고 있으면, 하나님께 기도해 보아야 아무 소용이 없다. 사람들은 믿지 않고 의심하면서 하나님께 기도하는 경우가 많다. 기도는 하나님을 시험하는 도구가 아니라, 오히려 하나님

---

202) 강승삼, 『21세기 선교 길라잡이』, 90.

203) 강승삼, 『선교행정과 정책』, 28~30.

204) D. Martyn Lloyd Jones, 『왜 하나님은 전쟁을 허용하실까?』, 박영옥 역 (서울: 도서출판 목회자료사, 1991), 23~25.

을 믿기에, 하나님과 하나님의 거룩한 뜻에 모든 것을 맡길 자세가 되어 있다는 믿음의 표현이며 결과이다. 선교사는 의심이나 분쟁이 있어서는 안 되며, 하나님을 시험해 보려는 마음도 가져서는 안 된다. 오히려 서두르지 말고 조용히 하나님의 완전한 뜻에 모든 것을 맡겨야 한다.

그리고 기도는 지속적으로 계발되어야 하는 습관임을 기억해야 한다. 만약 시간을 정해 놓고 매일의 기도를 위한 장소를 정한다면 도움이 될 것이다.

전 총신대학교 선교신학 교수이며, 한국세계선교협의회 대표회장 강승삼은 기도에 대하여 말하기를, "선교사 개인과 가정은 뜨거운 기도 시간을 정기적으로 가져야 한다."라고 하였다.205) 따라서 그러한 시간이 오면 선교사는 기도할 마음이 들든지 들지 않든지 기도를 해야 한다. 왜냐하면 기도의 삶을 사는 데 다른 방도가 없는 것이다.

2) 성경 훈련과 묵상시간

존 웨슬리(John Wesley)는 성경이 영적인 훈련의 가장 원천적이고 중요한 표준과 자료라고 하였다. 왜냐하면 성경이 복음에 관하여 가장 확실한 가르침을 제공하기 때문이다. 특히 말씀을 읽고, 묵상하고, 듣기를 통해서 은혜 받는 것은 중요하다.206) 하나님의 말씀은 우리의

---

205) 강승삼, 『21세기 선교 길라잡이』, 90. 경건한 영웅인 모세와 다니엘(단 6~9장), 우리 주 되신 예수 그리스도(막 6:46; 눅 3:21, 6:12, 22:44; 히 5:7)와 사도 바울은 우리가 닮아야 할 모범을 성경을 통해 보여 주고 있다(행 16:13~25; 롬 15:3~32; 엡 6:18~20; 빌 1:19; 골 4:2~4; 살전 5:25; 살후 3:1~3; 몬 1:22).

206) 이재완, "교회 안의 작은 교회 운동에 나타난 요한 웨슬리의 선교사상 연구," 『박사학위논문』 (양평: 아세아연합신학대학교 대학원, 2003). 웨슬리는 일생 동안 사람의 표준이 성경이었다. 그의 목회의 표준이

소중한 생명의 양식이다. 우리가 매일 음식을 먹는 것처럼 영적인 양식의 말씀을 먹어야 산다. 시편 1:2에 의하면, "복 있는 사람은 오직 여호와의 율법을 즐거워하여 그 율법을 주야로 묵상하는 자"라고 말하였다. 우리는 매일 꿀보다 더 맛있는 성경 말씀을 배부르게 먹고 묵상 생활을 할 필요가 있다(시 10~20). 하나님의 말씀은 우리의 삶을 풍성하게 만든다.

여호수아 1장에 의하면, 율법을 입에서 떠나지 말게 하며 주야로 그것을 묵상하고 지켜서 행할 때 형통하리라고 말씀하고 있다. 하나님의 말씀은 우리들에게 예수 그리스도 안에 있는 믿음으로 말미암아 구원에 이르는 지혜가 있게 하신다(딤후 3:15). 모든 성경은 하나님의 감동으로 된 것으로 교훈과 책망과 바르게 함과 의로 교육하기에 유익하다(딤후 3:16). 또한 말씀은 영적인 지도자를 온전케 한다(딤후 3:17).

하나님의 말씀은 살아 있으며, 운동력이 있어 좌우에 날선 어떤 검보다도 예리하여 혼과 영과 관절과 골수를 찔러 쪼개기까지 하며 또 마음의 생각과 뜻을 감찰한다(히 4:12). 그리고 하나님의 말씀은 교회를 먹이고 다스린다. 특히 영적 전쟁에서 성경은 목회자와 선교사의 눈을 열어 그들을 향하신 하나님의 뜻이 무엇인지를 분별하도록 도울 것이다(딤후 3:15~17).

성경이었기에 그는 매일 성경을 히브리어와 희랍어로 몇 시간씩 읽으면서 진지하게 성경을 연구하였다. 그래서 웨슬리는 성경에 능통하였고, 그가 쓴 편지든 논설이든 많은 성경구절이 인용되어 있었고 항상 성경에 대한 이야기로 가득 채워져 있었다. 또한 웨슬리의 설교 기초와 내용이 바로 성경이었다. 그의 설교 본문들은 간접적으로 혹은 직접적으로 성경의 인용으로 가득 차 있었다. 웨슬리 성경훈련의 세 가지 중요한 요소는 다음과 같다. 첫째, 자기성찰을 통한 개인성화의 성취이다. 둘째, 신도들이 은혜 안에서 성장하는 것을 돕기 위함이며, 마지막으로 셋째, 작은 공동체 안에서 성경연구를 통하여 서로 고쳐 주고, 나아가 부요하게 해 주며, 서로 경험을 보다 구체적으로 나눔으로써 그리스도께 더 가까이 나아가는 은혜의 수단으로 마음껏 활용하였던 것이다.

3) 경건 서적 읽기와 Tape 청취하기

선교사를 위한 성경 주석과 사전 등이 메시지를 준비하기에 간편하다. 그러나 솔직히 이런 것들은 영혼을 양육하는 데는 별로 가치성이 없다. 중요한 것은 그것을 목적으로 하는 경건한 서적들이 필요하다. 어떤 저자들은 이런 유의 문서에 전문적이다. 소수의 이름만을 예로 들면, 앤드류 머레이(Andrew Murray), 스테판 올포드(Stephen Alford), 오스왈드 샌더스(Oswald Sanders), 알란 래드패스(Alan Redpath), 토저(A. W. Tozer), 오스왈드 챔버스(Oswald Chambers), 스튜어트 브리스코(Stuart Briscoe) 등으로 시집들도 간과되어서는 안 된다.[207] 그러나 경건을 위한 문서로서 흔히 소홀해지기 쉬운 것은 찬송가이다. 어떤 찬송가는 경건 생활을 위한 찬송이 특별히 풍부하다. 경건 생활을 위한 찬송들은 거룩에 대한 찬송뿐만 아니라 복음송가의 테이프도 크게 효과적으로 사용될 수 있다.[208] 이러한 것들을 사용하면 매일 갖는 경건의 시간을 더욱더 풍성하게 해 줄 것이다.

최근에 그리스도인 생활의 다양한 측면들을 다루고 있는 테이프들을 이용할 수도 있다. 선교사들이 비록 육체적으로는 고립되어 있지만 영적으로 본국에서의 구독물들로부터 더 고립될 필요가 없다. 이러한 자료들은 선교사들의 영적인 삶을 살찌우게 하고 영적으로 민감하게 만들 것이다.[209]

---

207) J. Herbert Kane, *Life and Work on the Mission Field*, 125~126.

208) J. Herbert Kane, *Life and Work on the Mission Field*, 126.

209) 강승삼, 『21세기 선교 길라잡이』, 91.

4) 인터넷을 통한 영적 관리

정보화 사회는 컴퓨터와 통신이 하나로 연결되면서 가능하게 되었다.[210] 이런 네트워크 개념을 사무실과 사무실 사이, 집과 집 사이에 랜(Lan)을 전 세계로 통하게 만든 것이 인터넷이다. 현재 인터넷은 전 세계 대학과 연구소, 그리고 도서관 및 기업들의 7천여 개 통신망과 연결되었고, 이백만 대의 컴퓨터가 온라인으로 상호 접속되어 있다. 현재까지 인터넷에 접속된 국가는 북한과 아프리카의 일부 국가를 제외한 나머지 140여 개국에 달하고 도메인 호스트로 연결된 컴퓨터만 3억 5천만 대가 넘는다.

영국의 저명한 문화인류학자 리처드 도킨(Richard Dawkins)은 최근 한 영국 언론과의 인터뷰에서 종교계가 인터넷에 가입한 사실 자체가 인류가 전자문화시대의 문턱을 넘어섰음을 입증하는 것이라고 했다.[211] 그래서 인터넷은 기독교 역사를 변화시키는 힘으로 작용하고 있으며, 선교의 새로운 기회를 만들어 주고 있다. 이런 장점으로 선교사는 인터넷을 통해서 세계 각국의 선교사들과 필요한 정보를 공유

---

210) 정광호, "우리 생활에 있어서 인터넷이란 무엇인가?." 『정보통신』 13권 (1996, 6월), 68~71. 현대사회를 정보화 사회라고 일컫는다. 서슴없이 컴퓨터와 통신을 통해 정보를 수집 · 가공 · 활용하는, 정보가 그 어떤 자원보다도 중요시되는 사회라고 이야기한다. 그래서 현대사회를 살아가는 우리는 누구보다 더 많은 정보를 빠르고 정확하게 얻기를 원한다. 인터넷은 네트워크의 네트워크(Network of Network) 또는 정보의 바다(Sea of Information)라고 불릴 정도로 무한한 정보들로 가득 차 있다. 지금까지 대부분의 사람들은 컴퓨터를 개인용으로만 사용하여 왔기 때문에 활용할 수 있는 정보의 크기가 한정될 수밖에 없었다. 그렇기 때문에 사람들은 컴퓨터와 컴퓨터를 연결하여 좀 더 많은 정보를 서로 나누는 방법을 생각하게 되었고 지역적으로 가까운 곳에 있는 컴퓨터를 서로 연결하여 정보를 공유하거나 편지를 서로 주고받을 수 있게 되었다. 인터넷을 연결하기만 하면 자신의 컴퓨터를 통해 가까운 곳에부터 지구상 어느 곳이든 접근할 수 있다. 인터넷은 전자우편(E - mal), 파일전송(FTP), 원격접속(Telnet), 파일검색(Archie, Wais, Gopher, Veronica, Lynx, WWW), 주제발표 및 게임 등이 가능하며 전자우편 기능을 이용하여 미국에 있는 친구와 시내 요금으로 편지를 주고받을 수 있으며, 검색도구를 사용하여 전 세계의 모든 정보들을 검색하고 원하는 정보를 나의 컴퓨터로 전송받아 볼 수 있다.

211) 정광호, "우리 생활에 있어서 인터넷이란 무엇인가?", 71.

하며, 중보기도 제목을 나눌 수 있고, 주님의 말씀과 세계선교의 현장 증언을 온 세계에 전할 수 있다.212) 그리고 선교사들과 연관된 전문적인 연구서들을 통하여 깊이 있게 말씀을 연구하는 것과 사역과 관계된 사항을 공동으로 연구하고 배워 가는 일, 그리고 말씀 연구와 함께 기도하는 습관을 계속해서 강조하고 계발하는 것은 자신의 사역에 질을 높여 주는 데 많은 도움을 준다. 또한 선교사가 매일의 기도와 말씀 연구의 스케줄을 유지할 수도 있다. 이러한 인터넷 세상 속에서 기독교의 영성을 찾는 새로운 접근이 필요할 것이다.

5) 부흥회나 수련회를 통한 영성 개발

선교사에게 있어서 가장 중요한 것은 선교일 것이다.213) 하나님의 귀한 선교의 사역은 주님께서 다시 오실 때까지 잘 감당해야 한다. 그러나 선교에 못지않게 중요한 것은 영성 개발이다. 베드로는 로마 제국의 폭군이었던 네로 황제의 폭정하에서 박해받고 죽어 가는 성도들을 향해 그의 마지막 서신서의 제일 마지막 장 마지막 절에서,

---

212) 이영제, "세계화 시대의 인터넷 선교," 『세계선교』 39호 (2003), 94. 인터넷의 기술적인 측면에서는 하나님의 메시지를 전달하는 데 아무런 장애를 받지 않는다. "옛적에 선지자들로 여러 부분과 여러 모양으로 우리 조상들에게 말씀하신 하나님"(히 1:1)을 보면 하나님은 커뮤니케이션의 하나님이시다.

213) 이성주, 『영성신학』 (서울: 문서선교 성지원, 1998), 22~23. 선교라는 단어는 그대로 성경에 나오지 않고 다만 고린도전서 1:21에 전파라는 원어로 *κηρυγματος*라는 단어로 나온다. 그리고 선교라는 내용으로 사용하는 단어 '보낸다'는 헬라어로 *αποστελλω*로 되어 있다(마 28:19; 막 16:15; 요 17:6; 행 1:8). 이 단어는 파견한다는 뜻을 지닌다. 따라서 영어에서 선교(mission)와 선교사(missionary)라는 단어는 라틴말 '미토'(mitto)에서 유래된 것이다. 그러므로 선교와 선교사라는 단어는 헬라어 *αποστελλω*에서부터 유래되었다는 것을 알 수 있다. 예수님께서 제자들을 선택하고 그들에게 땅 끝까지 복음을 전파하라고 명령하셨다. 그러나 제자들은 오순절 성령강림 후에야 비로소 복음을 전 세계에 전하는 것이 교회의 사명인 것을 알게 되었다. 예수님이 12제자들을 선택한 이유는 선교를 목적으로 한 것임을 알 수 있다. 예수님은 교회를 세우시기 전에 벌써 선교에 대하여 강조했다. 그러므로 그리스도께서 교회를 세우신 것은 교회를 통해서 전 세계를 복음화하는 데 목적이 있었음을 알 수 있다. 이러한 선교는 사도들이 성령의 능력 즉 성령의 영성을 받은 후에야 가능하게 되었다. 그러므로 영성의 능력을 받지 않으면 선교는 불가능하다.

"오직 우리 주 곧 구주 예수 그리스도의 은혜와 저를 아는 지식에서 자라가라"라고 강조하였다(벧후 3:18). 여기서 '자라가라'(grow)는 말은 영성 개발을 촉구하는 명령이다.[214] 그래서 선교는 선교사와 교회가 밖을 향하여 수행해야 하는 외적 차원(outward dimension)의 명령이고, 영성 개발은 선교사와 교회가 내부적으로 수행해야 하는 내적 차원(inward dimension)의 명령이다. 모든 선교사들은 이 두 가지 명령을 동시에 받고 있는 것이다.[215] 그러므로 부흥회나 수련회는 선교사에게 집중적으로 재충전할 수 있는 계기가 된다.[216]

선교사들에게도 영적 도전을 줄 수 있는 연례 영성 개발을 위한 수련회가 필요하여 다음과 같이 몇 가지로 제시하였다.[217] 첫째, 예수님의 삶의 방식이 우리의 영성 개발을 요구한다. 둘째, 예수님의 말씀 또는 명령이기에 영성 개발을 해야 한다. 셋째, 영성 개발은 신약성경이 강력하게 명령하고 있다. 마지막으로 넷째, 영성 개발은 개신교의 오류를 보완한다.

미국 서던캘리포니아대학교(Southern California University)의 철학 교수 달라스 윌라드(Dallas Willard)는 영성 개발에 대하여 말하기를, "영성 훈련 곧 경건에 이르기를 연습하는 것은 우리 자신이나 다른 사람들에게 전혀 해를 끼치지 않고 주님의 생명과 능력을 많이 받아들일 수 있게 해 주는 활동이다."라고 하였다.[218]

---

214) 권택조, 『영성발달』 (서울: 예찬사, 1999), 13.

215) 권택조, 『영성발달』, 14.

216) 강승삼, "영적 전쟁의 신학적인 기초와 실재.", 30.

217) 홍성주, 『21세기 영성신학』 (서울: 은성출판사, 1995), 173~174. 어떤 그리스도인들은 예수님이 죄인들과 세리 및 창녀들과 먹고 마신 것을 예로 들면서, 예수님은 매우 자유분방하게 사셨던 것으로 간주하여 그런 삶을 살고자 한다. 그러나 예수님은 규칙적으로 기도생활을 하셨다(막 1:35~39).

218) Dallas Willard, 『영성훈련』, 엄성옥 역 (서울: 은성출판사, 1993), 160.

미국 아주사퍼시픽대학교(Azusa Pacific University)의 영성신학 교수 리차드 포스터(Richard J. Foster)는 영성 훈련에 대하여 말하기를, "우리의 선을 위한 것이며, 영성 훈련은 하나님의 풍성하심을 우리의 삶속에 가져오는 것이다."라고 하였다.[219]

이러한 영성 개발은 예수 그리스도의 영성과 인격, 그리고 그의 삶과 뜻이 선교사와 공동체 속에 이루어지도록 역사하시는 성령의 활동에 능동적으로 협조하는 지속적인 훈련이다. 이런 훈련은 선교국별로 혹은 지부별로 한국인 선교사들이 연례적으로 만나 함께 교제하고 영성 수련회를 가진다면 그들의 사역에 있어서 영적으로 많은 도움이 될 것이다.[220]

6) 휴식을 통한 영성 회복

대부분의 선교사들은 육체와 정신적으로 건강에 도움이 되지 못하는 곳에 살고 있다. 찌는 듯한 밀림 속에서 영양도 부족하고 변화도 없는 식사와 밤낮으로 덮고 습한 기후 가운데 살고 나면 그들은 육체적으로는 물론 정신적으로도 탈진의 상태가 된다.[221]

미국 기독교상담자협회 회장과 세계상담자연구소 소장이었던 게리 콜린스(Gary R. Collins)는 선교사의 탈진에 대하여, "선교사들이 고독, 타 문화에 적응, 의료기관이나 의약품의 계속되는 부족, 과다한 업무와 어려운 사역 환경, 피선교지인들에게 계속적으로 열정적인 전

---

219) Richard J. Foste, *Celibration of Dicsipline* (London: Hodder & Stoughton, 1989), 9.
220) 강승삼, 『21세기 선교 길라잡이』, 91.
221) J. Herbert Kane, *Life and Work on the Mission Field*, 215~216.

도를 해야 한다는 압박감, 피선교지에 있는 교회에서 선교사들의 역할 분담에 관한 혼란, 사생활을 보호받지 못함, 휴가나 휴식을 보내는 기회가 적음 등 아홉 가지 스트레스를 받는다."라고 진술하였다.[222]

2차 세계대전 중에 미군들이 뉴기니아 정글에서 1년을 보낸 후에 전력(全力)의 50%를 상실했다고 보고된 적이 있다. 선교 현장에서 30년 혹은 40년을 휴가나 휴식 없이 지낸 선교사들도 있다. 남녀 구분 없이 4년간 열심히 사역한 후에는 전력(全力)이 급격히 떨어지게 된다. 그래서 본국으로 돌아와서 좋은 기후, 풍성하고 영양가 있는 음식, 풍경의 변화 가운데 향수를 푸는 것도 꼭 필요하다.[223] 선교사는 휴식을 통해 모든 사역과 스트레스를 떠나서 하나님이 주시는 평안함을 되찾아야 한다.[224] 만약 일 중독에 걸린 선교사가 있다면, 정서적으로 실의에 빠질 뿐만 아니라 영적으로도 연약해지기 쉽다는 것이다.[225]

---

222) Gary R. Collins, *Spotlight on Stress* (Ventura CA: Vision House, 1983), 152. 콜린스는 퍼듀대학교에서 임상심리학(Ph.D.)을 전공하고, 덴버신학교에서 신학대학원 과정을 이수한 기독교 심리학자이다. 미국 트리니티복음주의신학교에서 20여 년간 기독교상담학을 강의하면서 신학과 심리학의 통합을 주도하는 가운데 60권이 넘는 책을 저술했다. 그중 많은 저서가 세계 10여 개국의 언어로 번역되어 복음주의적인 상담을 추구하는 이들에게 영향을 미쳐 왔다. 1987년 강당을 떠나 저술과 강연활동에 전념하면서 미국 기독교상담자협회 회장과 세계상담자연구소 소장으로 기독교 상담계를 이끌고 있다.

223) J. Herbert Kane, *Life and Work on the Mission Field*, 216.

224) Tony Cassidy, 『스트레스와 인지, 그리고 건강』, 정현희 역(서울: 시그마프레스, 2002), 7~8. 스트레스라는 용어는 17세기의 물리학과 공학에서 최초로 사용한 것이다. 다리나 건물 같은 구조물 위에 놓이는 엄청난 압력을 표현하는 데 이 용어를 사용하였다. 바람의 막강한 위력이나 얼음의 무게 때문에 건물이 붕괴되는 원인을 묘사하는 데 사용하기도 했다. 그 후로 의학, 생리학, 경제학, 사회학, 과학의 다른 분야에서도 이 용어를 사용하게 되었다. 특별히 심리학적인 용어로 주로 사용하게 되었다. 그러나 이 단어는 14세기에도 사용되었는데 그때는 고난 혹은 역경이라는 의미였다.

225) 강승삼, 『21세기 선교 길라잡이』, 91.

7) 가정 예배

선교사는 자신의 중요한 시간에 덧붙여 가족과 함께 예배를 매일 실시해야 한다. 이것은 자녀들이 학교의 기숙사로 가기 위해 집을 떠나기 전까지 어린 시절 동안 특히 중요하다. 심지어 자녀들이 간 이후라도 남편과 아내, 집안에 있는 다른 식구와 함께 기도하고 찬송하고 하나님의 말씀을 함께 읽기 위해서 매일 모이는 것도 좋은 생각이다. 아마 매일 드리는 가정 예배보다 더 가족을 하나로 묶어 주는 효과적인 모임은 아무것도 없을 것이다.[226] 가정은 이 땅에 하나님의 나라를 이루는 가장 기본적인 모델이므로 개인적인 영적 삶과 사랑을 나눌 수 있는 가장 적합한 장소라고 볼 수 있다.[227]

4. 영적 전쟁을 위한 선교사의 전략

운동에 관한 오랜 격언 중에서 "좋은 수비는 최상의 공격이다."라는 말이 있다. 여기서 "좋은 공격은 최상의 수비이다."라고 반대로 말할 수도 있다. 이러한 관점에서 선교사의 임무는 단지 적의 공격을 방어하는 것이 아니라, 적의 지역에 침공해 들어가서 포로를 해방시키고 그들을 하나님 나라의 자유 가운데로 데려오는 것이다.[228] 이렇게 하나님 나라의 대사라고 할 수 있는 선교사는 영적 전쟁에 임하는 군사로서 십자가상에서 확보된 승리를 안고 적을 완전히 물리칠 수

---

226) J. Herbert Kane, *Life and Work on the Mission Field*, 126.

227) 강승삼, 『21세기 선교 길라잡이』, 91.

228) Timothy M. Warner, 『영적 전투』, 127.

가 있다. 선교사는 사단을 대적할 수 있는 하나님의 권세를 부여받았
다(마 28:18~20; 요 1:12; 행 1:8). 따라서 선교사가 사단의 세력을 어
떻게 공격할 것인지를 살펴보고자 한다.

1) 예수 그리스도와의 연합과 성령의 역사

선교사의 승리는 우리 주 예수 그리스도 안에 있는 하나님의 사랑
이다(롬 8:37~39). 강승삼은 선교사가 영적 전쟁에서 승리하기 위해
서 일곱 가지의 근거를 제시하였다.[229]

첫째, 날마다 하나님의 전신갑주를 입고 그리스도와의 연합을 선
언하고, 성령 충만함으로 행해야 한다. 둘째, 육체의 부주의한 범죄로
인해 사단에게 내주었던 모든 공격의 근거를 단순한 믿음의 기도로
탈환해야 한다. 셋째, 모든 악령 아래서 역사하는 어둠의 세력을 묶어
서 떠나갈 것을 명령해야 한다. 넷째, 우리가 그리스도와 함께 모든
정사와 권세들보다 더 높은 하늘 보좌에 앉아 있기 때문에 귀신을 제
어할 모든 권세를 부여받았음을 귀신이 인정하도록 강요해야 한다.
다섯째, 예수 그리스도의 이름으로 귀신을 떠나라고 할 때, 그들이 예
수 그리스도께서 보내는 곳으로 떠나야 할 것을 인정하도록 해야 한
다. 여섯째, 귀신의 능력이 여러 부분으로 갈라지면 건전한 영이 되도
록 명령해야 한다. 마지막으로 일곱째, 악한 능력은 당신이 함께 사역
하고 있는 자들을 어떤 방법으로든지 해치려 할 것을 대비해야 한다.

---

229) 강승삼, "영적 전쟁의 신학적인 기초와 실재", 25.

2) 성령 하나님과 그의 능력으로 충만하기

성령의 능력은 선교사가 하나님의 권위를 사용하는 데 주로 쓰는 방법이다. 요한복음 20:22에 의하면, 예수님께서 제자들에게 숨을 내쉬며 하신 "성령을 받으라"는 말씀은 성령의 법적인 권위를 가리키는 말씀이다. 그러고 나서 예수님께서 두나미스(δυναμις), 곧 능력을 받기까지 예루살렘에 머물러 있으라고 말씀하셨다.[230] 여기서 두나미스(δυναμις)는 우리의 권세를 발휘하기 위한 능력을 말한다.[231]

마태복음 12:28에 의하면, 예수님께서 "내가 하나님의 성령을 힘입어 귀신을 쫓아내는 것이라"고 말씀하셨다. 예수님께서 성령의 능력으로 귀신을 쫓아내는 것이라면, 선교사도 귀신을 쫓아내고 원수의 권세를 깨뜨리기 위해서 마땅히 무시로 성령 안에서 기도해야 한다(엡 6:18). 그러므로 선교사는 성령 하나님과 그의 권능으로 충만해야 할 것이다(엡 6:10; 행 1:8).

3) 중보기도

중보기도의 기초는 우주를 주권적으로 다스리시는 하나님께 선교사가 구하는 것이다. 그리고 선교사는 어둠의 세력과 싸울 때 하나님께서 승리를 주실 수 있다는 것을 믿어야 한다. 그래서 선교사의 중

---

230) 김지철, "예수의 치유,", 207. 복음서 기자들은 예수가 행한 기적을 나타내는 어휘로 θαυμα(놀랄 만한 것)나 τερας(기사)를 사용하지 않고 그 대신 δυναμις(능력: 마 11:20~23, 13:54~58, 막 6:2; 눅 10:13, 19:37)를 사용한다. 예를 들면, 예수님께서 주의 능력(δυναμις)이 함께 있었다(눅 5:17). 이 능력(δυναμις)이 예수님에게서 나와 모든 사람을 치유하셨다(눅 6:19). 혈우병 앓는 여인이 예수님의 옷자락을 만졌을 때도, 예수님께서는 자기 안에서 능력(δυναμις)이 나간 것을 아셨다(막 5:30; 눅 8:46).

231) Dean Sherman, 『영적 전쟁』, 이상신 역 (서울: 도서출판 예수전도단, 1992), 155~156.

보기도는 후방 부대의 활동이 아니다. 중보기도는 영적 전쟁의 최전선이다. 그것은 에베소서 6:12에 의하면, "정사와 권세와 이 어두움의 세상 주관자들과 하늘에 있는 악의 영들에게 대한" 선교사의 씨름에서 최선의 무기인 것이다.[232]

사무엘 고든(Samuel D. Gordon)의 『기도에 관한 조용한 대화』(Quiet Talks on Prayer)라는 책에서 기도에 대하여 말하기를, "기도는 숨어 있는 적을 향해 승리의 일격을 가하는 것이다. 그리고 사역은 우리가 보고 접촉하는 사람들 가운데서 그 타격의 결실을 거두어들인다."라고 하였다. 그래서 어떤 의미에서 중보기도는 전투에 필요한 무기가 아니라고 말하는 것이 옳다. 중보기도는 전투 그 자체이다.[233] 영적 전쟁은 단지 선교사들이나 목회자들만이 하는 전유물이 아니라 중보기도 하는 모든 그리스도인이 영적 전쟁에 참가하고 있는 것이다. 그리스도인이라면 영적 전쟁의 최선의 무기인 중보기도에 있어서 모두 다 개입되어 있다. 특히 선교사는 항상 깨어서 모든 기도와 간구를 해야 한다(엡 6:18). 중보기도는 영적 전쟁 승리의 열쇠이기 때문에 중보기도 없이는 그 누구도 영적 전쟁에서 승리할 수 없을 것이다.

---

232) 포스트는 기도에 대하여 말하기를, "우리들로 하여금 영적 생활의 최전방에 서게 한다."라고 하였다. 모든 영적 훈련 중에서 기도가 가장 중요한 이유는, 기도가 우리를 아버지와 영원한 교제 가운데로 이끌기 때문이다. Richard J. Foster, 『영적 훈련과 성장』, 생명의말씀사 번역 (서울: 생명의말씀사, 1986), 56.

233) Timothy M. Warner, 『영적 전투』, 152.

4) 하나님의 전신갑주로 무장하기

하나님께서는 영적 전쟁에 필요한 적절한 방어수단뿐만 아니라 무기를 제공해 주셨다. 마이클 하퍼(Michael Harper)는 영적 전쟁에 대하여 말하기를, "모든 그리스도인에게는 적의 공격으로부터 방어 무기가 필요하다."라고 하였다.[234] 특별히 선교사는 하나님께서 직접 그의 위대한 능력을 그에게 힘을 주신다. 그래서 사도 바울은 선교사가 무엇을 무장해야 하는지를 에베소서 6:14~17까지 구체적으로 말해 주고 있다. 첫째, 선교사는 견고히 서서 진리의 허리띠를 띠고 있어야 한다(엡 6:14).[235] 예수 그리스도는 진리의 인격체이시고(요 1:14), 하나님의 말씀은 진리이시고(딤후 2:15; 시 119:42~43), 성령은 진리의 영이시며(고전 2:6~15), 교회는 진리의 기둥이며 기초이다(딤전 3:14~15). 둘째, 선교사는 의의 흉배를 붙이고 있어야 한다(엡 6:14; 사 59:15~17). 의의 흉배는 예수 그리스도이다(요 14:6).[236] 이것은 자신감과 용기를 주며(엡 4:24), 자신의 의를 거부하며, 성화를 촉진시키고(롬 15:16; 고전 6:11; 빌 2:12; 딤전 4:7; 벧전 2:2), 적극적으로 적을 공격하기 위해서는 의의 흉배가 필요하다.[237] 셋째, 선교사는 평안의 복음의 예비한

---

234) Michael Harper, 『그리스도인의 영적 전투』, 윤종석 역 (서울: 도서출판 두란노, 1992), 93.

235) Michael Harper, 『그리스도인의 영적 전투』, 94~95. 사단은 처음부터 거짓말하는 자였고 또 거짓의 아비라고 예수님께서 말씀하셨다(요 8:44). 그가 인간에게 가해 왔던 최초의 공격은 바로 거짓말이라는 형태의 공격이었다. 거짓 정죄를 받을 때 선교사는 진리를 선포하는 것이다. "그러므로 이제 그리스도 예수 안에 있는 자에게는 결코 정죄함이 없나니"(롬 8:1). 우리는 성령께서 주시는 양심의 가책과 사단이 주는 집요한 고소를 분별할 수 있어야 한다.

236) 명성훈, 『하늘 문을 여는 중보기도 전략 52가지』 (서울: 국민일보사, 1999), 148. 흉배는 문자 그대로 그리스도인 각자가 사용해야 할 영적인 흉배이다. 이 영적인 흉배는 마귀의 음모에 대항하여 그리스도인을 보호하시는 그리스도 자신에 대한 모형이다. 그리스도인은 믿음으로 이 흉배를 붙임으로써 그리고 그리스도의 의(義)에 의지함으로서만 마귀의 공격으로부터 보호받게 될 것이다.

237) 강승삼, "영적 전쟁의 신학적인 기초와 실재", 25.

신을 신고 있어야 한다(엡 6:15; 요 14:17).[238] 넷째, 선교사는 믿음의 방패를 가지고 있어야 한다(엡 6:16; 창 15:1; 신 33:29; 삼상 22:3, 36). 믿음의 방패도 예수 그리스도이다(갈 2:20).[239] 이 믿음의 방패는 사단의 분노를 극복할 수 있는 강력한 방패이다. 믿음의 방패는 그리스도인의 삶을 완전 보호하고(시 5:12), 보호의 확신을 주며, 시련과 단련을 시켜 주며(약 1:2~4; 벧전 1:6~7), 하나님 중심 생활을 하게 하며, 그리스도인으로 하여금 영적 전쟁의 치열한 성격을 알게 하고, 하나님 자신이 우리의 방패요, 보상이심을 알게 한다(창 15:1; 신 33:29; 삼하 22:3, 36).[240] 다섯째, 선교사는 구원의 투구를 쓰고 있어야 한다(엡 6:17; 롬 12:2). 구원의 투구는 예수 그리스도이다(시 62:2).[241] 예수 그리스도는 우리의 구원이시다(시 27:1; 눅 2:30; 행 4:12; 마 1:21).[242] 이러한 투구는 그리스도 예수 안에서 이미 받은 실제적인 소망으로 만들어졌으며, 영생 안에 거할 때 머리에 쓸 수 있다.[243] 마지막으로 여섯째, 선교사는 성령의 검을 가지고 있어야 한다(엡 6:17). 하나님의 말씀은 마귀의 소굴을 쳐부수는 능력이다(고후 10: 3~4).[244] 선교사는 영적

---

238) 평화의 신(the Shoes of Peace)의 특징은 무엇이며 선교사들이 신실하게 지켜야 할 것이 무엇인가? 첫째, 하나님과의 합법적인 화목이다. 우리는 믿음으로 의롭다 인정받음으로 주 예수 그리스도로 말미암아 하나님과 평화를 이루었다(롬 5:1). 둘째, 예수 그리스도 안에서 우리 마음과 생각을 지켜 주시는 체험적 평화이다(빌 4:6~7). 셋째, 기도와 간구로 얻어지는 하나님의 내적 평화이다. 넷째, 우리와 함께하시는 평화이다(빌 4:9). 다섯째, 하나님을 기쁘시게 하는 순종을 함으로써 얻는 평화이다(잠 16:7; 빌 4:9). 여섯째, 그리스도의 보혈을 통해서 주어진 평화이다(엡 2:13~14). 마지막으로 일곱째, 믿음으로 잘 살아가도록 하는 평화이다.

239) 명성훈, 『하늘 문을 여는 중보기도 전략 52가지』, 148.

240) 강승삼, "영적 전쟁의 신학적인 기초와 실재", 25.

241) 명성훈, 『하늘 문을 여는 중보기도 전략 52가지』, 148.

242) 강승삼, "영적 전쟁의 신학적인 기초와 실재", 26~27.

243) Lance C. Wubbels, 『믿는 자의 삶에 나타난 영적 전쟁』, 예수전도단 역 (서울: 도서출판 예수전도단, 1996), 189.

244) 강승삼, "영적 전쟁의 신학적인 기초와 실재", 26~27.

전쟁의 군사가 되어야 한다. 예수 그리스도의 좋은 군사는 이 땅에 사는 동안 안락함을 누리려는 기대를 버려야 한다. 왜냐하면 이 세상은 전쟁터이고, 그 가운데 사는 선교사들의 직업은 전쟁에 임하여 싸우는 것이기 때문이다.[245] 하나님의 투구로 자신을 무장하고 진리와 기도의 영적 무기를 가지고 영적 전쟁에서 싸워야 한다.[246] 따라서 선교사는 사단을 대적해야 하는데 그것은 하나님의 말씀과 기도이다.

5) 찬양

찬양의 역사는 사실 교회의 역사만큼이나 오래되었다. 이것은 찬양과 하나님을 섬기는 일은 서로 끊을 수 없는 관계에 있는 것을 역사적으로 증거 해 주는 일이다.[247] 성경은 어둠의 세력을 무찌르는 찬양의 역사에 대해 많은 곳에서 기록하고 있다. 역대하 20장에 여호사밧 왕의 이야기가 나오는데 당시 상황은 적이 쳐들어오는 중이었다. 그때 여호사밧 왕은 칼과 창으로 무장한 병사들을 내보내지 않고 역대하 20:21~22에 의하면, "노래하는 자를 택하여 거룩한 예복을 입히고 군대 앞에서 행하며 여호와를 찬송하여 이르기를 여호와께 감사하세 그 자비하심이 영원하도다 하게 되었더니 그 노래와 찬송이 시작될 때에 여호와께서 복병을 두어 유다를 치러 온 암몬 자손과 모압과 세일산 사람을 치게 하시므로 저희가 패하였으니"라고 하였다.

여호사밧 왕의 찬양하는 용사들이 하나님께 소리를 높이자 천사들

---

245) Lance C. Wubbells, 『믿는 자의 삶에 나타난 영적 전쟁』, 237.

246) C. Peter Wagner, 『교회성장전략』, 명성훈 역 (서울: 도서출판 나단, 1992), 221.

247) 배본철, 『21세기 예수 부흥』 (서울: 은성출판사, 1998), 177.

이 이스라엘을 치러 온 적들을 무찌르기 위해 파견되었다.[248] 찬양의 능력으로 보이지 않는 적들이 사기를 잃고 흩어졌기 때문에 실제로 이스라엘을 치러 온 물리적인 적들이 패배하였다. 성경적인 찬양은 어두움의 세력을 물리치며 선교사를 위해 하나님의 천사들이 전투를 벌이고 상황마다 하나님의 놀라우신 임재가 있는 것이다. 이렇게 영적 전쟁은 승리로 끝나게 되며 사단은 패배하여 물러가게 될 것이다.

6) 전도하기

교회와 선교의 가장 기본적인 기능은 사람들을 흑암의 권세에서 그의 사랑하는 아들의 나라로 옮기는 것이다(골 1:13). 그래서 티모씨 워너(Timothy M. Warner)는 전도에 대하여 말하기를, "항상 일종의 능력대결이 된다. 그것은 하나의 능력의 영역으로부터 다른 영역의 능력으로 옮기는 것, 즉 사단의 영역으로부터 하나님의 영역으로 옮기는 것이다."라고 하였다.[249] 이러한 전도의 능력은 진정한 회심으로 나오게 하는 데 있다.[250] 회심이란 어두운 마귀의 왕국에서 진리인 빛의 왕국으로 옮기는 것이다.[251] 회심에는 항상 영적 능력이 관계되는데, 특히 정령숭배자들의 선교 현장에서는 그리스인들보다 선교사들이 이 사실을 더 잘 이해하고 있다.

---

248) Dean Sherman, 『영적 전쟁』, 233~234.

249) Timothy M. Warner, 『영적 전투』, 136.

250) Andrew Murray, 『앤드류 머리의 12가지 비밀』, 이길상 역 (서울: 크리스챤다이제스트, 2002), 42. 선교사는 삶으로써 그리스도의 인격을 나타낼 수 있는 비율만큼 자신이 전하는 복음을 설득력으로 지닌다. 특히 사도 바울이 거룩하고 의롭고 흠잡을 데 없는 자신의 삶에 호소함으로써 자신이 회심시킨 사람들 앞에서 높은 삶의 표준을 제시하는 데 얼마나 큰 용기를 주었는지 주목해야 한다.

251) 강승삼, "영적 전쟁의 신학적인 기초와 실재", 27.

사도행전 26:18에 의하면, 사도 바울은 회심은 사단의 권세에서 하나님께로 옮기는 것이라는 시각에서 바라보고 있다. 선교와 전도는 능력대결을 수반한다는 의미이다.[252] 선교사는 복음 전도를 통해 사단의 영토를 공격하기 위해 먼저 개인적 준비가 우선시되어야 한다. 따라서 영적 전쟁을 통해 하나님의 능력이나 사단의 능력이 어느 정도까지 나타날 것인가를 적절하게 예상하기 위해서는 자신의 세계관을 검토해 보아야 한다.[253] 왜냐하면 선교사는 능력의 문제를 다루는 것에 실패하면 혼합주의에 빠지기 쉽기 때문이다.

7) 공개적인 영적 대결하기

선교사의 사역 일부가 될 수 있는 또 다른 유형의 능력대결은 신비 종교 마술을 행하는 자와의 공개적인 대결이다. 사도 바울은 바보에서 박수 엘루마와 공개적으로 대결하였다. 계속적으로 일어난 이러한 능력대결은 하나님의 능력이 엘루마가 알고 있는 그 어떠한 능력보다도 훨씬 더 크다는 것을 증거 하였다. 그리고 그것은 총독이 믿게 되는 데 있어서 큰 역할을 하게 되었다. 그래서 사도행전 13:12에 의하면, 누가는 "총독이 그렇게 된 것을 보고 믿으며 주의 가르치심을 기이히 여겼다."라고 하였다.[254] 오늘날 선교 현장에서는 사단의 공개적인 대결이 가끔 발생하기도 한다. 이러한 공개적인 대결의 결과는 항상 복음의 능력이 불신자들을 압도하여 결국은 하나님께 영광

---

252) 안점식, 『세계관과 영적 전쟁』, 366.

253) Robert E. Cloeman, 『오늘의 전도 어떻게 할 것인가?』, 112.

254) Timothy M. Warner, 『영적 전투』, 143.

이 돌아간다.255) 선교사들의 선교 현장에서 공개적인 영적 대결은 보통 계획을 하거나 추구를 함으로써 생기는 것이 아니다. 그러나 선교사들은 사단이 침투해 올 때 준비가 되어야 한다. 성경은 선교사들이 사단과 맞섰을 때 승리할 수 있는 믿음과 용기를 갖고 있어야 한다고 말한다.256)

8) 공격적인 축사 사역

축사 사역에 있어서 귀신을 쫓아내는 일에 대해 거부감을 갖는 사람들이 많이 있다.257) 특히 서구의 과학적인 사고방식과 그 문화에 영향을 받은 현대인들은 축사 사역을 기피하는 경우가 있다.

켄 블루(Ken Blue)는 축사 사역에 대한 세 가지 이유에 대하여 이렇게 설명하고 있다.258) 첫째, 축사 사역은 바로 하나님의 뜻이기 때문이다. 하나님께서는 사단에 눌려 있는 많은 사람들을 자유롭게 해 주기를 원하시기 때문이다. 그리고 우리뿐만 아니라 선교사들에게도 그런 권세와 능력을 성령께서 허락하셨다. 즉 우리는 축사 사역을 하도록 부르심을 받은 것이다. 그러나 더 중요한 것은 하나님께 순종하는 것이다. 만약 선교 현장에서 귀신 들린 사람이 있다면 선교사가 지켜보기만 하고 행함으로 순종하지 않으면 하나님의 권세와 능력과 은

---

255) 강승삼, "영적 전쟁의 신학적인 기초와 실재", 27.

256) Timothy M. Warner, 『영적 전투』, 146.

257) 성경에 나타난 귀신 축출은 다음과 같다. 막 1:23~28(회당에서의 축사), 마 15:21~28; 눅 4:31~37; 막 5:1~20(거라사 귀신 들린 자 치유), 마 8:28~34; 눅 8:26~39; 막 9:14~29(귀신 들린 어린아이의 치유), 마 7:14~21; 눅 9:37~43; 막 7:24~31(수로보니게 여인의 딸 치유), 마 9:32~34(벙어리 귀신 쫓음), 마 12:22~16; 눅 11:14~15(귀신 들린 눈먼 벙어리 치유).

258) 명성훈, "축사, 어떻게 할 것인가?." 『빛과 소금』 (1999, 2월), 44.

사를 절대로 체험할 수도 없고 적용할 수도 없을 것이다. 둘째, 축사 사역은 사람들을 향한 사랑이기 때문이다. 악한 영들로 고통받는 많은 그리스도인이 있다는 것은 우리에게 경종을 울려 준다. 축사 사역은 그런 사람들을 실제적으로 돕고 섬기는 것이다. 마지막으로 셋째, 축사 사역은 우리의 믿음을 더욱 강하게 만들기 때문이다. 우리의 힘으로는 도저히 귀신을 쫓아낼 수 없다. 이럴 때 성령께서 함께 일하시지 않는다면 우리는 좌절을 맛볼 것이다. 그래서 우리는 항상 성령의 도우심을 겸손히 구해야 한다. 그리고 이 과정을 통해서 하나님과 긴밀한 관계를 가지고 믿는 우리에게 베푸신 능력의 지극히 크심이 무엇인지를 알게 된다(엡 1:9).

이렇게 축사 사역은 하나님께서 명령하신 사역이자 선교사들의 문제를 실제적으로 해결해 주고 도울 수 있다는 점에서 매우 중요하다. 따라서 축사 사역의 필요성은 귀신 들린 사람들의 고통 때문만이 아니라 그것은 교회나 선교의 본질적인 사역이다. 왜냐하면 이러한 사역은 예수님께서 행하신 일이기 때문이다. 예수님께서 행하신 사역 중에는 귀신을 쫓아내는 축사 사역이 포함되어 있다. 예수님의 사역은 전적으로 성령의 능력에 의존된 사역이다. 그러므로 선교사들은 예수님께서 주신 권세와 권능을 최대한 활용해야 할 것이다.[259]

그렇다면 선교사는 어떻게 축사 사역을 할 것인가?[260] 첫째, 철저

---

259) 명성훈, "축사, 어떻게 할 것인가?", 44.

260) 명성훈, "축사, 어떻게 할 것인가?", 44~45. 풀러신학교 교수 찰스 크래프트는 축사 사역에 대하여 말하기를, "축사 사역을 준비하기 위해서는 먼저 기도해야 한다. 그리고 축사 사역자가 우선적으로 해야 할 일은 하나님과의 깊은 교제이다. 둘째는 팀 사역이다. 가능한 한 팀으로 사역하는 것이 좋을 것이다. 서로 다른 은사로 사역에 도움을 줄 수 있고, 함께 기도하고 하나님의 음성을 들을 수 있기 때문이다. 한 팀을 이루는 데는 세 명이나 다섯 명이 적당하다. 한 사람이 사역을 주도해야 하며 가능한 한 각종 은사를 가진 사람들과 경험이 풍부한 사람들을 포함시키는 것이 좋다. 그리고 분별의 은사가 있는 사람을 팀에 포함시키는 것도 좋을 것이다. 마지막으로 셋째는 권세의 적용이다. 사역을 시작할 때 사역하는

한 준비가 있어야 한다. 우선은 축사 사역에 있어 무엇이 중요한지를 알아야 한다. 중요한 것은 무시한 채 귀신에게만 집중하는 것은 올바른 방법이 아니다. 축사 사역자는 마귀를 대적하는 일보다 하나님께 더 가까이 나아가는 관계가 우선되어야 한다. 그것은 거룩과 순결, 그리고 말씀 안에서의 경건과 묵상, 금식과 기도를 통한 성령의 기름 부으심, 은사의 확인과 개발 등에 차질이 없어야 효과적인 축사 사역을 할 수 있다.261) 둘째, 귀신의 정체를 정확하게 파악해야 한다. 누가복음 11:20에 의하면, 예수님께서는 "내가 만일 하나님의 손을 힘입어 귀신을 쫓아내는 것이면 하나님의 나라가 이미 너희에게 임하였느니라."라고 말씀하셨다. 성경은 마귀를 무시하라고 가르치지 않았다. 귀신의 존재를 인정하고 파악한 뒤 예수의 이름으로 내쫓고 대적하며 싸우라고 명령하셨다.262) 마지막으로 셋째, 성령의 인도를 받아야 한다. 축사 사역은 영적 전쟁이다. 영적 전쟁은 내가 싸우는 것이 아니다. 내 안에 계시는 성령께서 싸우는 것으로 축사 사역자는 성령께서 귀신을 대적하여 물리치도록 기다리고 기대해야 하며 지속적으

장소와 시간, 함께 사역하는 사람들을 사단이 주장치 못하도록 권세를 사용해야 한다. 그곳의 악한 영을 대적하고 떠나갈 것을 명령하고, 악한 영들의 활동을 묶고, 함께 사역하는 자들을 보호하는 기도를 해야 한다."라고 하였다.

261) 축사 사역자는 긍휼히 여기는 마음과 사랑, 그리고 온유함이 내적 성품으로 준비되어야 한다. 예수님은 귀신이 항복하는 능력보다 우리의 이름이 "하늘나라에 기록되는 것, 즉 영혼구원을 더 기뻐하라"고 하셨다(눅 10:20).

262) 성경에서 사단의 영들에 대하여 다음과 같이 파악할 수 있다. 사단의 영들은 음란과 음행의 영, 적그리스도의 영(요일 4:3), 결박하는 영(롬 8:15), 눈멀고 귀먹게 하는 영(막 9:17~29), 죽음으로 이끄는 영(막 5:42), 신접의 영(레 19:31), 오류로 이끄는 영(잠 16:18), 두려움의 영, 오만과 교만의 영(잠 16:18), 허약하게 하는 영(눅 13:11~13), 질투의 영(민 5:14), 거짓말하는 영(고후 18:22), 사악한 영(사 19:14), 유혹하는 영(딤전 4:1), 매춘의 영(호 5:4) 등으로 분류할 수 있다. 그리고 사단은 그 특징적인 행동을 통해서 파악할 수 있다. 그리고 열매로 얼마든지 그 영의 특성을 파악할 수 있다. 사단에 대한 증상 발현을 보면 음란과 음행에 관한 영(마 18:18~19), 적그리스도의 영(요일 4:6), 결박의 영(롬 8:15), 신접의 영(고전 12:9~12), 두려움의 영(딤후 1:7), 오만의 영(잠 16:19), 허약하게 하는 영(롬 8:2), 질투의 영(고전 13), 거짓말하는 영(요 14:17), 사악한 영(히 10:29), 유혹의 영(요 16:13), 음행의 영(엡 3:16) 등의 말씀을 가지고 대적할 수 있다.

로 훈련을 받아야 한다.[263] 명성훈은 구체적인 훈련뿐만 아니라 축사 사역의 적용에 대하여, "이제 축사 사역을 적용하기 위한 지침을 말씀드리겠습니다. 첫 번째 지침은 먼저 기도로 시작하는 것입니다. 우리 자신의 마음을 비우고 임해야 한다는 것입니다. 두 번째 지침은 스터디입니다. 가능한 한 많은 책을 읽고 테이프를 듣고 세미나에 참석하는 것이 중요합니다. 그리고 정보와 경험을 얻어야 합니다. 축사 사역 또한 끊임없이 배우는 자세가 필요합니다. 세 번째는 축사 사역에 동참할 수 있는 기회를 찾아야 합니다. 실제로 사역하는 것을 보고 도와주면서 많은 것을 배울 수 있습니다. 축사 사역은 순종에 속하는 것이지 은사가 아닙니다. 축사 사역에 있어서 필요한 조건이 있다면 겸손함으로 일하는 것과 예수님의 권위 아래서 압박받는 자들을 자유롭게 해주고자 하는 열망입니다. 축사 사역은 실패도 하는 가운데 점차적으로 배우는 과정입니다. 예수님과 인격적 관계를 갖고 있다면 여러분은 이와 같은 일을 할 자격이 있습니다. 실패를 두려워하지 말고 성령의 도우심으로 예수님께서 주신 권세와 능력을 사용하여 실습해야 합니다. 그러면서도 어떤 기술을 배우려는 노력보다는 예수님 자신을 찾는 것이 중요합니다."라고 설명하였다.[264]

따라서 축사 사역은 영적 전쟁에 있어서 가장 강력한 공격 유형의 무기이다. 이렇게 선교 현장에서 예수 그리스도의 이름으로 행해지는 선교사의 축사 사역은 적의 영토를 침노하는 가장 강력한 하나님 나라의 선교 사역이 될 것이다.

---

263) 명성훈, "축사, 어떻게 할 것인가?", 45.
264) 명성훈, "축사, 어떻게 할 것인가?", 45.

9) 치유 사역

예수님의 선교 사역에 있어서 치유는 두드러지게 나타나는 현상이다.[265] 특히 복음서의 내용들 가운데 거의 20%를 차지하는 것이 치유 사역이다.[266] 이러한 치유 사역은 예수님의 제자들에 의해 계속해서 수행된 동일한 사역이다. 예수님의 마지막 대위임 명령에 나타난 것을 보면 치유 사역은 모든 족속에게 가르치고 지키게 해야 한다. 마태복음 28:19에 의하면, 예수가 분부한 모든 것의 영역에는 마태복음 10:8의 "병든 자를 고치며 죽은 자를 살리며 문둥이를 깨끗하게 하며 귀신을 쫓아내되"라는 명령도 포함된다. 그러므로 치유 사역은 예수님의 지상 명령을 수행하는 중요한 사역임이 틀림없는 것임을 알 수 있다. 이러한 제자들의 치유 사역은 오순절 성령이 임한 후에 전(全) 사역의 특징으로 나타났다.[267]

특히 질병에 대한 치유 사역은 육체 안에서 일어나는 것으로 신체 구조상 선천성 질환, 감염 증상, 외상성 증상, 중독 증상, 내분비성 질환, 각종 종양, 퇴행성 질환, 순환기질환 등으로 나타나거나 신체 기

---

265) 조두만 편저, 『常用聖經大事典: 下卷』(서울: 성지사, 1986), 1501. 참고. Benjamin Davidson, 『히브리어 · 갈대아어 분해사전』, 머릿돌 역(서울: 도서출판 머릿돌, 1990), 422. 구약성경에서는 치유의 의미로서 사용되는 단어로는 'רָפָא(rapha), אֲרֻכָה(arukhah), טַרְפֵּא(marpe)' 등이 있다. רָפָא(rapha)는 '고치다, 온전케 하다'(출 15:26; 민 12:13), '치료하다'(창 20:17), '본래 상태로 회복시키다, 용서하다'(대하 30:20; 렘 3:22)라는 의미를 가지고 있다. 이것은 하나님이 역사하셔서 정상적으로 회복되는 것을 말한다. Geoffrey W. Bromiley 편역, 『新約聖書神學辭典: 킷텔 단권 신약원어 신학사전』, 요단출판사 번역위원회 역 (서울: 요단출판사, 1986), 320~322. 신약성경에서 치유의 의미로 사용된 단어는 여러 가지 있지만 그중에 중요한 것을 보면 다음과 같다. *ἴασις*는 '병중에 고통을 당하다가 낫다'(마 8:8), '병든 자를 고치다'(눅 9:2; 히 12:13), '치료행위'(눅 4:18), '마음의 약한 것을 회복시키다'(마 13:5, 15) 등의 의미를 가지고 있다.

266) 이재범, "치유 목회의 현장론," 『목회와 신학』 통권 46 (1993, 4월), 124.

267) Tom Marsall, 『내면으로부터의 치유』, 이상신 역 (서울: 도서출판 예수전도단, 1993), 28. 예수님의 치유 사역 기간 중 개인 치유는 26건, 수많은 사람들에 대한 치유는 14건이 기록되어 있다.

능상 두통, 요통, 위장기능 장애, 고혈압과 저혈압 등으로 나타난다.[268] 이러한 질병의 원인을 살펴보면 정서적·영적·심리적 또는 화학적인 것일 수도 있다.[269]

질병을 치료하기 위한 치유 사역은 하나님 나라의 임재로, 누가복음 4:41에 의하면, 예수님께서는 사단의 행위인 질병과 죽음을 분하여 책망하셨다. 누가복음 9:41과 마가복음 7:34, 그리고 요한복음 11:38에 의하면, 탄식하고 우셨으며, 마태복음 9:36에 의하면, 인간의 고통을 민망히 여기셨다. 여기서 분명히 밝히는 것은 모든 질병을 다 귀신의 장난으로 보는 것은 무리이다. 하지만 마귀의 능력인 죄의 결과로 질병이 생기게 된 것은 사실이다.[270] 따라서 예수님의 치유 사역의 성격은 즉각적이고 온전했으며 시간과 공간을 초월했다는 사실이다.[271]

그래서 예수님의 치유 사역의 방법을 여덟 가지로 살펴볼 수 있다.[272] 첫째, 사랑으로 베풀어 치유하셨다. 사랑은 치유를 암시하는 능력이다. 탕자에게 베푸신 아버지의 사랑과 사마리아 여인에게 은혜를 베푸신 것은 치유를 암시하는 능력이다. 둘째, 분석적 대화의 능력으로 치유하셨다. 즉 사마리아 여인과의 대화로 문제의 핵심을 찔렀고 그녀의 감정적인 혼돈을 벗겨서 치유하셨다. 셋째, 선포된 말씀의

---

268) John Wimber, *Power Encounters* (San Francisco: Harper & Row Pub, 1988), 223~227.

269) John Wimber, *Power Encounters*, 231.

270) 전요섭, 『한국성결교회와 사중복음』(안양: 성결대학교 성결신학연구소, 1998), 128. 존 웨슬리의 경우는 죄를 질병으로 이해하고, 치유가 절실히 필요한 것으로 이해했으며, 영혼의 치유라는 것은 결국 죄의 치유를 의미하는 것이다. 그러므로 선교사에게 있어서 자신의 죄를 분명히 인식할 수 있도록 하는 것은 매우 중요하다. 선교사는 자신의 죄를 인식할 때 선교 현장에서 현지인 대상으로 치유 사역을 할 수가 있다.

271) 이명수, 『치유선교론』(서울: 도서출판사 나임, 1993), 26. 예수님의 기적적인 치유들은 예수님이 메시아이시며, 하나님의 나라가 도래했으며, 예수님께서 죄를 용서해 주시는 권세를 가지고 계심을 나타내는 명백한 증거가 된다(막 2:3~12).

272) 강승삼, "영적 전쟁의 신학적인 기초와 실재", 27.

능력으로 치유하셨다. 백부장의 하인을 죽음의 병에서 치유하신 것이나 혹은 나사로를 살리신 것은 말씀의 능력이다. 넷째, 접촉(Touch)의 능력으로 치유하셨다. 예를 들면, 문둥병 환자에게 손을 대심으로 환자와 생동적인 사랑을 표현하여 환자의 부정적 요소를 제거하여 치유하셨다. 다섯째, 예수님께서 진흙과 침을 사용하셔서 치유하셨다(막 7:32~34, 8:23). 여섯째, 기도의 능력으로 치유하셨다. 일곱째, 개인의 믿음을 보고 그 믿음대로 치유해 주셨다(막 5:34). 마지막으로 여덟째, 때로는 타인의 믿음을 보고 치유하셨다(요 4:46~54; 마 8:5~13).

성경에 나타난 이러한 예수님의 치유 사역은 명령이나 선포로 이루어졌다(마 8:16, 막 1:41). 그리고 초대교회는 예수 그리스도와의 다른 방식으로서 예수 그리스도의 이름으로 명하거나(행 3:6), 기도로 이루어졌다(행 9:40, 28:8). 기도는 현대 선교에 이르기까지 치유 사역의 본질적인 것이다. 따라서 예수 그리스도의 이름으로 기도하는 것은 선교를 함에 있어서 치유 사역의 중심을 이룬다.[273] 오늘도 선교 현장에서 사도행전적인 치유 사역은 일어나는가? 선교사들은 선교 현장에서 치유 사역에 참여해야 하는가? 그렇다면 무엇이 기적적인 치유인가? 무엇이 신적인 치유인가?

그래서 치유에는 세 가지 종류가 있다.[274] 첫째, 의사와 그의 치료에 의해 낫게 되는 치유이다. 둘째, 의사와 약물 치료 없이 휴식과 환경 개선이나 직업 전환을 통한 치유이다. 셋째, 휴식과 전환 없이 전적으로 하나님을 통한 치유이다. 이러한 세 가지 치유는 모두 다 신적 치유(Divine Healing)이다. 왜냐하면 하나님 한 분만이 창조주이고

---

273) Ken Blue, 『치유 사역』, 이충렬 역 (서울: 나침반사, 1992), 179~180.
274) 강승삼, 『영적 전쟁』, 10.

육신을 치료하며 건강을 유지시켜 주시는 분이기 때문이다. 그리고 기적적인 치유(Miraculous Healing)는 순수 하나님의 은혜로 이루어진다.[275) 이것은 하나님의 거룩한 임재와 능력을 충분히 증거 하기 때문에 기적적인 치유라고 부른다.

중국에서 오랫동안 선교 사역을 했던 미국인 선교사 헨리 프로스트(Henry W. Frost)의『기적적인 치유』라는 책에서 치유에 대하여, "신약성경에 기록된 기적적인 치유는 즉시 이루어졌고, 완전하게 치유되었으며 최종적인 치유였다. 만약 이러한 양식의 치유가 이루어지지 않은 경우에 신적 치유라고 할 수는 있어도 기적적인 치유라고 할 수는 없다."라고 언급하였다.[276) 이러한 세 종류의 치유는 각각에 있어서 기도와 믿음은 모두 필요한 요소이다. 왜냐하면 어떤 경우라도 고침을 주는 분은 오직 하나님 한 분이시기 때문이다. 즉시 치유를 요하는 경우에 있어서도 기적적인 치유만을 고집하는 것은 진정한 신앙적인 행동이 아니다.[277) 야고보서 5:14에 의하면, 분명한 것은 기도하면서 약물 치료를 동시에 하는 것이 성경적인 것이다.

그러나 의료로도 치료가 불가능할 경우에는 기도와 금식으로 하나님께 의지하며 간구해야 한다. 이것은 목회자와 선교사뿐만 아니라 모든 그리스도인이 하나님께 부여받은 특권이요 능력이다. 하나님께서 치유를 해 주는 경우도 있지만 치유해 주시지 않을 경우도 있다. 하나님께서는 전자 혹은 후자의 경우 모두를 사용하신다.[278) 오늘날

---

275) 강승삼, "영적 전쟁의 신학적인 기초와 실재", 28.

276) 강승삼,『영적 전쟁』, 10.

277) 강승삼,『영적 전쟁』, 10.

278) 강승삼, "영적 전쟁의 신학적인 기초와 실재", 28.

어떤 상황에서 하나님은 기적적인 능력을 사용하여 치료 방법과는 상관없이 치유를 행하신다. 성경과 현대 선교의 체험으로 미루어 보면 몇 가지의 환경을 발견할 수 있다.[279] 첫째, 현대의 모든 의학적 방법으로 치료가 불가능한 경우이다. 둘째, 의료적인 혜택이 불가능한 농촌 지역이나 선교 현장의 경우이다. 셋째, 하나님의 사역자가 시급히 수행해야 할 의무가 있으나 어떤 질병이 이 일을 수행하지 못하도록 걸림돌이 되고 또한 적당한 치료 시간과 기회가 허락되지 못한 긴박한 경우이다. 넷째, 비복음화 지역에서 선교 사역이 수행되고 있고, 성경이 배포되지 않았거나 알려지지 않은 지역에서 표적, 기사, 이적들이 하나님의 살아 계심을 증명해야 한다. 마지막으로 다섯째, 하나님의 주권적인 섭리가 필요하다고 여겨질 때 하나님께서는 오늘도 역사하신다.

이러한 모든 경우에 하나님께서는 목회자와 선교사의 기도와 믿음에 대해 기쁨으로 응답하여 기적적인 능력을 사용하신다. 또한 불치의 병을 고치고, 하나님 자신의 영광을 나타내어 선교 현장에서 복음을 편만하게 증거 할 수 있도록 도와주신다.

10) 금식기도

금식기도의 대표적인 인물은 예수님이시다.[280] 예수님은 공생애를

---

279) 강승삼, 『영적 전쟁』, 11.

280) 금식이란 말 자체의 뜻 그대로 음식을 금하는 것이다. 통상 음식만을 금할 경우는 금식이라는 용어를 쓰고 물까지도 금하는 경우를 단식이라는 말로 표현한다. 그러나 원래 히브리어에서 금식을 의미하는 단어 촘(םוֹצ)이나 헬라어 네스튜오(νηστεύω)는 절대 물도 마시지 않은 것을 의미한다. 따라서 엄밀하게 말하면, 금식은 물까지도 금하는 것이 원칙이다. 18세기 영국 대각성 운동을 주창한 존 웨슬리는 금식에 대하여 말하기를, "천국을 향해 나아갈 때, 금식하지 않는 사람은 기도하지 않는 사람과 같다며, 금식은 하

시작하기 전에 광야에서 40일 동안을 금식하셨다.[281] 이런 기도는 오늘날까지 모든 그리스도인에게 좋은 모범이 되고 있다. 특히 교회에 중요한 일이 있을 때는 금식기도를 하고 난 다음 그 일을 시행하였다. 이에 대해 사도행전 13:2~3에 의하면, 바나바와 사도 바울을 선교사로 안수하여 파송할 때와, 사도행전 14:23에 의하면, 사도 바울이 복음을 전한 후에 각 교회의 장로를 택하여 성도들을 돌보게 하려 할 때 금식을 하였다. 초대교회 역시 선교사를 파송할 때, 그리고 교회의 조직에 필요한 지도자를 세울 때에는 반드시 금식기도를 실시하였다.

존 웨슬리(John Wesley)는 금식기도에 대하여, "작은 교회를 중심으로 하는 성도들에게 금식의 날을 지킬 것이다."라고 강조하였다.[282] 웨슬리는 기도생활과 함께 금식생활을 중요한 은총의 수단으로 여겼다. 그리고 자신은 일주일에 두 번 수요일과 금요일에 금식을 하였는데 1738년 이후에는 금요일에만 금식기도를 하였다.[283]

성결대학교 조직신학 교수 이성주는 금식기도의 세 가지 필요성에 대하여, "첫째, 교회에 중요한 일이 있을 경우이다. 둘째, 개인이 근심이나 슬픔을 만났을 경우이다. 마지막으로 셋째, 국가적으로 재난이나 위기가 있을 경우이다."라고 보았다.[284] 이와 같이 금식기도의 열

나님께서 정하신 방법이며, 우리는 금식을 통해 하나님께서 그저 베푸시는 은총을 고대하게 된다."라고 하였다.

281) J. D. Douglas, 『새 성경사전』, 나용화 · 김의원 역 (서울: 기독교문서선교회, 1996), 217.

282) John Wesley, *The Works of John Wesley, Vol. VII. ed. Thomas Jackson* (Michigan: Zondervan Press, 1958), 288~289.

283) John Wesley, *The spirit of Bondage and of Adoption Sermon, Vol. I*, 181. 웨슬리는 그의 설교에서 당신이 기도와 함께 금식으로 하나님을 찾을 때에 그 일은 결코 헛되지 않을 것이라고 하면서 금식을 해야 할 이유에 대하여, "첫째, 죄를 회개하기 위해서 한다. 둘째, 신체의 건강을 위해서 한다. 셋째, 욕심의 정욕을 죽이기 위해서 한다. 넷째, 더 깊이 기도를 위해서 한다. 다섯째, 과식과 소비를 억제하기 위해서 한다. 마지막으로 여섯째, 자아훈련을 위해서 한다."라고 제시하였다.

284) 이성주, 『기도의 신학』 (안양: 도서출판 잠언, 1994), 64~65. 이런 경우는 단체적인 금식기도가 필요하다.

정은 소수의 무리를 통해 세계선교를 하는 결과를 낳은 것이다. 그래서 선교사가 초대교회의 금식기도를 영적 전쟁의 무기로 생각하여 개인의 근심을 기쁨으로 바꾸는 것도 선교에 큰 원동력이 될 것이다.

4장_선교를 위한 한국교회 영적 전쟁의 모델

1. 한국교회에 있어서 영적 전쟁의 훈련모델
2. 한국 선교신학에 있어서 영적 전쟁의 훈련모델

1. 한국교회에 있어서 영적 전쟁의 훈련모델

1) 온누리교회

① 청년 여호수아 공동체

온누리교회의 비전은 2,000/10,000이다. 즉 2,000명 선교사 파송과 10,000명 사역자가 헌신하는 것이다. 특히 온누리교회의 청년 여호수아 공동체가 이 사역에 동참하고 있다.[285] 청년 여호수아 공동체의 비전 목표는 다음과 같다. 첫째, 새벽에 헌신하는 청년이 되자. 둘째, 말씀에 헌신하는 청년이 되자. 셋째, 자비량으로 헌신하는 청년이 되자. 넷째, 거룩과 순결에 헌신하는 청년이 되자. 마지막으로 다섯째, 영향력 있는 청년이 되자. 이러한 조직은 실제적인 사역을 위한 조직으로 이루어져 있다. 1999년도에 4개의 다락방과, 22개의 부서로 조직되었으며, 각각의 독특성을 가진 50개의 선교 팀을 가지고 있었다. 세부적으로 나누어 보면 <표 1>과 같다.

---

285) 청년 여호수아, "청년부사역소개", http://joshua.onnuri.org.

<표 1> 온누리교회 청년 여호수아 공동체

선교 다락방	동아시아 선교부, 남아시아 선교부, 이슬람권 선교부, 리서치부, 중보 기도부
양육 다락방	새순청년부, 내적 치유부, 가정문화부, 일대일양육부
목회지원 다락방	찬양 청년부, 문화 선교부, 컴퓨터 선교부, 예배 사랑부, 문화출판부, 영상 홍보부, 찬양위원회, 성가대
일만 다락방	긍휼 사역부, 농어촌 선교부, 의료 선교부, 청년직장 선교부, 모퉁이돌

이러한 모임은 거룩하고 행복한 모임을 목표로 한다. 첫 번째 모임으로는 정기적 모임으로 예배(6부) 순장 모임, 다락방 모임, 부별 모임, 순모임, 전체 기도회, 리더 모임(LTC), 새벽기도의 모임이 있다. 두 번째 모임에는 비정기적인 모임으로 순장 수련회, 아웃리치(out-reach), 부서별 수련회, 1 대 1 지도반, 샤이닝 글로리가 있다. 이러한 양육은 선교에 있어서 영적 전쟁의 프로그램들이 <표 2>와 같이 포함되어 있다.

<표 2> 온누리교회 청년 여호수아의 양육 커리큘럼

기본 양육		새순과정(7주), 일대일 양육
GBS (순성경공부)	신앙과 삶 (12가지 주제)	신앙과 시간관리, 신앙과 물질관리, 신앙과 비전, 신앙과 관계, 신앙과 직업, 신앙과 정체성, 신앙과 가정, 신앙과 용서, 신앙과 이성, 신앙과 은사, 신앙과 삶을 누리는 것, 신앙과 국가생활
	리더 훈련 (12가지 주제)	이단이란 무엇인가?, 기독교와 세계관 I · II, 하나님의 음성을 듣는 법, **영적 전쟁**, 리더십, 중보기도, 교회사 I · II, 선교, 상담, 제자도
	부서별순 성경공부	각 부서별로 양육과정을 만든다.

② 온누리 성령 축제

온누리교회는 1년 중에 '온누리 성령 축제'(OHSC)라는 행사를 매

년 열고 있다. 이 기간 내에 주제 강의, 특별 세미나, 선택 강의, 특강,
저녁 집회로 <표 3>과 같이 진행된다.[286]

<표 3> 온누리교회 성령 축제(OHSC) 행사의 커리큘럼

주제강의	성령의 능력과 기름 부으심, 성령과 교회 갱신, 성령과 거듭남, 성령과 기도 성령과 사역, 성령과 열매, 성령과 선교
특별세미나	특별 세미나 Ⅰ · Ⅱ · Ⅲ · Ⅳ · Ⅴ · Ⅵ
선택 강의	선택식 강의 Ⅰ · Ⅱ · Ⅲ(내용: 영적 전쟁에 대한 올바른 지침과 사단과 어둠의 세력에 대한 성경적 이해와 사단의 모든 결박을 풀고, 어둠의 세력을 물리치고 자유와 영적 승리를 경험하는 시간이다.)
특강	성령과 예배, 성령과 관계회복, 성령과 내적 치유
저녁집회	성령과 은사, **성령과 영적 전쟁**, 성령과 부흥

여기서 강조하는 내용들을 보면 사도행전의 오순절 역사가 지금도
재현된다고 믿고 있다. 이러한 영적 전쟁의 역사는 교회의 부흥을 기
대하며 우리 모두가 성령에 사로잡혀 개인이 변하고, 교회가 변하고
세상이 변하는 계기가 될 수 있도록 성령의 임재 앞에 우리 자신을
드리는 시간이라고 한다.

③ 예수제자학교

온누리교회의 예수제자학교란 하나님의 마음을 따라 남은 삶을 살
아가도록 하나님과의 관계를 회복시키며, 십자가에서 참된 자아를 발
견하게 하고, 성령의 인도에 따라 생활을 견고히 세우고, 비전에 따라
삶을 헌신하도록 훈련하는 영적 전쟁의 학교이다.[287] 예수제자학교

---

286) 이 내용은 "98 온누리 성령 축제"의 일정표(기간은 1998년 3월 23일~28일까지)이다.

287) 예수제자학교의 궁극적 목적은 하나님의 사랑을 경험한 제자로서 각자의 삶의 영역인 가정, 직장, 교회
에서 영향력 있는 리더로서 서는 것이다. 가정에서는 영적 제사장으로, 직장에서는 세상을 변화시키는
선교적 변혁자로, 그리고 교회에서는 거룩한 리더로 부르시는 개인의 부르심을 확인하고 이를 위해 재

강의 내용은 <표 4>와 같다.

〈표 4〉 온누리교회 예수제자학교의 커리큘럼

강의 순서	강의 내용
제1강	예배와 찬양(Worship & Praise)
제2강	말씀 묵상(Devotionals)
제3강	성경 암송(Recitation)
제4강	**중보기도(Intercession) - 영적 전쟁**
제5강	저널 작성(Journal)
제6강	조별 활동(Flock Meeting)
제7강	작업(Work Duty)
제8강	나눔(Flowing)
제9강	섬김(Hospitality)
제10강	애찬식(Love Feast)
제11강	전도 여행(Outreach)
제12강	산상 기도회(Prayer Vigil at the Mountain)

④ 영적 전쟁과 중보기도학교

기도는 능력의 통로이다. 즉 하늘의 뜻이 우리에게 이루어지는 새 사람의 축제라고 말한다. 특히 영적 전쟁에 있어서 중보기도는 병든 자를 살리고, 공동체를 살리고, 민족을 살린다고 중보기도 학교는 <표 5>와 같이 소개하고 있다.[288]

헌신하는 것을 목적으로 한다. 이를 구체적으로 정리해 보면, 저녁에 만나는 예수제자학교는 첫째, 관계 속에서 자신을 발견하고 은사에 따라 봉사하도록 돕는다. 둘째, 모든 그리스도인들이 선교적 영성을 갖고 선교적 삶을 살게 한다. 셋째, 교회의 2,000/10,000 비전에 따라 헌신된 평신도 리더를 세운다. 온누리교회, "성인공동체 사역본부", http://www.onnuri.or.kr. 온누리교회의 제1기 예수제자학교는 99년 2월부터 시작해서 10월까지 약 27주간 개설했다. 시간은 매주 화, 목요일(10:00〜15:00)이다. 지금은 약 8개월간의 과정으로 주 2회 모여 다양한 주제의 강의와 소그룹 모임, 그리고 7일간의 해외전도여행과 매월 산상기도회를 갖는다.

288) 이 내용은 1999년 5월 6일〜7월 1일까지의 '제2기 중보기도학교' 중심으로 정리한 것이다. 이러한 행사는 온누리교회 중보기도학교 팀에서 진행하고 있다.

〈표 5〉 온누리교회의 영적 전쟁과 중보기도학교 커리큘럼

강의 순서	강의 내용
제1강	지금 이 시대는 중보기도가 필요합니다
제2강	중보기도의 본질(기도의 지성소)
제3강	**중보기도와 영적 전쟁**(사단의 침투를 차단하라)
제4강	중보기도를 막는 사단(무엇이 우리 기도를 막는가?)
제5강	중보기도를 통해 오는 축복(당신 때문에 공동체가 삽니다)
제6강	중보자의 권세(주신 능력을 사용하십시오)
제7강	중보자의 능력, 찬양(찬미의 제사)

이러한 중보기도학교는 강의로만 끝나는 것이 아니라 세계를 지역별로 나누어 영적 전쟁을 위해 중보기도 모임을 가지고 있다.[289]

⑤ 평신도 선교강좌

온누리교회의 해외 선교 사역은 2010년까지 선교사를 2,000명 파송한다는 비전 2,000을 목표로 하고 있으며, 전 교인의 참여를 바탕으로 선교 공동체의 역할을 감당하고 있다. 가든지 보내든지 언제 어느 곳에서나 선교사적인 삶을 살아가도록 돕기 위해 <표 6>과 같이 평신도 선교강좌가 준비되어 있다.[290]

---

289) 온누리 신문 1999년 2월 6일자.

290) 온누리 신문 1999년 2월 6일자. 이 내용들은 1999년 2월 11일~4월 29일까지의 제8기 평신도 선교강좌를 정리한 것이다. 라준석과 청년부 사역자들, 『온누리교회 청년부 비전과 사역』(서울: 도서출판 두란노, 2000), 211. 매년 2회 개최되는 평신도 선교강좌는 평신도들이 각자의 은사를 가지고 선교에 헌신하며, 선교 전반에 관한 기본 교육을 받을 수 있는 기회를 제공해 주는 가장 기초 단계의 선교 교육 프로그램이다. 물론 누구든지 참석할 수 있다.

〈표 6〉 온누리교회의 평신도 선교강좌 커리큘럼

강의 순서	강의 내용
Vision 2000 정책 & 선교사 선발 과정	온누리교회의 선교 정책과 방향을 아십니까?
미전도 종족	미전도 종족을 향한 아버지의 마음을 품고
선교의 역사	선교의 역사를 조망하여
직업과 기업을 통한 전문인 선교	직업과 기업을 통한 전문인 선교를 배우며
타 문화권 충격과 적응	
이슬람권 선교	
힌두권 선교	그 민족의 문화 이해는 선교의 필수이다
불교권 선교	
중국 선교	
영적 전쟁과 중보기도	영적 각성과 연합된 기도의 능력으로 무장합시다

⑥ INTO 청소년 지도자 훈련학교

온누리교회 두란노 바이블 칼리지에서 청소년 지도자를 대상으로
영적 전쟁에 대한 지도자를 훈련하는 프로그램이 있다. 커리큘럼의
내용은 다음과 같다.[291] 첫째, 나는 누구인가, 둘째, 정욕과 두려움으
로부터의 해방, 셋째, 거짓된 가치관, 넷째, 영적 전쟁, 다섯째, 올바른
가치관, 여섯째, 청소년 예배, 일곱째, 비전과 은사 등이 있다.

⑦ 장기선교사 훈련

장기선교사 훈련의 목표는 올바른 인격 형성과 치유, 선교 선배들의
조언과 격려, 실용적인 선교 훈련, 체험적인 선교 훈련을 통해 직접 선
교 현장에 쓸 수 있는 여러 가지 영적 전쟁의 훈련이 제공된다. 그래서
<표 7> 장기선교사 훈련 커리큘럼과 같이 현지 교회뿐만 아니라 현

---

291) 두란노바이블 칼리지 교육국, "제4기 INTO 청소년 지도자 훈련학교", http://www.biblecollege.or.kr.
2005년 3월에 제4기를 모집했다. 대상은 교사, 전도사, 청소년을 사랑하는 이들이다.

지 지도자를 세우며 양육할 수 있는 능력을 배양하는 데 있다.[292)]

<표 7> 온누리교회 장기선교사훈련 커리큘럼

주	테 마	강의 내용
1주	You are special!	입학식, 오리엔테이션, 순교자 기념관 방문, 라이프맵
2주	Servant Leadership	한남동 복지관(노동)
3주	We are special!	Life Mapping
4주	God's dream team	커뮤니케이션 유형, 심리상담, 가정, 결혼, 싱글, 부모
5주	Right Mission Perspectives	SYIS 세미나
6주	Right Mission Perspectives	선교신학
7주	Mission Strategy	선교전략
8주	Onnuri Mission Spirit	교회론, ACTS29 바로 그 교회 이해하기
9주	Leadership	Maximize Your Leadership Potential Seminar
10주	Practical Leadership Making1	TEE Facilitating
11주	Practical Leadership Making2	BEE Facilitating
12주	Spritual warfare	**영적 전쟁과 중보기도**
13주	현장훈련	타 문화권 전도, 제자양육
14주	현장훈련	현장 아웃리치
15주	현장훈련	타 문화권 교회개척
16주	현장훈련	현지 문화체험, 적응
17주	Get His job done	선교행정, 선교보안, 선교보고
18주	Fast and Prayer	수료준비, 금식

그러므로 온누리교회는 교회 안의 모든 영적인 자원들을 선교에로 동력화하는 데 그 목적을 두고 있다.

로버트 콜만(Robert E. Coleman)은 지상명령은 결코 특별한 소명이나 은사가 아니라 그리스도를 따르는 모든 사람이 따라야 하는 삶의

---

292) 온누리세계선교센터, 「장기선교훈련」, http://www.owmc.or.kr.

형태임을 강조하였다.293) 그래서 본인은 온누리교회가 영적 전쟁을 위해, 복음 전파를 가속화하기 위해 이러한 조치를 취했다고 본다.

2) 할렐루야교회

① 선교학교

할렐루야교회의 선교학교는 1년에 두 번 봄과 가을에 개강한다. 약 14주간의 강의와 팀 훈련을 받은 후 해외와 국내에서 2주 내지 3주의 단기 선교에 참여한다. 지금까지 터키, 몽골, 인도네시아, 베트남, 우즈베키스탄, 모잠비크, 또한 국내 땅으로 복음을 들고 나갔다. 선교학교에서는 주로 강의와 더불어 Q·T, 순종, 섬김의 훈련을 동일하게 <표 8>과 같이 영적 전쟁을 위해 훈련을 받는다.

<표 8> 할렐루야교회 선교학교 커리큘럼

강의	강의 과목	강의	강의 과목
제1강	개강 오리엔테이션	제8강	**선교지에서의 영적 전쟁과 중보기도**
제2강	성경의 파노라믹 이해	제9강	문화적 관점과 하나님의 선교
제3강	Q·T를 통하여 하나님과 동행	제10강	단기 선교의 이론과 실제
제4강	한국을 선교하신 하나님	제11강	이슬람의 이해와 선교의 실제
제5강	성경에 보이신 하나님의 선교마음	제12강	선교지에서의 효과적인 전도 방법
제6강	근대 역사와 하나님의 선교마음	제13강	워십댄싱, 선교촌극, 선교영어
제7강	저도 선교사가 될 수 있나요?	제14강	풍선으로 전도의 문 열기

---

293) Robert E. Coleman, 『오늘의 전도 어떻게 볼 것인가?』, 10. 콜만은 전도학과 제자훈련 분야에서 최고의 권위를 인정받고 있으며, 현재 고든콘웰대학에서 전도와 제자훈련 교수로, 휘튼대학의 빌리 그래함 전도협회의 지도자로 오랫동안 사역해 왔으며, 로잔세계복음화 운동의 창단멤버로 활약한 바도 있다. 남서부 대학에서 학사, 에즈베리신학교와 프린스톤신학교에서 석사, 아이오와대학교에서 박사학위를 받았고, 세계선교와 전도, 제자훈련에 관한 수백 편의 글을 발표하였다. 95개 국어로 번역되었고, 영어본만 5백만 권 이상이 출판된 『전도의 마스터플랜』을 비롯하여 『천사와 함께 찬양을』, 『다가오는 세계적 부흥운동』 등 20여 권의 책을 저술하였다.

선교학교의 훈련 목표는 다음과 같다. 첫째, 하나님과 자신과 이웃을 먼저 이해하고 그 관계를 재정립하며 경건, 순종, 섬김의 삶을 생활화하고, 모든 만민에게 복음을 전하는 그리스도인의 증인이 되는 것이다. 둘째, 선교에 필요한 제반 훈련을 실시함으로써 단기 선교 사역을 효과적으로 수행할 수 있도록 하는 것이다. 마지막으로 셋째, 선교에 대한 주님의 마음을 배우고 주님의 비전을 바라보는 것이다.

할렐루야교회는 영적 전쟁에 대한 프로그램을 단기 선교를 통해서 적용하고 있다.[294] 이것은 선교사들이 선교 현장에서 실제적으로 당면하는 문제들이다. 한국은 이러한 훈련들을 청년 대상으로 훈련시키고 있는 것이 사실이다. 그러나 이 교회는 영적 전쟁에 대한 훈련 대상을 수련회를 통해 초등학교 4학년 때부터 시작하고 있다. 이것이 여러 교회와 다른 영적 전쟁에 대한 훈련의 특징이다.

3) 수영로교회

수영로교회 세계선교회는 주님의 지상 명령을 성취하기 위하여 세계 모든 나라에 수영로교회를 비롯하여 지역교회의 선교후보생, 선교에 관심을 가지고 있는 대상으로 5,000명을 훈련시켜 선교비전을 실현하고자 한다. 특히 선교의 대상을 10/40 창문 지역의 미전도 종족으로 하고 있으며 현지 지도자를 양성하고 토착교회를 세워 자립할 수 있도록 한다.[295]

---

294) 할렐루야교회, "선교학교", http://www.hcc.or.kr/education-6.asp. 이 내용은 2005년 3월 19일부터 6월 21일까지 선교훈련이다. 여기서 그 대상은 초등부 4학년 이상 장년까지 누구나 신청이 가능하다.

295) 수영로교회, "세계선교", http://www.sooyoungro.org/frame/lmtc.htm.

① 중보기도회

수영로교회는 월 1회 전 교인들 대상으로 교회에서 연합선교 중보
기도회로 모인다. 그리고 지역 선교부 중보기도회는 주 1회로 선교부
원 및 선교헌신자 중심의 기도 모임을 가지고 있다. 기타 교구, 기관,
부서, 교역자, 사모 등의 중보기도회는 주 1회 이상으로 정기적 모임
을 갖고 있다. 특히 지역교회가 미전도 종족 선교의 주체인 것을 인
식하고 미전도 종족 복음화를 위한 영적 전쟁의 집중적인 중보기도
운동에 적극 동참하게 하는 것이다.

② 평신도 선교훈련원 운영

평신도 선교사 훈련과정은 총회선교훈련원(MTI-LMTC)부설 과정
이며, 6개월(24주) 해외 단기선교를 거치면 된다.[296] 선교 정탐과정훈
련은 3개월(12주)간 매주 모이며, 단기선교정탐을 준비하는 자들이
영적 전쟁을 위해 훈련받고 있다. 평신도 선교훈련원의 커리큘럼 내
용은 <표 9>와 같다.

〈표 9〉 수영로교회 평신도 선교훈련원 커리큘럼

순 서	강의 과목	순 서	강의 과목
1	성경적 선교신학	9	소그룹 역할과 성경공부
2	선교사의 삶과 사역	10	선교사의 가정과 건강
3	선교역사	11	타 문화 의사전달
4	**영적 전쟁**	12	선교지 현지조사
5	문화와 선교	13	타 문화 전도와 제자훈련
6	선교행정과 정책	14	선교사 파송을 위한 오리엔테이션
7	미전도 종족 선교와 접근방법	15	세계의 종교들
8	타 문화권에서의 인간관계	16	선교언어 해외단기선교 정탐훈련

296) 수영로교회는 총회선교훈련원 평신도 단기 선교사 훈련과정(MTI-LMTC)을 운영하고 있다. 목적은 각
  지역의 소명받은 평신도들이 단기선교(1~3년)에 동참하고자 할 때 직장을 사직하고 전적으로 선교훈련
  에 임하기가 어려운 실정에 있다. 그러므로 소명받은 평신도들이 직장 생활을 계속하면서 일정기간의
  훈련을 마치고 총회소속 단기 선교사로 파송받고자 하기 위함이다.

영적 전쟁을 위해 선교하는 교회는 주님께서 함께하시고 반드시 성장하게 되어 있다고 수영로교회는 말한다. 이 교회가 그동안 해 왔던 선교를 더욱 활성화하고, 21세기의 변화에 대응하여 복음 사역의 영역을 한정된 지역단위에서 땅 끝까지 설정한 것은 '세계 속의 교회', '지구촌 세계 교구화 비전'을 실현하기 위한 것이다.

4) 사랑의 교회

① 중보기도 모임

사랑의 교회에는 영적 전쟁을 위한 중보기도 모임이 있다.[297] 이 모임은 매주 월요일 오전 10시에 교회에서 중보기도를 한다. 이러한 모임은 현재 파송 및 후원 중인 선교사들을 소그룹 모임인 각 다락방 교구마다 연결시켜 해당 선교사를 위해 기도하게 한다. 또한 중보기도 모임은 그루터기 정기 모임, 월요 영성집회, 금요기도회 모임을 가지고 있는데 이 모임 역시 선교사들과 해외 선교 사역을 위한 중보기도 모임이다.

② 선교학교

선교학교는 "살아 계신 하나님은 선교하는 하나님이시다."(The Living God is a Missionary God)라는 진리를 깨닫고 각자의 삶의 영역에서 '총

---

297) 사랑의교회 1998년 10월 18일 주보 참고. 중보기도학교는 매년 3회로 2월 말, 6월 말, 10월 말에 열린다. 중보기도학교 강의 내용은 '제1강 중보기도 사역의 특권, 제2강 중보기도 사역의 중요성, 제3강 중보기도의 의무, 제4강 중보기도 사역의 환자기도, 제5강 중보기도 사역의 권세와 승리, 제6강 중보기도와 기도응답, 제7강 중보기도 사역과 영적 전쟁, 제8강 중보기도 사역의 소개 및 헌신, 제9강 중보기도 사역의 기도경호와 여리고 작전, 제10강 중보기도 사역의 비전과 전략' 등이 있다. 중보기도학교를 마친 마지막 날에 중보기도사역에 4개월 동안 성실히 참여할 것을 약속한다. 중보기도단들의 모임으로 2004년 7월까지 712명이 한 달에 한 번 정기적인 모임을 통해 서로 교제했으며, 중보기도자로서의 자세를 늘 새롭게 정립하고 있으며 계속적으로 증가하고 있다.

체적 선교'(Holistic Mission)를 담당하는 세계를 품은 그리스도인(World Christian)을 배출하는 데 그 목적이 있다.[298] 대상은 사랑의교회 성도로서 선교에 대해 균형 잡힌 시각을 갖기 원하는 분은 누구나 참여 가능하며, 특히 해외봉사단, 전문인선교사 파송 희망자는 필수 과정이다. 1995년 10월에 개설하여 매년 봄, 가을 두 차례 실시하고 있으며, <표 10>과 같이 12주 과정으로 이루어졌다.

<표 10> 사랑의교회 단기선교학교 커리큘럼

강의 순서	강 의 제 목
1	개강예배/오리엔테이션
	선교는 성경적 사실에 기초한다(그룹모임①)
2	비교종교와 세계관(그룹모임②)
3	캠퍼스 입양을 통한 미전도 종족 접근
	미전도 종족 품기(알제리족)
4	선교사의 자질과 인성
	그룹모임③ - 비디오 상영(빛을 비추어라)
5	평신도 사역자로 어떻게 준비할 것인가?(그룹모임④)
6	21세기의 선교는 어디로 흘러가나?(동향)
	미전도 종족 품기(위구르족)
7	도시선교의 중요성과 방법론(그룹모임⑤)
8	버마족을 대상으로 미얀마 선교전략
	모라비안 교도들의 선교 운동과 청년대학부 선교동원 전략
9	선교사의 실제 사역과 생활(문화적응)
	그룹모임⑥(비디오 상영 - Come by here)
10	미전도 종족 품기(조선족)
	21C 최후의 선교보루!! 미전도 종족 선교
11	이슬람에 대하여(그룹모임⑦)
12	선교지에서 복음과 문화의 우선순위?
	단기선교의 중요성과 준비(그룹모임⑧)

298) 사랑의 교회 1997년 3월달 해외선교지침서 참고.

강의 순서	강의 제목
13	중동지역 이슬람권에서의 비즈니스와 제자훈련의 양면전략
	신실크로드 시대를 맞은 중앙아시아의 가스펠로드 전략
14	**선교지에서의 영적 전쟁과 능력기도**(그룹모임⑨)
15	소명과 헌신의 밤(탈렌트 쇼·기도합주회)

특히 대상자 중에 대학, 청년부와 조기은퇴자를 비롯한 장년층의
선교 관심자들이 많으며, 선교에 관한 말씀 묵상과 선교 전반의 강좌
그리고 신앙 전도여행 등 영적 전쟁을 위한 현장감 있는 훈련을 실시
한다.

5) 열방교회

① 왕의 자녀들(King's Kids) 훈련 센터

열방교회는 킹스키즈(King's Kids)를 진행하고 있다.[299] 이 훈련은 6
세부터 초등학교 6학년의 아이들을 대상으로 사역을 실시하고 있다.
그리고 경배와 찬양, 소그룹 활동을 통해 하나님의 말씀을 체계적으
로 배우며 자신의 삶에 깊이 있게 적용하여 삶을 변화시키려고 하는

---

[299] 열방교회, "King's Kids 소개", http://www.yulbangch.org/ybs-cgi/main. cgi?board=kings kids01. 이
교회의 King's kids는 왕의 자녀들(하나님의 자녀들)이란 뜻이다. 왕의 자녀들(King's Kids) 사역은
YWAM 사역의 한 부분으로 1976년 하와이에서 데일카프만 부부에 의해서 처음 시작되었다. 한국에서
는 1991년에 정식으로 시작되었다. 왕의 자녀들은 1982년 스페인 월드컵대회, 1984년, 1988년, 1992
년의 올림픽 게임과 같은 대내외적인 국제대회에도 참여하여 공연과 전도를 통하여 주님의 권능을 전한
바 있다. 이러한 King's Kids(왕의 자녀들) 사역은 Youth Ministry Seoul(서울 청소년 사역)의 한 훈련과
정으로 만 7세에서 만 12세(초등학생 1년~초등학생 6년)까지의 어린이들에게 하나님을 알아 가는 생동
감 있는 삶의 경험을 제공한다. King's Kids(왕의 자녀들)는 총 17주 과정으로 14주의 강의와 2주의 전
도여행으로 진행되는 훈련으로 가정과 학교와 서로 다른 환경에서 생활한 어린이들이 강의와 공동생활
과 각종 Camp를 통해 예수 그리스도의 제자로 훈련받아 열방의 지도자로 자라게 하는 훈련이다. 이 훈
련을 통해 어린이들은 하나님과의 친밀감을 갖게 되며, 하나님의 성품을 배워 그리스도인으로서의 삶을
세워 나가게 된다. 또한 공동체 안에서 가족 구성원 간의 섬김과 하나님을 통해 겸손과 개인의 영적 성
숙을 향상시키며, 나아가서는 지도자로서의 자질을 품고 부르심을 따라 적극적으로 성취하게 될 것이다.

영적 전쟁 훈련과정으로 <표 11>과 같이 진행된다.

<표 11> 열방교회 훈련과정 커리큘럼

강의 순서	강의 과목
1	하나님 아버지의 음성
2	묵상
3	예배
4	중보기도
5	**영적 전쟁**
6	관계
7	자존감
8	성품 상담
9	각종 캠프
10	매달 공동훈련(합숙)
11	전도여행(국내)
12	전도여행(국외)

킹스키즈(King's Kids) 모임은 소그룹 훈련의 방법이다. 이러한 영적 전쟁을 포함한 훈련들은 어릴 때부터 시작해서 차세대 하나님의 일군으로 바로 서게 하는 데 효과적이다. 열방교회는 크게 알려져 있지 않은 교회이지만 교회와 선교를 위한 하나님의 나라를 이 땅에 재현하는 생산적인 교회이다.

찰스 벤 엥겐(Charles E. Van Engen)은 지역교회에 대하여, "세상을 향한 선교를 펴기 위해 세워졌으며 그들은 실로 믿음의 실체인 선교하는 교회가 되어야 한다."라고 강조하였다.[300]

---

300) Charles E. Van Engen, 『모이는 교회, 흩어지는 교회』, 임윤택 역 (서울: 도서출판 두란노, 1994), 17. 벤 엥겐은 지역교회에 대한 문제점을 찾아 그에 대한 핵심적인 성경적 해답을 찾는 데 노력하며 지역교회의 존재와 역할에 대해서 강조한다. 그는 무엇보다 교회의 본질을 강조하고, 타 문화권의 풍부한 선교의 경험이 있어서 교회와 선교의 복잡한 문제들을 현실과 동떨어진 이론만으로 다룬 어리석음을 주지하고 있다. 교회는 영적 전쟁에 있어서 교재의 장이다. 성령께서는 교회를 통해 성도들에게 선교 정신을 심어 주고, 자라게 하고, 다듬어서 나아가게 한다. 그렇듯 강한 성령의 역사로 말미암아 교회는 비로소

지역교회 지도자들은 교인들의 본질을 발견하고 목표와 우선순위를 정하고, 성령의 사역에 동참하는 인력과 조직을 세우고, 영적 전쟁의 전략을 수립하도록 훈련시켜야 한다. 우리는 보다 세부적으로 현대 교회의 발전으로 야기되는 교회의 본질을 재고하고, 세상과의 관계를 재정립하며, 하나님의 선교에 동참하는 형태로 바꾸는 방법을 심도 있게 적용해야 한다.

6) 복된교회

① 단기선교훈련학교

복된교회는 1년에 한 번 청소년들과 청년들 대상으로 단기선교학교를 진행하고 있다. 매년 3월 초에 개강을 하며, 7월 중에 파송한다. 특히 강의와 팀별 모임을 통해 정해진 나라로 비전을 품고 현지에 적응할 수 있도록 훈련한다. 단기선교훈련학교에서는 주로 강의와 훈련을 통해 <표 12>와 같이 영적 전쟁에 대한 훈련을 받는다.[301]

〈표 12〉 복된교회 단기선교훈련학교 과정 커리큘럼

순 서	강의 과목	순 서	강의 과목
1	단기선교란 무엇인가?	5	**영적 전쟁과 중보기도**
2	선교와 영성 훈련	6	단기선교의 방법론
3	타 문화권 이해	7	단기선교와 후원
4	팀 사역과 리더십	8	선교 단체 탐방(자료수집)

선교하는 교회가 된다. 선교하는 교회는 성장한다는 것이다.

301) 복된교회 단기선교학교 훈련 중에 2004년 6월 30일부터 7월 2일까지 온누리교회에서 주최하는 국제예수전도단(TWAM) 열방대학 내 기독교 사역대학 학장으로 있는 딘 셔만(Dean Sherman)의 영적 전쟁 집회에 참석해서 실제적인 강의를 들었다.

단기선교훈련의 목표는 다음과 같다. 첫째, 현지에서 선교사의 삶과 사역을 접하므로 선교에 대한 관심을 고취시킨다. 둘째, 단기선교를 통해 하나님만을 의지하여 신앙 성장을 도모한다. 셋째, 타 문화권에 대한 이해를 깊게 하며 세계를 품는 그리스도인이 되게 한다. 넷째, 팀 사역을 통해 섬기는 자세를 배우게 한다. 다섯째, 영적 전쟁 속에서 중보기도의 능력을 배우게 한다. 여섯째, 단기간의 충격을 통하여 영적 부흥이 일어나는 것을 돕는다. 일곱째, 보고와 간증을 통하여 교회에 선교의 열기를 전하게 한다. 여덟째, 현지의 선교사와 그들의 가족을 격려한다. 아홉째, 장기사역의 가능성을 타진할 기회를 갖게 한다. 마지막으로 열째, 소속교회로 하여금 '보내는 교회'가 되도록 한다.

복된교회는 영적 전쟁에 대한 커리큘럼을 단기선교훈련학교에 적용하고 있다. 이것은 영적 전쟁을 통한 단기선교를 준비하는 교회들에게 많은 도움이 된다고 본다.

② 중보기도모임

복된교회는 매주 정기적으로 토요일 오후에 중보기도로 모인다. 특히 담임목사, 부교역자, 중직자, 교구, 교육기관, 교회의 행사를 위해 기도하며, 이러한 시간에 파송한 선교사와 협력 선교사들을 위해 집중적으로 중보기도 한다.

한국은 유교 문화의 영향을 받아 자신의 약점을 잘 드러내지 않는 폐쇄적인 정서가 강하다. 특히 모든 면에서 탁월함을 요청받는 지도자가 자신의 부족함을 드러내고 기도 부탁을 하는 것은 정서적으로 어려울 수도 있다. 그러나 지도자가 기도 부탁을 하지 않는 것은 영적 교만의 산물일 수 있다.

특히 복된교회에서 파송된 선교사들은 교회 홈페이지와 편지로 선교를 보고하면서 아울러 중보기도를 지속적으로 요청하고 있다. 결코 영적 전쟁의 사역은 원맨쇼가 아니라 중보기도를 통한 하나님의 도우심이 절대적으로 필요하다.[302]

2. 한국 선교신학에 있어서 영적 전쟁의 훈련모델

18세기 독일의 할레(Halle)대학을 중심으로 일어난 경건 운동은 대학생의 신앙 운동과 선교활동이 세계선교의 불씨가 되었다. 할레대학에서는 스페너(P. J. Spener)와 프랑케(A. H. Franke) 같은 지도자에 의해 대학생들의 성경공부와 기도, 그리고 구제와 선교활동이 활발하였다. 1706년 대학생 두 명을 인도의 트란쿠에바(Tranquebar)에 파송함으로써 본격적인 경건주의 선교 운동이 대학에서 시작되었다.[303] 또한 1728년의 옥스퍼드대학교에서는 모라비안 교도들로부터 영적 감화를 받은 존 웨슬리(John Wesley) 형제가 동료 대학생들과 함께 성경연구와 기도생활 그리고 사회봉사활동을 위해 홀리 클럽(Holy Club)을 만들게 되었다.

1806년 미국 매사추세츠에 위치한 윌리엄스대학교(Williams University)에서 사무엘 밀즈(Samuel J. Mills)와 동료학생 4명에 의해 시작된 '건

---

302) 존 웨슬리는 중보기도 동역자의 중요성을 알고 활용한 사람이다. 웨슬리는 중보기도에 대하여 말하기를, "하나님 외에 아무것도 바라지 않고 기도하며 복음만 전할 수 있는 사람 100명만 있다면 충분히 지옥문을 흔들 수 있고, 하나님 나라를 이 땅에 건설할 수 있다. 하나님은 다른 어떤 것보다 기도에 응답하시는 분이시기 때문이다."라고 하였다. 홍영기, 『중보기도 군사들아』, 60.

303) 조용훈, "대학선교의 역사와 미래적 과제에 대한 연구"『선교와 신학』제13집 (2004, 6월), 228.

초더미 기도 운동'(The Haystack Prayer Meeting)이 미국 교회로 하여금 세계선교에 동참하는 계기를 만들었다.[304]

따라서 한국 선교신학에 있어서 영적 전쟁의 모델인 신학대학 기관들은 주님의 지상 명령에 대한 '죄악 된 지체'에 있어서 가장 큰 영향력을 끼쳐 왔다. 신학교육에서 지상명령이 빠져 있다면, 교회도 학문도 성공할 수가 없는 것이다. 교회의 주인인 예수님께서 최우선적으로 명령한 지상명령이 제외된다면, 신학교육은 그 방향을 잃게 된다.[305] 하나님의 지상명령에 따르면, 예수님께서 먼저 사람들에게 가서 모든 족속으로 제자를 삼을 수 있도록 그 사람을 훈련시키라고 하였다. 그리고 난 다음에 예수님께서 우리에게 분부한 모든 것을 가르치라고 말씀하셨다. 즉 실제적인 훈련이 먼저이고 학문적인 가르침은 그 다음이다.[306] 하나님의 사람을 준비시키는 데 지나치게 학문적인 방법에 치우침으로 인해 예수님께서 주신 우선순위를 잃지 않으려면 신학대학에 교회와 선교를 위한 영적 전쟁의 지도자 개발과 영적 전쟁의 과목이 포함되도록 한국에 있는 신학대학 혹은 신학대학원과 선교대학원은 특별한 관심을 기울여야만 한다.[307] 그래서 본인은 현

---

304) 조용훈, "대학선교의 역사와 미래적 과제에 대한 연구", 229.

305) Patrick Johnstone, 『교회는 당신의 생각보다 큽니다』, 이창규 · 유병국 역 (서울: WEC 출판부, 1999), 254.

306) Robert E. Coleman, 『오늘의 전도 어떻게 볼 것인가?』, 164.

307) C. Peter Wagner & F. Douglas Pennoyer, *Wrestling with Dark Angels*, 350~357. 참고. Kang Sung Sam, *Development of Non-Western Missionaries: Characteristics of Four Contrasting Programs* (Deerfield Illinois: Trinity Evangelical Divinity School, 1995), 46. 참고. 미국의 영적 전쟁에 대한 주제들을 다루고 있는 신학교의 모델들을 다음과 같이 제시하였다. 트리니티복음주의신학교에서 티모씨 워너가 가르쳤던 '선교 사역에 있어서의 능력대결'이 있다. 웨스턴 복음주의신학교에서 도날드 호헨시가 가르쳤던 '이적과 기사'가 있다. 하나님의성회신학대학원에서 오팔 래딘이 가르쳤던 '능력대결'이 있다. 센트럴신학대학에서 제시문이 가르쳤던 '능력대결의 복음 전도'가 있다. 얼라이언스신학대학에서 제럴드 맥 그로우가 가르쳤던 '능력대결의 신학'이 있다. 산호세신학대학에서 에드 머피가 가르쳤던 '영적 전쟁에 대한 특별 연구들'이 있다. 퍼시픽대학교에서 더글라스 페노이어가 가르쳤던 '마귀, 귀신들 그리고 세계선교'가 있다. 풀러신학교에서 피터 와그너가 가르쳤던 '세계복음화를 위한 치유 사역'이 있다. 그리고 풀러신학교에서 찰스 크래프트가 '능력대결'(2004년 가을학기)을 가르쳤다. 하나님의교회신학대학에서 그랜트 맥클랑이

재 한국 선교신학에 있어서 영적 전쟁이라는 과목이 개설되어 있는 총신대학교 선교대학원과 신학대학원 그리고 목회신학전문대학원, 한세대학교 신학대학원, 아세아연합신학대학교 대학원 등 실천적이고 이론적인 것을 동시에 훈련시키는 세 학교를 중심으로 영적 전쟁의 훈련모델로 삼았다.

1) 총신대학교 선교대학원과 영적 전쟁

총신대학교 선교대학원은 청교도적 개혁주의신학에 의한 세계복음화를 위한 선교지도자와 선교목회지도자들을 육성하기 위해 연구하고 구체적으로 준비하는 곳이다. 아울러 지역교회 성장과 평신도 지도자들을 위한 프로그램을 통해 현대의 복합목회에 필요한 학업을 진행시키고 있다.

이 대학원은 석사과정인 Th.M.(in Intercultural Studies)과정과 M.A.(in Intercultural Studies)과정으로 되어 있다. 이 과정은 세 가지로 분류되는데 목회선교전공(Pastoral Ministry), 치유선교전공(Healing Ministry), 국제사역전공(Global Ministry)이 있다. 그동안에 배출된 졸업생들은 현장 선교사와 선교 지도자로, 그리고 성장하는 지역교회의 목회자와 평신도 지도자로서 헌신적으로 사역하고 있다.[308] 특히 '세계관과 영적 전쟁'이라는 과목은 국제사역전공의 전공 필수로 <표 13>과 같이 개설되어 있다.[309]

가르쳤던 '오순절주의의 전략들(영적 전쟁)'이 있다. 라이프성서대학에서 가르쳤던 존 라워스의 '능력전도'가 있고, 영국의 올네이션기독교대학에 '영적 전쟁'이라는 과목이 있다.

308) 총신대학교, "선교대학원 소개", http://www.chongshin.ac.kr.

309) 총신대학교 선교대학원보 1998년 6월 2일자 신문 참고. 1999년도 총신대학교 요람 참고. 총신대학교

〈표 13〉 총신대학교 선교대학원 커리큘럼

구분	2004~1학기				2004~2학기			
공필	문화인류학, 선교역사				교회성장학, 지도력 개발학			
교필	권역별 연구(아프리카, 아시아 사회주의), R.A, 논문				권역별 연구 (가톨릭권), R.A, 논문			
필수	구약서론 · 신약서론				선교의 성서적 기초 · 신학서론			
전필	국제 사역	선교목회 사역	전문인 사역	치유 사역	국제 사역	선교목회 사역	전문인 사역	치유 사역
	선교 행정 전략	도시선교학	전문인 선교의 실제	치유 선교학	**세계관과 영적 전쟁**	타 문화권 교회개척	전문인 선교전략과 프로그램	전인치유 개발학
전선	선교와 에큐메니즘, 한국선교역사, 상황화 신학, 교회성장 모델연구, 타 문화권 전달학, 교회성장과 커뮤니케이션, 전문인 선교역사, 미전도 종족 선교, 개혁주의와 선교, 소그룹과 교회성장, 타 문화권 해석학, 교회성장을 위한 매체들, 선교영어, 가정 치유 사역				바울신학과 선교, 언어습득과 선교, 멘토링 전문인선교신학, 미디어 선교, 회교 선교, 선교지 탐구, 중국어, 타 문화권 상담학			

총신대학교 선교대학원에서 '세계관과 영적 전쟁'이라는 과목을 가르치는 강승삼은 영적 전쟁의 목적을 세 가지로 소개하였다.[310] 첫째, 복음 사역자들이 항상 직면하고 있는 '영적 전쟁 혹은 능력대결'에 대한 정의를 내리고 영적 전쟁의 근원을 성경에서 구속사적인 조명으로 찾아야 한다. 둘째, 전도와 선교 현장에서의 능력대결을 진단하며 흑암의 세력인 사단의 권세를 타도할 수 있는 영안을 밝혀야 한다. 마지막으로 셋째, 기도와 말씀으로 순종의 삶을 통하여 주님으로

선교대학원은 미국 풀러신학교(Fuller Theological Seminary)의 선교대학원과 자매관계를 맺고 있다.

310) 총신대학교 선교대학원의 '세계관과 영적 전쟁'이라는 과목인 강의 진행은 다음과 같다. 제1장 능력대결과 세계관 문제, 제2장 전투적 관계들, 제4장 그리스도인들과 마귀들, 제5장 마귀의 공격을 받는 선교사, 제6장 마귀를 공격하는 선교사, 제7장 선교사들을 위한 실제적인 적용, 제8장과 제9장 자유케 되는 단계들, 제10장 능력대결 · 무슬림을 향한 돌파구, 제11장 능력대결, 아프리카 교회성장의 길을 연다, 제12장 능력대결과 교회개척 등이 있다. 뿐만 아니라 총신대학교 신학대학원에서도 2005년 1학기 강의 시간표를 살펴보면, '선교와 영적 전쟁'이라는 선택 과목으로 강의가 개설되어 있다.

부터 능력을 받아 영적 대결의 방법을 익혀야 한다.[311]

사단의 세력과 싸우는 것은 어떤 문화에 속해 있든지 간에 그리스도인들이 행하는 바가 되어야 한다. 그중에서도 사역하는 선교사들에게 요구된다.

2) 한세대학교 신학대학원과 영적 전쟁

한세대학교 신학대학원은 오순절 신학에 입각한 선교 지도자를 양성하기 위하여 신학대학원 목회학 석사과정(M.Div.) 안에 선교학과를 두었다. 특히 '세계교회와 영적 전쟁'이라는 과목으로 선교학과의 전공 필수로 <표 14>와 같이 개설되어 있다.[312]

〈표 14〉 한세대학교 신학대학원 커리큘럼

구 분	교과목(선택)	구 분	교과목(선택)
1	교회개척의 원리	9	토착화 선교신학
2	회교권 선교전략	10	힌두권 선교전략
3	불교권 선교전략	11	교회 지도자론
4	선교행정과 전략	12	선교신학
5	선교역사	13	선교학 개론
6	**세계교회와 영적 전쟁**	14	타 문화권 선교 방법론
7	다원주의 선교	15	세계선교와 기독교 영성
8	고급 교회성장론	16	세계 선교역사

---

311) 강승삼, 『영적 전쟁』, 1.

312) 1999년도 한세대학교 요람 참고. 한세대학교 신학대학원의 '세계교회와 영적 전쟁'이라는 과목의 강의 진행은 다음과 같다. 제1장 서론과 영적 전쟁의 실재, 제2장 영적 전쟁을 위한 무장, 제3장 영적 전쟁과 중보기도, 제4장 영적 전쟁과 중보자 개발, 제5장 영적 전쟁과 영적 도해, 제6장 영적 전쟁과 도시복음화, 제7장 영적 전쟁과 기도 운동, 제8장 영적 전쟁과 기도전략, 제9장 영적 전쟁과 교회성장(Ⅰ), 제10장 영적 전쟁과 교회성장(Ⅱ), 제11장 영적 전쟁과 하나님의 음성, 제12장 영적 전쟁과 하나님의 능력 등이 있다.

한세대학교 신학대학원에서 '세계교회와 영적 전쟁'이라는 과목을
가르쳤던 명성훈은 영적 전쟁의 목적에 대하여, "전도와 목회, 세계
선교의 개념을 이해하여 사역자의 사역현장에 접목을 시키고 미래사
역을 효과적으로 준비하는 데 있다."라고 강조하였다.[313]

3) 아세아연합신학대학교 대학원과 영적 전쟁

아세아연합신학대학교 대학원은 전문적 차원의 신학연구를 위한
복음주의적·국제적·교회 연합적 신학기관이다. 아세아복음화를 통
한 새 아세아 건설을 위한 학술 연구 및 아세아교회 지도자 개발을
위한 교육 훈련을 제공하고, 이미 선교에 종사하고 있는 선교사들을
위한 계속 교육을 목적으로 삼고 있다.[314] 특히 '영전전쟁'이라는 과
목은 대학원 과정인 치유선교학과(M.A.)에 <표 15>와 같이 개설되어
있다.

---

313) 한세대학교 신학대학원에서 1999년 3월 중 강의 내용을 참고. 1999년 1학기 한세대학교 신학대학원
    강의 안내서 참고. 영적 전쟁은 성경적, 신학적, 역사적, 현상학적 실체를 파악하여 사단과의 싸움에서
    이길 수 있도록 능력과 기술을 배양하는 것이다. 특히 교회성장에서 영적 전쟁의 역할과 원리 및 전략을
    한국교회 입장에서 정리함으로써 실제적인 결과를 얻는다. 또한 영적 전쟁의 전문가로서 선교와 교회
    사역을 할 수 있도록 도전과 가르침을 제공하고, 영적 전쟁 분야의 이론을 습득하게 함으로써 보다 본격
    적인 연구를 할 수 있도록 기초를 마련해 주는 것이다.
314) 아세아연합신학대학교 대학원, "대학원 교과과정", http://www.acts.ac.kr.

<표 15> 아세아연합신학대학교 대학원 커리큘럼

구 분	교과목
A 신학과목	성경신학과 치유(Biblical Theology and Healing)
	조직신학과 치유(Systematic Theology and Healing)
	역사신학과 치유(Historical Theology and Healing)
	치유와 성경인물(Healing and Healers of Bible)
B 선교과목	선교신학과 치유(Mission Theology and Healing)
	선교역사와 치유(Mission History and Healing)
	치유와 비교인류학(Healing and Anthropology)
	지역연구와 타 종교(Area Study and Religions)
C 의학과 사회	과학과 신앙(Science and Faith)
	치유와 윤리(Healing and Ethics)
	선교사역을 위한 1차 보건 의료(Primary Health Care for Mission)
D 성령사역	치유신학(Healing Theology)
	영적 전쟁(Spiritual Warfare)
	하나님 아버지의 마음(The Heart of Father God)
	내적치유(Inner Healing)

진정 한국교회와 신학대학들이 교파를 초월하여 세계선교의 준비 일환으로 교회와 선교 지도자를 교육시키기 원한다면 신학대학, 신학대학원 혹은 선교대학원과 교회들은 영적 전쟁의 주어진 다양한 전문성과 은사들을 가지고 최우선적으로 세계선교를 위해 선교 신학적인 영적 전쟁의 방안들을 다양하게 모색해야 할 것이다.

5장_결론

오늘날 세계는 인구의 폭발적 증가로 2009년 세계 인구가 68억 3천 만 명이 넘었다. 지구상의 자원은 고갈되어 가고, 자연환경은 무차별 파괴로 기상에 이변이 오고, 천재지변이 속출하고, 교통과 통신 수단의 발달로 지구촌화가 가속되어 가고 있다. 이러한 현상들은 인간사회를 도덕적으로 더욱 황폐하게 만들 것이다. 타 종교들은 종교 다원주의 사상을 주장하면서 포교 공세를 더욱 강화시켜 기독교 선교에 위협적인 도전 세력들이 될 것이다. 지금 목회자와 선교사, 그리고 모든 그리스도인들은 영적 전쟁을 치르고 있는 중이다.

1999년 10월 1일, 전 세계에 있는 2만 5천 명의 영적 전쟁의 중보기도자들이 21세기 최악의 지진으로 절망과 실의에 빠져 있는 터키의 에베소 원형 경기장에 모여 사단의 견고한 진을 훼파하기 위한 영적 전쟁을 선포하며, 그리스도를 찬양하고 예배하는 축제의 한마당을 펼친 적이 있었다. 이 세계중보자대회는 교회성장학의 세계적인 권위자이자 글로벌 하비스트 미니스트리를 이끌고 있는 피터 와그너(C. Peter Wagner)가 주축이 되어 이미 3년 전부터 준비했던 것이다. 이러한 사역은 하나님의 나라와 사단의 세력과의 영적 전쟁을 수반한다. 영적 전쟁은 사역자와 사단의 세력들 간의 주도권 싸움과 같다. 예수님께서도 하나님의 나라를 선포할 때 귀신이 쫓겨 나가는 사건을 통해서 하나님의 나라가 이 땅에 임재함을 보여 주셨다. 사단은 끊임없이 예수님을 해(害)하려고 접근했지만 그리스도는 십자가를 통해서 우리의 모든 죄를 용서하고 깨끗게 해주셨다. 사단의 목적은 항상 우리를 하나님의 중심에서 자기중심이 되도록 하는 것이다. 역사적으로 초대교회는 예수 그리스도의 사역을 본받아 복음을 전파하고 교회를 세웠다. 하나님께서는 이제 모든 민족 가운데 교회를 세워서 모든 민족에게 자신의 진리가 선포되고 그의 영광이 나타나도록 하셨다.

그러므로 교회는 하나님의 증인이 되어야 할 뿐만 아니라 처음부터 선교에 그 초점을 맞추어야 한다.[315] 선교사가 교회를 통해서 파송되면 교회가 없는 불모지에 교회를 개척하게 된다. 하나님께서 원하시는 진정한 모습은 교회가 곧 선교하는 교회가 되는 것이고, 결국 예수님을 만나지 못한 잃어버린 영혼들을 찾아 모든 민족이 하나님과 함께 화목하고 교회의 구성원이 되게 하는 것이 교회의 가장 큰 핵심이고 본질을 벗어나지 않는 하나님께 순종하는 것이다.

찰스 벤 엥겐(Charles E. Van Engen)은 교회의 목적에 대하여 말하기를, "선교하는 하나님의 백성으로서 존재로 교회 이해가 종교개혁자들의 신학을 오늘의 현실에 가장 적합하게 재해석하는 것이며, 세상 사람들에게 예수 그리스도를 이 세상에서 실제로 보이고 만져지는 역사적 사실로 경험할 수 있도록 하는 것이다."라고 하였다.[316] 교회는 우선적으로 이 세상을 위하여 선교해야 한다. 교회는 영적 전쟁의

---

315) Timothy M. Warner, 「영적 전투」, 61.
316) Charles E. Van Engen, "교회의 본질은 복음으로 세상을 변화시키는 것입니다." 『목회와 신학』 통권 125 (1999, 11월), 36.

도구이기 때문에 쉬지 말고 예수님처럼 성령으로 충만해 있어야 한다. 성령의 역사는 믿는 자들의 삶 속에서뿐만 아니라 선교에 있어서도 없어서는 안 될 하나님의 활동이시다. 교회가 영적 전쟁에 있어서 준비하는 출발점은 바로 성령의 충만함이 있을 때이다. 선교사는 무방비 상태로 영적인 아무런 공급도 받지 못한 채 혼자 영적 전쟁의 현장에 놓여 있다. 교회는 선교지로 보낸 선교사를 믿고 신뢰하며 기도해야 한다. 교회가 꾸준히 기도하다 보면 선교사를 향한 하나님의 마음을 알게 될 것이고, 반드시 기도의 열매를 보게 될 것이다.

이러한 관점에서 중보기도는 교회가 주님 오실 때까지 정기적으로 계속 해야 한다. 영적 전쟁에 있어서 중보기도가 없이는 누구든지 영적으로 남을 치료할 수 없다. 아무리 위대한 목회자나 선교사라 할지라도 혼자서는 아무것도 할 수 없다. 따라서 교회는 목회자와 선교사가 영성을 소유할 수 있도록 중보기도를 해야 한다. 중보기도란 그리스도인의 거룩한 의무이다.

그래서 사단은 그리스도인이 중보하지 못하도록 계속 방해 작업을 한다. 그러나 성령은 믿는 자들이 어떤 특별한 일을 수행할 수 있도록, 구체적인 행동으로 그의 믿음을 표현할 수 있도록 충만한 가운데 능력을 주신다.[317] 이런 점에서 영적 전쟁을 위해 선교사는 사역 현장에서 사단의 방해 작업으로부터 성령의 동행하심과 능력을 힘입어야 한다.

영적 전쟁은 성령의 능력으로 나타난다. 그래서 극적인 효과 때문에 위험도 있을 수 있다. 그것은 영적 전쟁에 대한 오용성과 조작성

---

317) 정흥호, "선교와 성령," 『한국복음주의신학회 논문집』 제20권 (1996, 10월), 609.

의 위험이다. 선교사는 사역의 조화와 균형을 유지해서 극단적인 면으로 가지 않도록 해야 한다. 그리고 경건한 생활과 하나님께 영광을 돌리는 순종의 소유자가 되어 영적 전쟁에서 승리해야 한다. 위대한 선교사가 되기 위해서는 성경에 근거한 영적 전쟁을 통해 주님이 장차 재림하실 때까지 자신을 쳐서 하나님께 복종하는 영성 훈련과 기도의 생활이 동반되어야 할 것이다.

과거 선교사는 영적 전쟁의 훈련을 받지 못하고 선교 현장에 나갔다. 그러나 이제 선교 현장으로 나가는 사역자들은 영적 전쟁에 대한 훈련을 받고 나가야 한다. 그리고 교회가 파송한 선교사들을 위해서 깊은 관심을 가지고 항상 이들을 위해 기도할 때 하나님께서 성도들의 기도를 받고 성령을 부어 주어 선교사가 십자가를 능히 질 수 있도록 도와주시고 열매를 맺게 할 것이다.

저자는 이 책을 마무리하면서 몇 가지 제언을 하고자 한다.

첫째, 영적 전쟁에 대해 교육하는 교회가 되어야 한다. 교회가 영적 전쟁에 대한 선교교육이라는 과정을 두고 정규적으로 교육을 하는 곳은 많지 않다. 이것은 실제로 교회를 담임하는 목회자가 교재를 가지고 정기적인 교육을 갖춘 선교교육의 부재(不在)이다. 우선 담임 목회자들은 영적 전쟁에 관심을 가지고 이 문제를 해결해 나가야 한다. 찰스 벤 엥겐(Charles E. Van Engen) 박사가 말한 것처럼 모이는 교회가 아니라 이제 흩어지는 교회가 되어야 한다.

둘째, 영적 전쟁에 대해 신학적이고, 실천적으로 가르치는 신학대학이 많아야 한다. 현재 한국에서 영적 전쟁을 가르치는 신학 교육기관은 총신대학교 선교대학원 혹은 신학대학원, 한세대학교 신학대학원, 아세아연합신학대학교 대학원이 있다. 따라서 선교 지향적인 지도자를 배출하는 전인적인 하나님의 지도자를 양성하는 신학기관인 신학대학에도 선교신학의 실천적인 방법으로 영적 전쟁이라는 과목을 개설하여 선교방법을 갱신할 필요가 있다고 본다. 세계선교를 준비하는 신학 교육기관은 영적 전쟁에 대한 선교 신학적 방법에 변화가 있어야 한다. 그리고 세상의 구원을 목적으로 하는 선교 전략을 선교신학으로 정립해야 할 것이다.

셋째, 영적 전쟁을 가르치는 교수가 있어야 한다. 명성훈은 영적 전쟁을 가르치는 전문가가 현실적으로 부재하다고 말한다. 즉 영적 전쟁은 전문사역이므로 이론가와 현장 경험이 있는 사람이 절대적으로 필요한 것이다. 그리고 먼저 신학대학의 교수들부터 영적 전쟁에 관심을 가지고 이 문제를 해결해 나가야 한다.

넷째, 선교 현장에 있는 선교사들을 영적 전쟁의 도구인 인터넷으로 훈련시켜야 한다. 지금은 선교 현장마다 인터넷으로 연결되지 않은 곳이 없다. 현장에서 인터넷을 이용한 신학 교육의 연장으로 영적 전쟁에 대한 강의 혹은 논문 등 영적 전쟁에 대한 정보를 선교사들에게 제공한다면 영적 전쟁에 대한 무지에서 사역을 연장할 수 있다. 국내와 문화적인 단절은 있지만 이러한 인터넷 전산망을 통해 극복될 수 있다. 선교사는 영적 전쟁을 위한 도구로 인터넷을 사용해야 할 것이다.

참고문헌

국내서적

강승삼.『선교행정과 정책』. 서울: 총신대학교 선교대학원, 1996.
______.『21세기 선교 길라잡이』. 서울: 생명의말씀사, 1998.
______.『영적 전쟁』. 서울: 총신대학교 선교대학원, 1996.
권택조.『영성발달』. 서울: 예찬사, 1999.
기독교대백과사전편찬위원회.『기독교대백과사전 제12권』. 서울: 기독교문사,
          1984.
김균진.『기독교조직신학 Ⅲ』. 서울: 연세대학교 출판부, 1987.
김성욱.『하나님의 백성과 선교』. 서울: 기독교문서선교회, 1998.
김세윤.『예수와 바울』. 서울: 도서출판 제자, 1995.
라준석과 청년부 사역자들.『온누리교회 청년부 비전과 사역』. 서울: 도서출판
          두란노, 2000.
명성훈.『당신의 교회도 성장할 수 있다』. 서울: 국민일보사, 1994.
______.『부흥뱅크』. 서울: 규장문화사, 1999.
______.『하늘 문을 여는 중보기도 전략 52가지』. 서울: 국민일보사, 1999.
박문옥.『오순절신학의 이해』. 서울: 도서출판 한글, 1999.
배본철.『개신교 성령론의 역사』. 안양: 성결대학교 출판부, 2003.
______.『21세기 예수 부흥』. 서울: 은성출판사, 1998.
______.『역사신학개론』. 안양: 성결대학교 출판부, 2001.
성기호.『이야기 신학』. 서울: 국민일보사, 1997.
성결교회와 역사연구소 편.『신유』. 서울: 도서출판 바울서신, 2002.
안점식.『세계관과 영적 전쟁』. 서울: 죠이선교회 출판부, 1995.
안재은.『현대선교신학』. 서울: 총신대학교 선교대학원, 1995.
이명수.『치유선교론』. 서울: 도서출판사 나임, 1993.

이성주. 『기도의 신학』. 안양: 도서출판 잠언, 1994.

______. 『영성신학』. 서울: 문서선교 성지원, 1998.

______. 『조직신학 제3권』. 서울: 문서선교 성지원, 1989.

이태웅. 『한국교회의 해외선교 그 이론과 실제』. 서울: 죠이선교회 출판부, 1994.

오정현. 『열정의 비전메이커』. 서울: 규장문화사, 1997.

전요섭. 『한국성결교회와 사중복음』. 안양: 성결대학교 성결신학연구소, 1998.

전용복. 『생명력 있는 기도 중보기도』. 서울: 도서출판 두란노, 1999.

조두만 편저. 『常用聖經大事典: 下卷』. 서울: 성지사, 1986.

조종남 편저. 『세계 복음화 운동의 역사와 정신』. 서울: 한국기독학생회출판부, 1990.

한국성결교회연합회 신학분과위원회편. 『이명직 · 김응조 목사 생애와 신학사상』. 서울: 도서출판 바울서신, 2002.

한세대학교 부설 국제신학연구원 편저. 『하나님의 성회 교회사』. 서울: 서울말씀사, 1993.

헌장개정위원회. 『예수교대한성결교회 헌장』. 서울: 성청사, 1984.

홍성주. 『21세기 영성신학』. 서울: 은성출판사, 1995.

홍영기. 『중보기도 군사들아』. 서울: 교회성장연구소, 2005.

외국서적

Arnold, Clinton E. *3 Crucial Questions about Spiritual Warfare*. Michigan: Baker Books, 1997.

Berg, Kjell Sj. *"Spiritual Mapping for Prophetic Prayer Actions"* In *Breaking Strongholdsin Your City: How to Use Spiritual Mapping to Make Your Prayers More Strategic, Effective and Targeted*, Edited by C. Peter Wanger. Ventura, California: Regal Books, 1993.

Calvin, John. *Institutes of the Christian Religion III*. Grand Rapids: Eerdmands Publishing Company. 1983.

Collins, Gary R. *Spotlight on Stress*. Ventura CA: Vision House, 1983.

Garret, Susan R. *The Demise of the Devil*. Minneapolis: Frotress Press, 1989.

Green, Michael. *I Believe in Satan's Downfall*. Grand Rapids: Wiilliam B. Eerdmans Publishing Company, 1983.

Grudem, Wayne. *"Miracles Today"*, *The Kingdom and the Power*. Ventura, California: Regal Books, 1993.

Harper, Machael. *The Healings of Jesus*. Downers Grove: Inter Varsity Press, 1986.

Jacobs, Cindy. *"Dealing with Strongholds"* In Breaking Strongholds in Your City: How to Use Spiritual Mapping to Make Your Prayers More Strategic, Effective and Targeted. Edited by C. Peter Wagner. Ventura, California: Regal Books, 1993.

Kane, J. Herbert. *Life and Work on the Mission Field*. Grand Rapids, Michigan: Baker Book House, 1980.

_______. *Wanted: World Christian*. Grand Rapids, MI: Baker Book House, 1986.

Kraft, Charles H. *Defeating Dark Angels*. Ann Arbor: Servant, 1992.

Ladd, George Eldon. *A Theology of the New Testament*. Grand Rapids: William B. Eerdmans Publishing Company, 1983.

Murphy, Ed. *The Handbook of Spiritual Warfare*. Nashville: Thomas Nelson Publishers, 1992.

Otis Jr, George. *The Last of the Giants: Lifting the Veil on Islam and the End Times*. Grand Rapids: Chosen Books, 1991.

Rheenen, Gailyn Van. *Communicating Christ in Animistic Context*. Grand Rapids: Baker, 1991.

Simpson, Albert. B. *The Four −Fold Gospel*. Herrisburg, Pennsylvania: Christian Publication Inc, 1956.

Sire, James W. *The Universe Next Door*. Downers Grove: Inter Varsity Press, 1976.

Stott, John R. W. *The Spirit, the Church and the World: The Message of Acts*. Downers Grove: Inter Varsity Press, 1990.

Sung Sam, Kang. *Development of Non −Western Missionaries: Characteristics of Four Contrasting Programs*. Deerfield, Illinois, Trinity Evangelical Divinity School, 1995.

Torrey, R. A. *Divine Healing*. Grand Rapids, Michigan: Baker Book House, 1974.

Tyerman, Luke. *The Life and Times of John Wesley*. M.A.3 vols. London: Hoodder & Stoughton, 1870.

Wagner, C. Peter. *"Territorial Spirits."* In Engaging the Enemy: How to Fight and Defeat Territorial Spirits, Edited by C. Peter Wagner. Ventura California: Regal Books, 1991.

_______. *"Introduction."* In Breaking Strongholds in Your City: How to Use Spiritual Mapping to Make Your Prayers More Strategic, Effective and Targeted, Edited by C. Peter. Wagner. Ventura, California: Regal Books, 1993.

_______. & Pennoyer, F. Douglas. *Wrestling with Dark Angels*. Ventura California: Regal Books, 1990.

__________. *Your Church Can Grow*. Ventura California: Regal Books, 1979.

Warner, Timothy M. *Deception: Satan's Chief Tactic, Wrestling with Dark Angels*. Ventura, California: Regal Books, 1990.

Wesley, John. *The Works of John Wesley*. Vol. Ⅶ. ed. Thomas Jackson. Michigan: Zondervan Press, 1958.

Wimber, John. *Power Encounters*. San Francisco: Harper & Row Pub, 1988.

번역서적

Blue, Ken. 『치유 사역』. 이충렬 역. 서울: 나침반사, 1992.

Bromiley, Geoffrey W. 편역.『新約聖書神學辭典: 킷텔 단권 신약원어 신학사전』. 요단출판사 번역위원회 역. 서울: 요단출판사, 1986.

Cassidy, Tony. 『스트레스와 인지, 그리고 건강』. 정현희 역. 서울: 시그마프레스, 2002.

Chafer, Lewis Sperry. 『성경으로 본 사탄의 정체』. 김만풍 역. 서울: 도서출판 두란노, 1982.

Coleman, Robert E. 『오늘의 전도 어떻게 볼 것인가?』. 임태순 역. 서울: 죠이선교회 출판부, 1993.

Davidson, Benjamin. 『히브리어 · 갈대아어 분해사전』. 머릿돌 역. 서울: 도서출판 머릿돌, 1990.

Dawson, John. 『영적 전쟁: 하나님을 위하여 도시를 점령하라』. 유재국 역. 서울: 도서출판 예수전도단, 1992.

Douglas, J. D. 『새 성경사전』. 나용화 · 김의원 역. 서울: 기독교문서선교회, 1996.

Foster, Richard J. 『영적 훈련과 성장』. 생명의말씀사 역. 서울: 생명의말씀사, 1986.

__________. 『기도』. 송준인 역. 서울: 도서출판 두란노, 1995.

Haggai, John E. 『미래는 진정한 리더를 요구한다』. 임하나 역. 서울: 하늘사다리, 1996.

Harper, Michael. 『그리스도인의 영적 전투』. 윤종석 역. 서울: 도서출판 두란노, 1992.

Johnstone, Patrick. 『교회는 당신의 생각보다 큽니다』. 이창규 · 유병국 역. 서울: WEC 출판부, 1999.

Kraft, Charles H. 『능력 그리스도교』. 이재범 역. 서울: 도서출판 나단, 1992.

Kraft, Charles H. & White, Tom. & Murphy, Ed. & Other. 『영적전투에서 승리하라』. 장미숙 역. 서울: 도서출판 은성, 1995.

Lloyd Jones, D. Martyn. 『왜 하나님은 전쟁을 허용하실까?』. 박영옥 역. 서울: 도서출판 목회자료사, 1991.

Marsall, Tom. 『내면으로부터의 치유』. 이상신 역. 서울: 도서출판 예수전도단, 1993.

Murphy, Ed. 『영적 전쟁 핸드북』. 노항규 역. 서울: 도서출판 두란노, 1999.

Murray, Andrew. 『앤드류 머리의 12가지 비밀』. 이길상 역. 서울: 크리스챤다이제스트, 2002.

Patterson, Ben. 『목회자의 기도는 어떻게 응답되나?』. 김창대 역. 서울: 작은행복, 2000.

Sherman, Dean. 『영적 전쟁』. 이상신 역. 서울: 도서출판 예수전도단, 1992.

Simpson, Albert. B. 『신유』. 박명수 · 박도술 역. 서울: 은성출판사, 1999.

Snyder, Howard A. 『교회사를 통해본 성령의 표적』. 명성훈 역. 서울: 도서출판 나단, 1994.

Van Engen, Charles E. 『모이는 교회, 흩어지는 교회』. 임윤택 역. 서울: 도서출판 두란노, 19994.

Wagner, C. Peter. 『기도는 전투다』. 명성훈 역. 서울: 도서출판 서로사랑, 1997.

__________. 『교회성장전략』. 명성훈 역. 서울: 도서출판 나단, 1992.

__________. 『교회성장전략』. 이재범 역. 서울: 도서출판 나단, 1990.

__________. 『방패기도』. 명성훈 역. 서울: 도서출판 서로사랑, 1997.

__________. 『신학대학에서 배우지 않는 일곱 가지 능력 원리』. 홍용표 역. 서울: 도서출판 서로사랑, 2002.

__________. 『영적 전투를 통한 교회성장』. 나겸일 역. 서울: 도서출판 서로사랑, 1997.

__________. 『지역사회에서 마귀의 진을 헐라』. 홍용표 역. 서울: 도서출판 서로사랑, 1997.

Warner, Timothy M. 『영적 전투』. 안점식 역. 서울: 죠이선교회출판부, 1993.

Welker, Michael. 『하나님의 영』. 신준호 역. 서울: 대한기독교서회, 1995.

Willard, Dallas. 『영성훈련』. 엄성옥 역. 서울: 은성출판사, 1993.

Williams, Rodman. 『조직신학 제1권』. 명성훈 역. 군포: 한세대학교 출판부, 1992.

Winter, Ralph D. & Hawthorne, Steven C. 『미션 퍼스펙티브』. 정옥배 역. 서울: 도서출판 예수전도단, 2000.

Wubbels, Lance C. 『믿는 자의 삶에 나타난 영적 전쟁』. 예수전도단 역. 서울:

도서출판 예수전도단, 1996.

학위논문

고현권. “선교학에 있어서 영적 전쟁에 대한 연구.”『석사학위논문』양평: 아
　　　세아연합신학대학교 신학대학원, 1997.
이재완. “교회 안의 작은 교회 운동에 나타난 요한 웨슬리의 선교사상 연구.”
　　　『박사학위논문』양평: 아세아연합신학대학교 대학원, 2003.
______. “영적 전투에 관한 선교신학적인 연구 – 요한 웨슬리의 선교사상을 중
　　　심으로 –.”『석사학위논문』양평: 아세아연합신학대학교 대학원, 1999.
이진기. “교회성장에 미치는 영전 전쟁의 역동성.”『석사학위논문』군포: 한세
　　　대학교 신학대학원, 1995.
유정안. “영적 전쟁을 통한 교회성장.”『석사학위논문』군포: 한세대학교 신학
　　　대학원, 1998.
정종균. “영적 전쟁의 신학과 실제.”『석사학위논문』서울: 총신대학교 신학대
　　　학원, 1997.

신문

국민일보 1999년 8월 25일자.
국민일보 2005년 1월 10일자.
온누리 신문 1999년 2월 6일자.
총신대학교 선교대학원보 1998년 6월 2일자 신문.

정기간행물

김스데반. “하나님의 교회를 개척하라.”『개척정보』199호 2004. 9월.
김은미. “선교사의 스트레스와 해결방안.”『신학정론』제22권 2004. 11월.
김지철. “예수의 치유.”『敎會와 神學』제28집 1996. 4월.
금병달. “중보기도, 영적 전쟁의 최우선 전략.”『CCC편지』1998. 9월.
명성훈. “축사, 어떻게 할 것인가?.”『빛과 소금』1999. 2월.
박영환. “성결교 선교신학과 사중복음의 관계성에서 나타난 과제와 방향에 관
　　　한 고찰.”『신학과선교』제29권 2004. 10월.
유종성. “선교지의 영적 변화, 중보기도에 달려 있다.”『빛과 소금』1999. 8월.

이광순. “교회갱신과 선교: 웨슬리 운동과 1907년 대부흥 운동의 비교 연구.”
『선교와 신학』 제3집 1999. 2월.
이광순·이향순. “도시의 발달과 도시 선교.”『선교와 신학』 제10집 2002. 12월.
이수환. “타 문화권에서의 영적 전쟁 전략.”『학술논단』 제4집 1998. 11월.
이영제. “세계화 시대의 인터넷 선교.”『세계선교』 39호 2003.
이재범. “치유 목회의 현장론.”『목회와 신학』 통권 46 1993. 4월.
전용복. “중보기도와 영적 전쟁.”『빛과 소금』 1998. 6월.
정광호. “우리 생활에 있어서 인터넷이란 무엇인가?.”『정보통신』 13권 1996. 6월.
조용훈. “대학선교의 역사와 미래적 과제에 대한 연구.”『선교와 신학』 제13집
2004. 6월.
한화룡. “도시빈민 선교와 능력 대결.”『기독신학저널』 제4호 1998. 10월.
홍기영. “인간의 치유와 예수의 선교.”『선교신학』 4권 2000. 10월.
Barret David B. & Johnson, Todd M. “*Annual Statistical Table on Global Mission: 2002.*”
IBMR, January 2002.

인터넷

동글이의 미션 블로그 “도시정탐과 영적 도해”. http://blog.empas.com −
/doongly/897746.
두란노바이블 칼리지 교육국. “제4기 INTO 청소년 지도자 훈련학교”. http://www.
biblecollege.or.kr.
바울선교회. “타 문화권 교회 설립”. http://www.bauri.org.
수영로교회. “세계선교”. http://www.sooyoungro.org/frame/lmtc.htm.
신세원. “한국교회의 도시 선교론”. http://kcm.co.kr/mission/2000/2000 − 11.htm.
온누리교회. “성인공동체 사역본부”. http://www.onnuri.or.kr.
온누리세계선교센터. “장기선교훈련”. http://www.owmc.or.kr.
열방교회. “King's Kids 소개”. http://www.yulbangch.org/ybs − cgi/main.cgi?board=
kingskids01.
청년 여호수아. “청년부사역소개”. http://joshua.onnuri.org.
총신대학교. “선교대학원 소개”. http://www.chongshin.ac.kr.
할렐루야교회. “선교학교”. http://www.hcc.or.kr/education − 6.asp.
GMP 개척선교회. “선교정보와 자료”. http://www.gmp.or.kr.

부록

선교와 미디어

제1장 서론

인간은 끊임없이 커뮤니케이션을 하지 않고서는 살 수가 없다. 중세 15세기 이전만 하더라도 커뮤니케이션의 형태는 그림이나 의식 등이었다. 대부분의 사람들이 문맹이어서 구전이나 시청각 등이 사회 커뮤니케이션의 중심이었다. 그러다가 15세기에 인쇄술이 발달하기 시작하여 인쇄물의 보급이 확대되었다. 이것은 교육과 학문의 발전과 함께 정보를 전달하는 모든 커뮤니케이션 체제에 혁신적인 변화를 가져왔던 것이다.

그 후 19세기부터 20세기 중반까지 정보 전달은 대체로 두 개의 별도 영역으로 구분되는데 하나는 우편, 신문, 잡지, 책 등으로 종이에 인쇄되었고, 다른 하나는 전신, 전화, 라디오, 텔레비전 등인데, 이것은 무선신호와 유선을 통하여 한 사람으로부터 다른 사람에게 전달되는 코드화된 영상 내지는 음성의 메시지였다. 따라서 오늘날 컴퓨터와 통신기술의 융합을 통하여 많은 새로운 전달매체가 탄생됨에 따라 이러한 경계선은 사라지고 있지만 아울러 미디어의 등장은 정치, 경제, 사회, 문화, 제도, 산업, 종교, 그리고 우리의 일상생활에 근본적으로 변화시킬 수 있는 잠재력을 가지게 되었다.[1]

이제 현대 기독교 선교는 복음 전달을 할 수 있는 최대의 황금시대를 맞이하였다. 그것은 미디어로 인해 지구촌을 하나의 안방처럼 만들었고, 문자는 신속하게 모든 사람에게 전달되었기 때문이다. 선교를 함에 있어서 미디어를 사용한다면, 그것은 바로 '복음의 접촉점'으로 활용하는 것이다.[2] 과거와 같이 선교사를 파송하여 일대일 선교를 갖는 것보다 미디어를 통해 복음을 전하는 것이 보다 더 효과적이다.[3]

그러나 기독교 선교는 과학과 기술의 발전, 세속주의, 종교다원주의, 혼합주의, 선교사들에 대한 배척, 빈부격차, 부적절한 서구 신학 등에 의해 기존 선교 패러다임의 변화를 요구하는 긴박한 도전을 받고 있다. 따라서 기독교 선교는 복음을 전파하기 위해 미디어를 적극적으로 활용하는 것을 간과할 수 없는 현실이다. 커뮤니케이션의 한 수단으로 미디어는 하나님이 인류에게 부여한 귀중한 선물이기 때문에 지구촌 선교에 엄청난 도전을 제시하고 발전시켜 나가야 할 것이다.

---

1) 박준식 · 김정현, 『뉴미디어와 도서관』 (대구: 계명대학교 출판부, 1992), 3~4.

2) David J. Hesselgrave, 『선교 커뮤니케이션론』, 강승삼 역 (서울: 생명의말씀사, 1999), 627. 느끼는 필요들을 접촉점으로 사용하는 것은 당연하지만 그것이 기본적으로 필요와 혼동되어서는 안 된다. 또 이것으로 인해 선교 지도자가 기본적인 필요를 만족시켜 주는 일을 하거나 하나님의 온전하신 뜻을 전하는 것에서 벗어나서는 안 된다. 고의적으로 예수 그리스도의 사역과 가르침을 빠뜨리지 않고 느끼는 필요들의 원리를 이해하는 선교 지도자는 지금의 느끼는 필요들과 가장 잘 어울리는 자신의 메시지에서 출발점을 찾을 것이다. 아무런 죄의식을 느끼지 못하는 비기독교 사회에 대해서 속죄사역을 출발점이나 강조점을 삼는다면 비기독교인이 높이 평가하는 많은 가치들을 전달할 수 있을 것이다. Louis J. Luzbetak, *The Church and Cultures* (Techcy: Divine Word, 1963), 67~68. 접촉점 접근법은 선별적이고 현명하게 사용될 경우에 기독교 메시지 전달에서 매우 효과적인 방법이 될 수 있다. John T. Seamands, 『타문화권 복음 전달의 원리와 적용』, 홍성철 역 (서울: 도서출판 세복, 1995), 125.

3) 최종인, 『매스컴 선교』 (안양: 성결대학교 신학전문대학원, 2003), 4.

제2장 미디어란 무엇인가?

인간의 커뮤니케이션은 미디어를 통해서 이루어져 왔다.[4] 즉 사람과 사람 사이에 미디어가 존재함으로써 이루어져 온 것이다. 미디어는 커뮤니케이션 행위가 가능하도록 연결해 주는 역할을 하는 통로로 채널 또는 매체인 미디어(Media)라고 한다. 따라서 인간의 커뮤니케이션 발전은 미디어와 밀접한 관련을 갖고 있기 때문에 초기 원시시대 인류는 손과 몸짓, 얼굴로써 커뮤니케이션을 했는데 이때 손, 몸짓, 얼굴 표정은 커뮤니케이션 미디어의 구실을 한다. 그 후 인간이 언어를 발명한 뒤로부터는 언어가 중요한 커뮤니케이션 미디어 구실

---

4) World Association for Christian Communication, 『기독교와 커뮤니케이션』, 기독교방송 역 (서울: 대한기독교서회, 1993), 14~23. 김남식, 『기독교 커뮤니케이션학』 (서울: 도서출판 베다니, 1999), 415. WACC(세계기독교커뮤니케이션협의회)가 중심이 되어 1989년에 선포한 '마닐라 선언'(The Manila Declaration)은 커뮤니케이션이 인류를 향한 하나님의 선물이라고 하였다. 그 선언은 커뮤니케이션의 문제가 1990년대의 주요한 논점이었고, 앞으로의 인류의 미래를 위해 중요할 것이라고 하였다. 그러한 커뮤니케이션과 복음전파 사이에는 어떤 연관이 있는지 이를 위해 커뮤니케이션의 의미를 바로 아는 것이 순서일 것이다. 일반적으로 커뮤니케이션이라 하면 '전달행위', '전달된 사실이나 정보', '사상이나 의견의 상호교환', '효과적인 아이디어 표현' 등으로 정의를 내릴 수 있다. 그러나 이 말의 어법은 본래 '공통' 또는 '공유한다', '나누어 갖는다'는 의미를 지닌 라틴어의 'Communicar'에서 유래된 것이다. 이 단어는 동시에 성찬과 어떤 행위나 상황을 공유함이라는 두 가지를 지칭하는 크리스천적 의미의 이중성을 지니는 'Communion'(친교, 영성체)과 동일한 의미를 갖고 있다. 따라서 커뮤니케이션이란 말을 문자 그대로 해석하면 하나 또는 하나 이상의 유기체가 다른 유기체와 지식, 정보, 의견, 신념, 감정, 경험 등을 공유 또는 나누어 갖는 행위라 하겠다. 그러나 이를 교회적인 입장에서 본다면 크리스천적인 증언이나 복음전파, 교육, 선교활동 등 모든 것이 커뮤니케이션 행위인 것이다.

을 해 왔다. 특히 구텐베르크의 인쇄기 발명 이후 미디어는 급속히 발전하였으며 인쇄기 발명은 책, 신문, 잡지와 같은 미디어를 만들어 내었다.5) 이러한 미디어가 20세기에 들어서 점차 보급되어 방송 매체인 라디오, 텔레비전과 같은 미디어가 된 것이다. 사실 라디오나 텔레비전이 처음 등장했을 때 뉴미디어라고 불렀다.6) 한때 우리가 뉴미디어로 불렀던 케이블, ISDN, HDTV, 컴퓨터 등은 멀티미디어라는 말로 정착되었다.7)

메시지와 그것을 발송하는 송신자, 또한 수신자가 아무리 좋다고 할지라도 미디어가 좋지 않으면 그 커뮤니케이션은 성공할 수 없다. 예를 들면, 양질의 수돗물을 수원지에서 보낸다고 하여도 그것을 각각의 가정에 전달하는 수도관이 좋지 못할 경우, 사람들은 양질의 수돗물을 충분히 받을 수 없을 것이다. 완전한 수도관이란 있을 수 없

---

5) 김정탁, 『미디어와 인간』 (서울: 커뮤니케이션북스, 1998), 15.

6) 김정탁, 『미디어와 인간』, 15.

7) 김정탁, 『미디어와 인간』, 5. 한국외국어대학교 신문방송학과 교수 김우룡은 미디어의 발전과정을 네 가지로 분류하였다. 최초로 정보의 기록, 저장, 전달을 가능하게 했던 활자 미디어 시대를 제1기라고 한다. 거리의 시간 개념을 초월한 정보의 전달을 가능하게 했던 전파 미디어 시대를 제2기라고 한다. 음성 위주의 정보전달에서 화상의 전달을 가능하게 했던 비디오 미디어를 제3기로 구분하였다. 그리고 현재 기존 미디어의 복합적인 형태로 나타나는 뉴미디어를 제4기의 미디어라고 할 수 있다. 김우룡, 『뉴미디어 개론』(서울: 나남 출판사, 1991), 58~59. ISDN(Integrated Service Digital Network)은 종합정보 통신망을 의미한다. 종합은 Integrated Service를 의미하고, 통신망은 Network을 의미한다. 하나의 디지털 회선으로 개별적으로 전송되고 있던 각종 서비스를 일원적으로 제공할 수 있다. 또 방송과 통신 서비스의 통합화와 효율화를 가져와 사용자에게 문자, 음성, 영상 등의 다양한 정보를 전달할 수 있다. Digital Broadcasting, "개요", http://www.hansol21.com/sub2.htm. 1954년 미국에서 NTSC 방식으로 컬러TV 방송이 시작된 이후 TV는 사람들에게 가장 친근한 정보원이자 오락물 제공자로서 중추적인 역할을 해 왔다. 기술적인 측면에서 TV의 역사를 집약하면 한마디로 더욱 현실감(reality) 있는 영상을 안방과 거실에서 즐길 수 있도록 하는 것, 즉 최대의 화면에 최고의 화질을 구현하기 위한 시도라고 요약할 수 있다. 가정용 컬러TV가 날로 대형화하면서 가전업계는 몇 가지 기술적인 한계에 부딪히고 만다. 기존 방송 및 수신기 규격으로는 40인치 이상의 초대형 TV에서 선명한 화면을 구현하기 어렵다는 것과 브라운관을 사용할 경우 부피가 너무 커 가정용으로는 적절하지 못하다는 점이다. 이러한 한계를 극복하기 위해 시작된 것이 바로 지난 60년대부터 전 세계 가전업계와 방송업계 주도 아래 시작된 고선명(HD: High Definition)TV 개발 프로젝트이다. HDTV는 현행 TV보다 2배 이상의 수직, 수평 해상도를 가지며, 크로스 칼라(cross color) 등과 같은 현행 TV의 문제점을 개선하고, 현행 TV보다 넓은 9:16의 화면 종횡비(aspect ratio)를 가지며, CD 음질수준의 디지털 오디오 성능을 갖는다.

으므로 어느 정도의 누수 현상은 있게 마련인바, 수원지의 물을 완벽하게 전달할 수는 없는 일이다. 마찬가지로 선교를 함에 있어서 미디어의 역할은 수도관의 역할처럼 중요하기 때문에 미디어를 충분히 활용할 때 많은 선교적 효과를 기대할 수 있을 것이다.

제3장 미디어의 사명

1. 분명한 의도와 목적

미디어의 관계에 있어 성경에서 말하는 선교적 사명과 영적인 기초는 분명히 우리의 출발점이 되어야 한다. 우리는 단순한 커뮤니케이션이나 어떤 특정한 주제에 대한 기독교적 관점을 밝히기 위해 미디어를 실천하려는 것이 아니다. 그것은 미디어 선교를 통한 커뮤니케이션이 사람들로 하여금 제대로 복음을 듣고, 이해하고, 따르며, 복음에 그들 자신들을 위탁하게끔 하기 위한 것이다. 이러한 분명한 의도와 목적을 가지지 않고서 선교의 사역은 혼돈되지 않을 수 없다. 만약 기독교 선교의 커뮤니케이션에 있어서 이러한 관점을 잃어버리게 될 때, 우리의 커뮤니케이션은 효과적일 수 없게 된다.[8]

세계의 여러 곳에서 많은 유능한 그리스도인들이 선교를 위해 미디어를 사용하려고 노력하는 것을 보게 된다. 그러나 불행한 것은 그들 중의 많은 사람들이 교회 지도자들의 후원이나 그들과의 지속적

---

8) 정병관, 『미디어 선교』 (서울: 총신대학교 선교대학원, 1995), 2.

인 협의 없이 이러한 노력을 계속함으로써 결국 미디어가 복음 전도를 위해 사용되는 것이 아니라 오히려 미디어 자체 유지나 요구를 위해 애를 쓰게 되고, 사람들을 복음으로 유도하기보다는 미디어의 열렬한 후원자로 만드는 일에 열중하게 된다.[9] 이 같은 문제는 모든 기독교 미디어 사용자들이 쉽게 당면하게 되는 것들이다. 분명한 의도와 목적을 상실한 미디어 사용은 진정한 기독교 커뮤니케이션이 될 수 없다. 선교는 예수 그리스도에게 속한 것이다. 그리고 우리는 그 대행자들(Agents)로 기도를 통해 그의 말씀을 연구함으로, 또한 성령의 지속적인 지도 아래 분명한 목적과 의도를 가지고 우리가 예수 그리스도를 위한 참된 커뮤니케이터(communicator)가 되는 것을 게을리하지 말아야 할 것이다.

2. 인간 중심적

인류를 향한 하나님의 최종적이고 완전한 커뮤니케이션은 인간의 몸을 입고 이 세상에 오신 예수 그리스도의 성육신(incarnation)사건 속에 보인다.[10] 마찬가지로 바르고 효과적인 복음 전달자는 인간을 이해하고, 그들의 커뮤니케이션을 배울 필요가 있다. 요한복음 20:21에

---

9) 정병관, 『미디어 선교』, 3.

10) Charles H. Kraft, *Communicating The Gospel God's Way* (Califonia: William Carey Library, 1979), 8. 요한복음 1:14에 의하면, 하나님의 자기 표출을 "육신이 되어 우리 가운데" 계셨음을 볼 때, 하나님의 커뮤니케이션 방법은 성육신한 예수 그리스도를 통해서 증거하게 하셨다. 이것이 하나님의 선교 사역이다. 하나님께서 선교 사역 가운데 임재하여 계시지 않으면, 선교사와 메시지, 그리고 교회의 성육신은 의미를 잃고 말 것이다. 성육신의 목적은 사람들에게 복음을 이해시키는 것이 아니다. 그것은 그들로 하여금 하나님의 초대에 응답하게 하고, 하나님의 능력으로 그들을 변화시키는 데 있다. 따라서 예수 그리스도를 통하여 새로운 피조물이 되고 새로운 공동체인 교회의 일원이 되는 것이다. Paul G. Hiebert & Eloise Hiebert Meneses, *Incarnational Ministry* (Michigan, Baker Book House, 1995), 373.

의하면, "아버지가 나를 보내신 것 같이 나도 너희를 보내노라"고 하신 주님의 말씀은 매우 함축적이다. 예수 그리스도는 하나님 자신을 세속적인 상황 속에서 충분히 알리기 위해 보내지셨다. 사람들은 그를 통해서 하나님을 보고, 그의 목소리를 통해 하나님의 음성을 듣는다. 예수 그리스도에 의해 보내진 우리 역시 이 세계 속에서 그의 모습과 행동과 말씀을 보여 주게 되는 것이다. 우리는 사람이 어떤 사상과 어떤 신앙을 가지고 있는가를 묻기 전에 우선 그 사람 자체를 보게 된다. 이는 기독교 커뮤니케이션을 이해하고 실천하기를 원하는 사람들에게 매우 함축적이고 시사적인 의미를 갖는다. 오직 신뢰할 만한 소스(sources), 프로그램, 채널만이 좋은 커뮤니케이션의 결과를 가져올 수 있는 것이다. 신뢰와 신용은 커뮤니케이션의 출발점인 것이다. 따라서 메시지 자체보다도 메신저(messenger)와 그 전달 방식이 더욱 중요하지 않을 수 없다. 이런 의미에서 사람을 중시하는 사람 중심의 미디어 커뮤니케이션 이해는 매우 중요하다.[11]

예를 들면, 선교를 위해 많은 전도지, 소형 책자, 출판물이 무료로 많은 곳에 배부된다. 이것이 효과가 있는 것인지 없는 것인지는 '어떻게 판단할 수 있는가? 그 기준은 그것들을 어떻게 배포하는가? 누가 그것들을 배포하는가?'에 달려 있는 것이다. 만일 카세트테이프를 통해 복음을 전한다면, 미디어는 스스로 사람을 변화시킬 수 없는 것이다.[12] 누가 카세트테이프를 그에게 주었으며, 어떤 사람의 목소리

---

11) 정병관, 『미디어 선교』, 3~4.

12) Ralph D. Winter, 『하나님의 일을 촉진하라』, 한철호 역 (서울: 선교한국조직위원회, 1996), 32. 카세트테이프는 여러 가지 도구 중에서 기록된 성경에서 녹음된 성경으로 더 나아갈 수 있게 한다. 테이프로 귀의 문을 통해서 복음을 전한다. 귀는 눈보다 더 복잡하다. 그래서 연구에 따르면, 사람들은 자신이 이해하는 글이 자신이 발음하는 것과 다르게 발음되면 라디오 방송을 듣지 않는다고 한다. 이것 때문에 한 질의 카세트테이프보다는 한 권의 인쇄된 성경이 더 많은 사람들과 접촉하는 데 있어 훨씬 효과적이

가 그 속에서 흘러나오는가가 중요한 것이다.[13] 기독교 커뮤니케이션에 있어서 복음 전달자는 더없이 중요하며, 그들은 먼저 선한 이웃으로서 신뢰받고, 존경받는 진정한 그리스도의 사랑을 실천하는 자들이어야 할 것이다.

3. 수용자(Receptor) 중심

효과적인 기독교 커뮤니케이션은 수용자 중심적이어야 한다.[14] 왜냐하면 하나님은 수용자 중심으로 커뮤니케이션을 하셨기 때문이다.[15] 우리는 미디어가 다수의 사람들을 염두에 두는 집단적 커뮤니케이션이라 할지라도, 커뮤니케이션의 수용자는 매우 독특한 개인들임을 잊지 말아야 한다. 예수 그리스도는 수용자 중심의 커뮤니케이션(Receptor – Oriented Communication)의 대표적 모델이 되신다.[16] 우리는 전혀 다른 청중과 수용자들에게 똑같은 형태의 복음 전달을 해서

고 경제적이라는 것이다. 반면에 카세트테이프는 읽지 못하는 사람들에게 사용할 수 있는 장점이 있다. 그러나 시각과 청각 기능 모두가 중요한 기능들임을 잊지 말아야 한다. 우리는 결코 그 둘 사이에서 어느 하나를 선택하고자 해서는 안 된다. 이것을 모두 효율적으로 동원해야 할 것이다.

13) 정병관, 『미디어 선교』, 4.

14) Charles H. Kraft, 『복음과 커뮤니케이션』, 김동화 역(서울: 한국기독학생회출판부, 1991), 67. 수용자(Receptor)라는 용어는 메시지를 받아들이는 사람들을 지칭하지만 좋은 단어가 아니다. '청자'(Hearer), '청중'(audience), '받아들이는 자'(Receiver) 등과 같은 용어들도 그러하다. 왜냐하면 이 모든 단어들은 수동성이 높기 때문이다.

15) Charles H. Kraft, 『복음과 커뮤니케이션』, 26.

16) 정병관, 『미디어 선교』, 4. 요한복음 3장에 나오는 니고데모는 매우 높은 교육을 받은 자였고, 철학자였으며, 예수님을 혼자서 몰래 만날 수밖에 없는 꽤나 높은 신분의 사람이었다. 예수님은 자신의 잠을 희생시키며 깊은 밤에 남이 보이지 않는 장소에서 그를 만나 주심으로 그를 환영하고 있음을 보여 준다. 이때 시작된 대화에서 예수님이 사용하신 언어와 그 내용은 니고데모의 경험과 이해의 범주 안에서 새로운 발견이 가능하도록 충분히 배려된 것이었음을 보게 되는 것이다. 이어서 나오는 요한복음 4장의 사마리아 여인과의 대화는 예수님의 말씀을 듣는 청중과 수용자의 다양한 문화적·사회적 배경과 필요 요구를 이해하고 얼마나 있는지를 보여 준다. 여기서 예수님의 말씀은 사마리아 여인이 자신의 독특한 상황 속에서 쉽게 진리를 발견하도록 하고 계시는 것이다.

는 안 될 것이다. 예를 들면, 불교 지역 사람들은 일반적으로 하나님, 창조, 구세주들의 진정한 개념이 없는 반면, 그들은 귀신 또한 영들에 대한 숭배와 출현에 대한 경험들을 다양하게 가지고 있다. 또한 윤회 사상을 가지고 있어서, 고통을 전생의 업보라고 생각한다. 이러한 종 교적 배경 속에 사는 사람들에게 복음을 기독교적 문화 속에 사는 사 람과 같은 방식으로 전하려는 어리석음을 되풀이해서는 안 된다. 따 라서 사람들의 마음속에 미디어를 통해서 하나님의 왕국과 구원의 복음을 이해시키기 위한 오랫동안의 헌신적이고 지속적인 작업이 필 요하다.17)

미디어는 이런 작업을 올바르게 사용할 때 가장 높은 잠재력을 가 질 수 있다. 따라서 효과적인 커뮤니케이션을 위한 우리의 노력에 최 대한의 지속성과 영구성을 제공해 주는 것은 다름 아닌 미디어인 것 이다.

---

17) 정병관, 『미디어 선교』, 4.

제4장 미디어에 대한 성경적 해석

풀러신학교 선교신학 교수였던 비고 소가드(Viggo B. Sogaard)는 커뮤니케이션에 대하여 말하기를, "하나님은 커뮤니케이터이다."(God is a Communicator)라고 하였다.[18] 하나님은 인간의 커뮤니케이션 과정을 성경을 통해서 보여 주었는데, 이런 커뮤니케이션의 영향력을 잘 알고 계셨다.[19] 성경은 하나님의 말씀을 기록한 책이다. 그러므로 일차적으로 성경은 하나님께서 인간을 향하신 말씀이므로 일방적인 커뮤니케이션으로 이해된다.[20] 그러나 성경은 일방적인 커뮤니케이션만을 보여 주고 있지 않다. 하나님의 말씀에 대한 인간의 반응을 보

---

18) Viggo B. Sogaard, *Media in Church and Mission* (Califonia: William Carey Library, 1993), 12. 소가드는 풀러신학교에서 커뮤니케이션학을 가르치는 객원교수이자, 세계성서공회연합회(United Bible Society)의 미디어 컨설턴트이다. 소가드가 초점을 두고 추진하는 프로그램은 일반 대중에게 너무나도 익숙한 라디오 프로그램이다. 그는 라디오를 선진국이나 후진국 모두에 좋은 매체라고 평가한다. 한 예로 아프리카에서는 성경연구 기관들과 함께 성경이야기를 구연하거나, 아프리카의 전통 음악과 드라마를 오디오화시켜 성경의 메시지를 전달하는 프로젝트들을 수행하고 있다. 또 방글라데시에서는 부활절에 관련된 성경본문을 발췌해서 작곡가들에게 작곡을 부탁하고 그 내용을 번역 컨설턴트들이 검토해서 녹음을 하는 식으로 미디어 성경사업을 추진해 나가고 있다. 남아프리카 성서공회에서는 유명한 작곡가와 가수들과 계약을 맺어 성경본문에 대한 노래들을 만들어 테이프에 녹음해 반포하였다.

19) Charles H. Kraft, *Communicating The Gospel God's Way*, 11.

20) Charles C. Ryrie, *Basic Theology* (Wheaton, Illinois: Victor Books, 1986), 64. W. Gary Crampton, *What Calvin Says* (Maryland: Trinity Foundation, 1992), 21. Louis Berkhof, *Summary of Christian Doctrine* (Michigan: Eerdmans Publishing Company, 1938), 18. Robert W. Burtner & Robert E. Chiles, *John Wesley's Theology* (Nashville, Tennessee: Abingdon Press, 1982), 18~19.

여 주고 있다. 그러므로 성경은 하나님과 인간의 커뮤니케이션을 내용으로 하고 있다 말할 수 있다.

이 점에 대해서 미국 휘튼대학 예배학 교수였던 로버트 웨버(Robert E. Webber)는 하나님과 인간의 관계성에 대하여, "하나님과 피조물의 관계로 보고 피조물은 하나님의 커뮤니케이션 대상이다."라고 지적하였다.[21] 구약성경 시대에 하나님의 말씀은 전달하는 미디어 역할을 예언자들이 하였다.[22] 그러나 그 예언자들은 완전한 말씀의 전달 매체가 되지 못하여 하나님의 말씀에 누수현상이 발생하였다. 이러한 전달매체의 문제를 극복하기 위하여 우리에게 오신 분이 성육신하신 예수 그리스도이다.[23]

요한복음 1:14에 의하면, 예수 그리스도는 말씀이 육신되어 우리 가운데 계신 분으로 언급하고 있다. 예수 그리스도께서는 말씀의 전달자임과 동시에 그분 스스로 말씀이 됨으로써 말씀전달 과정에서의 누수현상을 극복하셨던 것이다. 그러므로 예수 그리스도는 우리에게 있는 완전한 예언자이며, 하나님의 말씀 자체인 분이시다. 그는 하나

---

21) 웨버는 복음주의 계열의 학자로 펜실베이니아 주의 스투르부르그 출신으로 철저한 근본주의 대학인 밥존스대학과 개혁감독파신학교와 카버넌트신학교에서 신학사와 신학석사를 취득하였으며, 휘튼대학의 신학과 교수로 있었다. 모교인 카버넌트신학교에서 가르친 적이 있었으며, 많은 책을 저술하였다. 그가 배운 학교의 성격이 다른 것처럼 저술의 신학적 폭도 넓었다. 그러나 그는 모든 것을 포용하되 복음주의 입장을 견지하였다. 그의 대표작은 1978년도 "크리스챤투데이"지가 선정한 25권의 올해의 책 중 하나로 선정된 『Common Roots』와 『기독교 문화관』, 1981년도의 『The moral Majority: Right and Wrong』이 있다. 그가 강의한 과목의 성격으로 보아서 그는 복음주의 계열이라는 것과 예배에 있어서 신학적인 의미를 찾으려고 노력하였다. 다시 말하면, 모든 예배와 관련되는 것들의 이론적인 근거를 발견하려고 노력하며 예배의 요소와 환경에 대한 정체성을 발견하려는 학자이었다.

22) 차준희, 『구약 예언서 이해』(서울: 한국신학연구소, 1996), 41~42. 예언자는 본래 하나님의 말씀을 선포하는 자로 그 말씀을 문서로 남기려고 한 저술자가 아니다. 예언자들은 동시대의 청중들과 직접 대면하여 그들에게 구두로 메시지를 선포하였다. 때로는 예언자 자신이 자신의 메시지를 기록으로 남기기도 하였다.

23) Charles H. Kraft, 『복음과 커뮤니케이션』, 28. 하나님의 의사 전달의 궁극적인 성육신은 예수 그리스도였지만 하나님이 사람을 사용하셔서 다른 사람에게 하나님의 뜻을 전한 것 역시 성육신적인 방법이었다. 하나님은 막연하게 의사 전달하지는 않으신다. 하나님은 감동을 주는 의사 전달을 하신다.

님의 메시지이며, 동시에 그의 미디어가 되셨다. 그에게서 메시지와 미디어의 진정한 합치가 일어난다. 우리는 보통 예수 그리스도를 중보자(mediator)라고 부르기도 한다. 여기서 'mediator'란 단어는 하나님과 인간을 연결하는 중간 연결자라는 의미를 갖는 것으로, 미디어라는 단어와 연계된다. 그래서 예수 그리스도는 하나님의 뜻을 인간에게 전달하며, 인간의 입장을 하나님에게 전달하는 중계역할을 하는 분이시다. 예수 그리스도는 인간과 하나님 사이의 미디어가 되심으로, 우리는 하나님과 화해하게 되었으며, 우리 또한 이 세상에서 화해의 중계자 역할을 해야 할 것이다. 예수 그리스도는 또한 커뮤니케이션의 모델이 되신다. 그의 커뮤니케이션 방법은 기독교 커뮤니케이션 이론에 있어서 최종적인 지상의 준거점이 된다. 이처럼 성경은 하나님과 인간과의 관계에서 커뮤니케이션 과정을 보여 주고 있다.[24]

---

24) Charles H. Kraft, *Communicating The Gospel God's Way*, 3.

제5장 미디어를 통한 선교

    예수님께서 교회에 부탁한 가장 큰 사명은 바로 세계선교이다.[25] 사도행전 1:8에 의하면, "땅 끝까지 이르러 내 증인이 되리라."라고 하였다. 이러한 세계선교의 과업을 이루기 위해서는 시대에 따라 그 전략을 새롭게 할 필요성이 있다. 사도 바울은 많은 사람이 구원을 얻게 하기 위하여, 커뮤니케이션을 통하여 휘청거리는 기독교의 복음을 바로 이해시키면서 선포하였다.[26] 이것은 바로 시대에 따른 선교 전략의 개발이라 할 수 있다. 따라서 이제 정보화 시대라는 큰 시점에서 미디어를 활용하여 문화와 지역을 넘나드는 효과적인 선교를 이루어야 할 것이다.

---

[25] 마태복음 결론의 부분인 28:16~20은 복음서 전체 메시지의 종합으로 역동적인 추진력을 강조하는 선교 명령이라는 것을 잊어서는 안 된다. 선교는 공동체 내에서 하나님의 아들과 인자로서 통치하는 일으킴을 받은 예수의 권위 속에 뿌리를 두고 있다.

[26] 장훈태, "종교다원주의자들을 향한 바울의 선교 커뮤니케이션 방법 연구: 사도행전 17:16~34절을 중심으로," 『복음과 선교』 제5권 (2005, 12월), 452. 바울과 같은 신학적 맥을 가지고 기독교 구원진리를 선포하고 확장시키기 위해서는 하나님 말씀의 절대적 권위에 대한 복종, 하나님의 절대적인 섭리, 하나님의 구원계획, 교회의 순수성, 사역자들이 소명의식을 상실하지 않는 사명감을 가질 때 위태로운 지경에서 벗어나게 될 것이다.

1. 인쇄물 매체(신문, 책자)[27]

인쇄술은 1450년 구텐베르크(Johannes Gutenberg)가 발명한 것이 아니며, 사실 인쇄는 서구의 전유물이 아니다. 이집트 사람들은 적어도 기원전 1350년에 책을 인쇄하였다. 구텐베르크가 한 것은 기술을 활성화한 것인데, 그때 인쇄된 책이 보급됨에 따라 루터교가 성장하였다.[28] 1517년에서 1520년 사이에 루터의 30권 책과 소책자들이 30만 부 이상 팔렸다. 프로테스탄티즘은 전달매체를 완벽하게 활용한 것이다. 이는 기존의 체제인 로마 가톨릭 교회에 대항하는 공공연한 선전과 선동을 조성하는 데 인쇄물을 사용한 최초의 운동이 되었다.[29] 엘리자베스 아이젠슈타인(Elizabeth Eisenstein)이 인쇄기의 역할에 대하

---

27) 두산세계대백과 EnCyber 참고. 신문은 특정 또는 불특정 사람들에게 시사에 관한 뉴스를 비롯한 정보, 지식, 오락, 광고 등을 전달하는 정기 간행물. 통상적으로는 신문사라 불리는 전문기업이 일간 또는 주간으로 뉴스 보도를 주로 하여 발행하는 일반지를 가리키며 매스커뮤니케이션 미디어의 일종이다. 신문이 전달하는 정보는 변화하는 환경의 전체일 수 없고, 편집자에 의해 선택된 일부이기 때문에 보도기사의 정확성과 선택의 신중성이 크게 요청되면서도 한편으로는 속도성도 요청된다. 이러한 신문의 속보성은 최근에 와서 전파 미디어의 발달, 특히 텔레비전의 보급으로 다소 감소된 반면, 그 대신 해설과 심층보도 기능이 중요시되는 경향을 띤다. 신문의 기능은 학자에 따라 다소 다르기는 하지만 다음과 같이 기본적 기능과 부수적 기능으로 대별할 수 있다. 기본적 기능으로는 첫째는 독자들에게 그 사회와 국가, 그리고 세계에서 일어나고 있는 일들을 객관적으로 알리고, 둘째는 일어난 사실들의 문제점을 구명하기 위해 뉴스를 사설을 통해 논평하며, 셋째는 상품과 용역(서비스)을 소유한 사람들이 그들의 재화를 팔 수 있도록 광고의 수단을 제공하는 것이다. 특히 대량생산, 대량소비를 특징으로 하는 현대 경제의 순환과정에 있어서 광고매체로서 신문의 역할은 매우 크다. 이와 같이 부수적인 기능으로는 첫째는 대중에게 희망적인 사업을 촉진하는 한편, 해로운 상태를 제거하기 위한 여론의 환기, 둘째는 만화, 만평 또는 그 밖의 읽을거리를 제공하여 독자들에게 오락적 욕구를 충족시키고, 셋째는 독자의 진실한 상담자로서 각종 생활정보를 주고, 권리의 이행과 수호에 도움을 주는 기능을 들고 있다. 대개 이러한 기능들을 요약하면, 신문의 기능은 보도의 기능, 논평의 기능, 오락의 기능, 광고의 기능 등으로 크게 나눈다. 책자는 사상이나 감정 또는 사실을 전달하기 위하여 글이나 그림을 인쇄하여 다루기 편리하게 꿰매어 놓은 것을 통틀어 이르는 말이다. 서적(書籍) 또는 서책(書冊)이라고도 한다. 제작 형식에 따라 여러 장을 한 묶음으로 꿰맨 것과 길게 이어 써서 만 두루마리로 크게 나뉜다. 책의 형식은 그 재료나 제작 기술과 더불어 바뀐다. 이제까지 사상 전달 수단으로서 책이 이룩한 구실은 매우 크며, 기술 면에서는 마이크로필름이나 레코드, 테이프 등에 의한 녹화, 녹음과 같은 것이 새 시대의 책 형식으로 정착하고 있다.

28) Willam F. Fore, 『매스미디어시대의 복음과 문화』, 신경혜 · 홍경원 역 (서울: 대한기독교서회, 1998), 66~67.

29) Willam F. Fore, 『매스미디어시대의 복음과 문화』, 67.

여, "인쇄는 학문이 더 이상 신부들의 독점물이 아니며, 무식과 미신을 극복할 수 있게 하고, 이탈리아의 교황들이 명령을 받드는 악의 세력을 밀어내고, 결과적으로 서유럽을 암흑의 세계에서 벗어나게 하는 하나님의 도구이다."라고 보았다.[30]

월리암캐리국제대학교(William Carey International University) 총장이었던 랄프 윈터(Ralph D. Winter)는 인쇄 매체에 대하여 말하기를, "가장 오래된 대중매체일 뿐만 아니라 비용이 적게 들기 때문에 6,000개의 언어들에 초점을 맞출 수 있다."라고 하였다.[31] 인쇄 매체는 가장 효과적인 매체라는 것이 일반적인 견해이다. 예를 들면, 적어도 미국에서는 인쇄된 종이가 라디오나 텔레비전보다 더 신뢰성이 있다는 것이다.[32] 그러나 세계 많은 지역의 아주 높은 문맹률과, 글을 읽을 줄 아는 범주 안에 들어가는 사람들 중 많은 사람이 기능적으로 문맹이다. 그리고 필리핀에서처럼 읽을 수 있지만 거의 읽지 않는 사람들

---

30) Elizabeth L. Eisenstein, *The Printing Press as an Agent of Change* (New York: Cambridge University Press, 1979), 353.

31) Ralph D. Winter, 『하나님의 일을 촉진하라』, 32. 윈터는 칼텍(Caltech)에서 학위를 받은 뒤 뉴욕 콜럼비아 대학교(Columbia University)에서 제2외국어로서의 영어 교수법에서 석사학위(M.A.)를 받고, 코넬대학교 (Cornell University)에서 구조 언어학을 전공. 문화 인류학과 수학 통계를 부전공으로 철학박사(Ph.D.) 학위를 받았다. 윈터는 코넬대학교를 졸업한 후에 1947년 빌 브라이트(Bill Bright)와 함께 풀러신학교 1학년에 들어갔으나, 졸업은 프린스턴대학교에서 하였다. 그는 에머리, 랄프 윈터, 로스 킨슬러, 그리고 피터 와그너, 랄프 코벨 같은 사람들과 전 세계연장신학교육 운동을 탄생시키는 일을 도왔다. 부분적으로는 연장신학교육에 기초하여, 풀러신학교 세계선교대학원의 도날드 맥가브란은 윈터를 초청하여 설립한 지 2년째인 풀러신학교에 참여해 달라고 요청하였다. 1966년과 1976년 사이에 윈터 부부는 강의실 안팎의 1,000명 이상의 선교사들로부터 대단히 많은 것을 배웠다. 이 기간 동안 부분적으로 그러한 선교사들이 만들어내고 있는 풍성한 자료 중 일부를 출판하는 일을 돕기 위해 윈터 부부는 선교자료들을 출판하고 배부하는 일을 전문으로 하는 윌리엄 캐리 라이브러리(William Carey Library)를 설립하기도 하였다. 윈터는 또한 미국선교학회(American Society of Missiology)를 공동 설립하였고, 교회선교헌신촉진(Advancing Churches in Mission Commitment, ACMC)을 설립하는 일을 도왔으며, 1976년에 교수직을 떠나기 전에 당시 국제연구연구소(Institute of International Studies, IIS)라고 불리던 퍼스펙티브 프로그램(Perspectives Study Program)을 시작하였다. 윈터는 복음주의선교학회 남서지부의 부회장이며, 또한 자신이 설립을 도왔던 International Society for Frontier Missions에서 활발하게 활동하기도 하였다.

32) Joseph T. Klapper, *The Effects of Mass Communication* (Glencoe: Free Press, 1960), 110~112.

도 있다. 어떤 나라에서는 인구의 10%가 인쇄 매체를 구할 수 있으리라고 기대하는 것이 현실적이지 않을 수도 있다.[33] 그럼에도 불구하고 다양한 형태의 인쇄 매체를 읽을 수 있고 그것을 읽게 될 일부 사람들에게 아주 중요하다.

인쇄 매체를 마구 배포하였을 때 효과적이지 않지만 그것을 교인들이 가족이나, 친구들에게 주었을 때는 매우 효과적인 것을 보게 된다. 이러한 면에서 다른 매체와 마찬가지로 인쇄 매체 역시 지역교회를 기반으로 한 접근이 효과적임을 보게 된다. 그래서 선교함에 있어서 인쇄 매체는 효과적으로 사용될 수 있는 전략적 기반을 제공하는 것이다.[34]

인쇄 매체는 세상에 부정적 영향을 미치기도 하고, 긍정적 영향을 미치기도 하는 등 중요한 역할을 해 왔다. 예를 들면, 모택동의 사상이 담긴 작은 레드북(The Red Book) 7억 4,000만 부는 중국 전체 세대의 희망을 꺾어 버렸다. 사우디아라비아 인쇄소는 100만 권의 코란을 찍어 내어 이슬람교의 강화와 확장을 도모하였다. 반면 복음주의 기독교 중 절반 이상은 기독교 인쇄 매체를 통해 회심하게 하였다.[35]

---

33) Viggo B. Sogaard, *Cassette Ministry* (Minneapolis: Bethany Fellowship, 1975), 49.

34) 정병관, 『미디어 선교』, 6.

35) Patrick Johnstone, 『세계기도정보』, 죠이선교회 역 (서울: 죠이선교회 출판부, 1994), 626. 인쇄매체를 통한 선교를 위해 다음과 같이 기도해야 한다. ① 세계의 여러 곳에서 강행되고 있는 문맹퇴치 프로그램을 위해 기도하자. 전 세계에 10억이 넘는 문맹자가 있으며, 그 수가 증가하고 있다. ② 영어, 스페인어, 독일어로 된 기독교 문서가 과잉공급인 데 반하여 대부분 다른 언어로 된 문서는 기근이다. 전 세계에 걸쳐서 성숙한 기독교인 작가가 배출되도록 기도하자. ③ 기독교 문서 공급이 가난, 배포의 어려움, 걷잡을 수 없는 인플레와 서구의 값비싼 원자재 사용에 따른 인쇄비용으로 커다란 방해를 받고 있다. 토착적인 출판, 인쇄로 자립하기 위해 유라시아, 아프리카, 아시아의 가난한 나라들이 적절한 기금조성 방안을 마련하도록 기도하자. ④ 문서 사역 선교사가 너무나 적다. 신문 잡지 편집, 인쇄, 출판, 집필, 보급 등의 사역에 재능이 있는 사람들이 부르심을 받도록 기도하자. ⑤ 복음전도와 기독교인들을 돕는 차원에서 기독교 잡지는 세계의 여러 곳에서 가치 있는 사역을 감당해 왔다. 현재 과중한 제작비가 판매를 방해하고 존속을 위협하고 있다. 힘든 결정을 해야 하는 이들에게 하나님의 인도하심이 있도록 기도하자.

이러한 목적을 이루기 위해서는 각 매체들이 지역교회를 기반으로 하는 다양한 선교 사역들과 상호 통합 및 상호 보완적인 관계가 될 필요가 있다.

그래서 폴 히버트(Paul G. Hiebert)는 그의 저서『선교와 문화인류학』(Anthropological Insights for Missionaries)에서 인쇄 매체에 대하여, "문화에 따라 메시지의 목적에 맞는 의사소통 매체를 사용하는 것이 중요하다."라고 주장하였다.36) 즉 커뮤니케이션 기술은 우리의 생각뿐만 아니라 기독교 선교에 대한 방법까지도 바꾸어 놓은 것이다.

2. 라디오(Radio)

라디오는 최초로 인간의 목소리를 전선에 의해 전송함으로써 세기의 변환기를 창조하였다. 1844년 사무엘 모스(Samuel Morse)는 최초로 전선을 통하여 전자석에 의한 메시지를 보내는 데 성공하였다.37) 1920년 본격적인 라디오 방송이 시작한 이래, 라디오는 꾸준히 발전해 왔다.38) 특히 계속된 트랜지스터의 발전으로 인해 라디오 매체는

---

36) Paul G. Hiebert, 『선교와 문화인류학』, 김동화 · 이종도 · 이현모 · 정흥호 역 (서울: 죠이선교회 출판부, 1996), 240.

37) James F. Engel, 『매스컴 시대의 선교전략』, 최한구 역 (서울: 신망애출판사, 1992), 106.

38) Michael R. Real, *Mass-Mediated Culture* (Englewood Cliff, NJ: Prentice Hall, 1977), 11. 커뮤니케이션 진화과정의 주요사건 목록은 기원전과 기원후로 나누어 볼 수 있다. 기원전 4,000년 인간의 말, 3,500년 쓰기(수메르), 1,500년 쓰기(중국), 800년 표음 문자(페니키아), 기원후 131년 목판 인쇄(로마), 450년 목판인쇄(아시아), 1250년 금속활자(한국), 1456년 금속활자 및 출판(독일), 1621년 신문(암스테르담), 1731년 잡지(영국), 1839년 사진-다게레(프랑스), 1844년 전신-모스(미국), 1858년 대서양 해저 케이블-영국에서 뉴펀들랜드까지, 1876년 전화-벨(미국), 1877년 축음기-에디슨(미국), 1886년 자동주조식자기(독일, 미국), 1891년 영화-뤼미에르/에디슨(프랑스, 미국), 1895년 무선 전신(라디오)/마르코니(이탈리아), 1906 라디오(음성 전송)-페센트(캐나다, 미국), 1920년 라디오 방송-KDKA 피츠버그, 1923년 텔레비전-뉴욕에서 필라델피아까지, 1927년 유성 영화(미국), 1928년 미국 내 정규 TV방송-WGY 슈네크타디, 1935년 FM 라디오-암스트롱(미국), 1942년 미국 내 상업 텔레비전 표준화, 1946년 컴퓨터-펜실베이니아 대학, 1947 트랜지스터(AT & T), 1948년 미국 내 TV 보유 대수가 10만에서 100만 대로 증가,

엄청난 성장을 거듭하였고, 오늘날 현대인의 필수적인 미디어가 되었다. 일단 라디오는 다양한 형태와 크기의 단순한 수신기만을 갖고 있으면 누구든지 어느 곳에서라도 다양한 활동을 하면서 청취가 가능하다는 장점이 있다.[39] 물론 텔레비전보다 훨씬 덜 비싸지만 화면이 없기 때문에 읽을 필요도 없고, 주목할 필요도 없고, 행동에 제한을 받을 필요도 없다. 그러나 화면이 없는 대신 라디오는 청취자에게 '마음의 극장'(Theater of The Mind)을 불러일으키며, 기술적인 소리와 음악, 그리고 음향의 심적인 영상을 제공하게 된다. 이러한 텔레비전의 적극적인 보급과 함께 사라지리라 생각되었던 라디오는 현대인들 모두에게 여전히 필수품이 되고 있다.[40]

라디오가 이 시대에 영향력을 행사하고 있는 것은 가장 뛰어난 미디어에 속하기 때문이다. 우선 라디오가 다른 어떤 미디어들보다 쉽게 난청 지역의 사회적 상황과 문화체계에 적응할 수 있다는 장점 때문일 것이다.[41] 또한 많은 경우에 있어서, 라디오는 필요에 맞도록 방송할 수 있다는 점과, 동시에 매우 특수한 사람들이 관심을 가지는 특이한 주제들마저도 다룰 수가 있다. 즉 다양한 기호를 가지고 있는 다양한 개인들을 만족시킬 수 있는 사적인 미디어로서 가능하다는 점은 바로 라디오가 경쟁력이 있는 미디어로서 여전히 살아 있는 원인이 되고 있다.[42]

1950년 케이블TV(미국), 1954년 정규 컬러TV 방송 시작(미국), 1957년 인공위성 – 스푸트니크(소련), 1960년 IC 칩(미국), 1983년 광섬유(보스턴에서 워싱턴까지).

39) James F. Engel, 『매스컴 시대의 선교전략』, 106.

40) 정병관, 『라디오(Radio)』 (서울: 총신대학교 선교대학원, 1995), 2.

41) James F. Engel, 『매스컴 시대의 선교전략』, 106.

42) 정병관, 『라디오(Radio)』, 3.

특히 런던에 위치한 BBC 방송국의 경우, 세계적인 네트워크를 가지고 방송을 하고 있다. 이 방송은 단파를 사용해서 지구촌의 구석구석에 뉴스를 송출하고 있는 반면에 상당히 정치적인 네트워크인 '미국의 소리'(Voice of America)와 '모스크바의 소리'(Voice of Moscow) 등은 전국적인 방송망이며, 이슬람교 신앙의 가르침에 대한 선교를 목적으로 하는 '사우디아라비안'(Saudi Arabian) 역시 마찬가지이다. 또한 이 외에도 전국적인 규모의 상업 방송국과 FM 음악 방송국, 그리고 전국적인 규모의 비영리적인 방송국도 있다. 이렇게 80년의 역사를 가진 라디오 방송을 통해서 매우 다양한 형태로 전 세계에 영향력을 끼치고 있다.[43]

또한 현재 지구상에는 5,445개의 종족언어(Heart Language)가 있다. 그 가운데 100만 명 이상이 사용하고 있는 중요언어(Trade Language)는 276개로써 세계 인구의 97%가 이를 사용하고 있다. The World by the year 2000(약칭: WB 2000)은 주후 2002까지 276개의 언어로 선교 프로그램을 송출하겠다고 강조한 적이 있었다.[44]

---

43) 정병관, 『라디오(Radio)』, 3.

44) 한국세계선교협의회, 『한국교회선교의 비전과 협력』(서울: 도서출판 횃불, 1992), 161. WB 2000 운동에는 세계의 4대 선교 방송 기구가 참여하고 있다. ① HCJB World Radio: 1931년 12월 15일에 방송을 시작한 세계 최고참 선교방송기구이다. 에콰도르에 본부를 두고 중남미 일원 23개국에 사무실과 스튜디오를 두고 17개 중요한 언어와 22개 종족언어로 선교프로그램을 송출하고 있다. ② FEBC(Far East Broadcasting Co.): 1948년 마닐라에서 방송을 시작했다(1947년 중국 상해에서 방송을 시작하려고 했으나 국공내전으로 철수함). 세계 32개국에 사무실과 스튜디오를 두고 북방 사회주의 국가들을 비롯하여 전 세계 2/3를 가청권으로 하고 있는 세계 최대의 선교방송이다(가청인구 15억, 방송시간 1일 300시간, 방송언어 122개, 총 종사자 979명, 총출력 214kw). 한국의 극동방송이 FEBC의 자매 기구들이다. ③ TWR(Trans Word Radio): 1954년 모로코에서 출발해 현재 8개 중파, 15개 단파 채널로 세계 인구의 80%를 가청권으로 하고 있다. 세계 전역에 7개의 송신소와 24개국에 사무실과 스튜디오를 두고 80개가 넘는 언어로 1,000시간의 방송을 하고 있다. ④ ELWA(Eternal Living Wenning Africa): 아프리카 주요 대상지역으로 45개의 언어로 1개 250시간씩 방송하고 있다. 1954년 방송을 시작했으며 Sudan Interio Mission이 운영을 맡고 있다. 1989년 2월 워싱턴에서 열렸던 종교방송인대회(NRB)에서 지난 사역을 점검하고 발전을 위한 결속을 다짐했다. 현재 복음방송은 170개의 언어로 송출되고 있는데 앞으로 106개의 새로운 언어로 복음프로그램을 개척해야 한다. 이를 위해서 ① 새로운 송신소와 송신탑 건립, ② 새로운 스튜디오 건립, ③ 각 언어를 자유롭게 구사하는 방송 전문가 학보, ④ 후원기지 설치 등 여러 가지가

　　이러한 미디어의 사역은 세계 복음화를 위해 유용한 지원 사역의 가능성을 가지고 있다. 실제적으로 방송의 제한을 받고 있는 곳에서라도, 라디오 방송의 사용에 있어서 발전 가능성들이 있음을 알 수가 있다. 모든 것을 고려해 보더라도 라디오는 대중 복음화를 위한 가장 좋은 미디어가 될 수 있을 것이다.

3. 텔레비전(Television)

　　오늘의 문화 안에서 자신의 메시지를 전달하는 과제를 다루기란 쉬운 일이 아니다. 텔레비전은 우리 삶의 모든 가치와 스타일을 만들어 가며, 세계의 모든 사건들을 모두 안방에서 보고 있다.[45] 그래서 사람들은 텔레비전이 커뮤니케이션 매체로서 가장 큰 잠재력을 갖는다고 생각한다.[46] 텔레비전은 눈과 귀를 다 사로잡을 뿐만 아니라 모든 연령대의 사람들, 그리고 텔레비전 기술이 허락하는 나라들에서 그것이 방영되는 시간 동안 거대한 청중을 사로잡아 왔다.[47] 상대적으로 대단히 높은 비용에도 불구하고 텔레비전은 지구상에 그 세력을 넓혀 가고 있다. 텔레비전의 용도는 각 나라가 직면한 사회적·문화적·정치적 그리고 역사적 환경들과 강력히 연관되어 있다. 어떤

해결되어야 한다.

45) 2006 세계선교대회 준비진행본부, 『2006 세계선교대회/NCOWE Ⅳ 주제발표자료집』 (서울: 세계선교대회 준비진행본부, 2006), 233~234. TV를 통해서 방영되는 내용은 다음과 같은 것들이 있다. 전쟁, 기근, 테러, 데모, 홍수, 재난, 비행기 사고, 총기 사고, 정치싸움, 종교행위, 동성연애 등이 있다. William F. Fore, 『텔레비전』, 김성웅 역 (서울: 도서출판 두란노, 1993). 텔레비전은 정지 또는 움직이는 어떤 사물을 시간의 지연 없이 전기의 힘에 의해 멀리서 보는 장치를 말한다. 'tele'는 그리스어로 '멀리', 'vision'은 라틴어 '본다'는 뜻이다. 1931년 미국에서 첫 시험방송이 시작되었고, 37년에 영국의 BBC 방송국이 세계 최초로 흑백텔레비전 방송을 시작하였다. 한국은 1956년 5월 12일 세계에서 15번째로 TV전파를 발사하였다.

46) Viggo B. Sogaard, *Cassette Ministry*, 44.

47) David J. Hesselgrave, 『선교 커뮤니케이션론』, 583.

지역에서의 텔레비전은 기본적으로 교육적인 뉴스와 문화 프로그램을 위하여 사용되었다. 이러한 사실들은 텔레비전이 자체의 효과뿐만 아니라, 종교적 목적을 위해 사용할 수 있다는 가능성을 점차로 보여주게 되었다. 이렇게 세계를 넘나드는 텔레비전 미디어의 발전은 계속될 것이다. 예를 들면, 사막의 나라 사우디아라비아에서는 60개의 텔레비전 방송국이 있다. 메카 참배기간에 방송국들은 하루에 12시간 동안 모든 참배의식을 생방송으로 진행한다. 그리고 인도에서는 텔레비전 미디어가 1959년에 주위의 마을을 위하여 농업과 교육, 그리고 건강과 위생 등 실질적인 서비스 프로그램을 제공하는 역할로 등장하였다. 이러한 역할들의 관찰을 통해 사치스럽고 돈이 드는 텔레비전 미디어일지라도 이를 개발해야 하는 근본적인 이유를 발견하게 되는 것이다.[48]

1) 텔레비전의 장점

첫째, 텔레비전은 동시에 많은 대중 그룹에게 방송할 수 있다. 오늘날 많은 사람들은 그들의 여가 시간의 80%를 텔레비전 수상기 앞에서 보내는 실정이다. 이렇게 본다면, 텔레비전은 모든 나라로 설교할 수 있는 가능성을 기독교 전달자에게 제공할 수 있다. 동시에 기독교 복음과 선교의 활동을 위한 기반을 제시해 줄 수 있다.[49]

둘째, 텔레비전은 영상과 소리를 한데 묶을 수 있는 강력한 미디어로 무한한 잠재력인 면에서 서로를 용이하게 할 수 있는 가능성이 있

---

48) 정병관, 『텔레비전(Television)』 (서울: 총신대학교 선교대학원, 1995), 2~7.
49) 정병관, 『텔레비전(Television)』, 8

다. 텔레비전은 시각과 청각을 동시에 사용하기 때문에 표현하는 데
무한한 다양성을 가질 수 있다는 사실이다. 그리고 거실이나 안방에
앉아 있거나 누워 있는 수백만의 사람들에게 동시에 그 내용을 직접
적으로 전달한다. 텔레비전은 기본적으로 가족적 매체이다.[50] 이 같
은 긍정적 가능성을 제공하여 주는 동시에 부정적인 측면도 무시할
수 없는데 메시지의 문제점들과 나쁜 영향으로 인해 인종차별, 종교
적·사회적·성적·국제적 그리고 세대 간의 많은 종류의 선입관과
잘못된 편견들을 여과 없이 자유롭게 흐르도록 방치할 수 있다는 점
이다. 이러한 부정적인 영향들은 기독교 선교의 메시지를 담은 지역
교회의 노력을 방해하게 된다. 그러나 복음을 들으려 하지 않는 사람
들에게 직접적으로 그 메시지를 전달할 수 있으므로, 지역교회들이
지역공동체에 메시지와 그들의 사역을 알릴 수 있는 기회를 가질 수 있
게 된다.[51]

셋째, 텔레비전은 시선을 집중시킨다. 텔레비전은 시청자들을 행동
으로 유도하는 놀라운 능력을 가지고 있다. 실제로 텔레비전은 자신
의 엄청난 능력을 통해 시청자들을 출연자나 연기자의 행동에 깊이
빠지도록 만든다. 텔레비전의 놀라운 시선집중력을 통해 사람들이 텔
레비전에 속해 있고, 텔레비전은 사람들의 삶을 포함하고 있다는 것
을 확실하게 말할 수 있다. 지역교회들은 광범위한 공동체나 조직을
상대로 하는 텔레비전의 사용을 통하여 직접적이고 광범위한 것들을
제공하고 있음을 기억해야 할 것이다.[52]

---

50) 전규찬·박근서, 『텔레비전 오락의 문화정치학』 (서울: 한울아카데미, 2003), 44~45.
51) 정병관, 『텔레비전(Television)』, 8~9.
52) 정병관, 『텔레비전(Television)』, 10.

넷째, 텔레비전은 친밀한 느낌을 준다. 스튜디오 안에 방청객들의 모습은 모든 국가 안에서 텔레비전을 시청하고 있는 사람들로 하여금 마치 가까이서 친밀한 상호 관계를 가지고 있는 듯한 착각에 빠지게 한다. 스튜디오에 장치되어 있는 거실과 의자는 자신의 거실과 의자로서 인식되는 착각을 일으킨다. 그래서 교회 예배에 참석할 수 없는 사람은 텔레비전에서 보이는 예배 실황 중계를 통해 실제로 교회 회중들과 같이 예배에 참여하고 있다는 느낌을 받게 한다.[53] 하지만 굳이 교회로 나오지 않고도 예배드리고, 헌금도 할 수 있기에 사람들은 편하게 신앙생활을 하게 되었다. 이것은 선량한 교인들을 안방에 묶어 두는 결과를 초래할 수 있으며, 봉사활동의 위축을 가져왔으며, 선교의 본질을 왜곡시키는 결과가 되기도 한다.[54]

다섯째, 텔레비전은 신속하고 현장감 있게 느껴진다. 신문은 아무리 빨라도 몇 시간 후에라야 소식을 전할 수 있지만 텔레비전은 다른 매체보다 소식을 빨리 전해 주므로 영향력이 크다.[55] 뿐만 아니라 텔레비전은 동시에 사실 그대로를 그대로 전할 수 있다.[56]

여섯째, 텔레비전은 높은 신뢰감을 준다. 텔레비전의 내용은 쉽게 믿어진다. 즉 현장감 있는 미디어의 특성이 신뢰감을 주기 때문이다. 정부가 주도하는 상황에서 텔레비전 뉴스는 종종 신뢰성을 사람들로부터 잃어버린다. 기독교 프로그램의 신뢰성도 그 나라와 지역에서 교회의 신뢰성에 의해 영향받지 않을 수 없다.[57]

---

53) 정병관, 『텔레비전(Television)』, 11.
54) 최동갑, "미국 기독교 CATV 동향," 『그말씀』 (1995, 3월), 119.
55) 김정기, 『한국 시청자의 텔레비전의 이용과 효과연구』 (서울: 커뮤니케이션북스, 2004), 22~23.
56) 정병관, 『텔레비전(Television)』, 11.
57) 정병관, 『텔레비전(Television)』, 11~12.

2) 텔레비전의 단점

첫째, 텔레비전은 매우 비싸다. 텔레비전은 어마어마한 비용이 든다. 그리고 텔레비전 방송 사용료는 날로 다르게 변화하고 있다. 간단한 광고의 사용은 수백만 원에서 수천만 원, 수억 원까지 지불해야 한다. 이러한 텔레비전 미디어의 사용은 프로그램 제작과 방송국 운영에 재정적 도움을 줄 수 있는 사람들에게 제한되고 있다. 즉 텔레비전은 '서민적 매체'(Democratic Medium)로서 일을 감당하기에는 역부족이다. 이것은 텔레비전이 민주적 매체로서 일하고 있지 않음을 의미하는 것이다. 방송국은 일상적으로 거대한 상업적 목적으로 회사 감시자들에 의해 조정된다. 서구의 많은 나라에서, 교회와 기독교 조직체들은 무료로 시간을 배정하긴 하나 주일예배를 위한 방송의 목적으로 제한하고 있는 실정이다. 그러나 대개의 다른 상황에서는 텔레비전을 많이 이용하려면, 보다 큰 조직들이 만들어져야 하고, 재정적인 기금 마련이 이루어져야 한다. 이는 교회와 기독교 단체들 간의 보다 긴밀한 협력과 협조를 필요로 한다.[58]

둘째, 텔레비전은 최소 공통분모로만 만족할 수밖에 없다. 폭넓은 시청자들 때문에 이 같은 약점은 피할 수가 없는 것 같다. 결과적으로 가장 최대한 시청자들의 관심을 끌 수 있는 주제들을 선정하지 않을 수 없게 된다. 그래서 보다 폭넓은 시청자들이 들을 수 있게 하기 위해서, 피상적이고 약하다고 비판되는 메시지를 선택하게 된다. 그래서 영적인 결단 과정에 있어서 전혀 다른 단계에 있는 사람들에게

---

58) 정병관, 『텔레비전(Television)』, 12~13.

똑같은 메시지를 전하게 된다.[59]

셋째, 텔레비전은 심오한 사상을 피하는 경향성이 있다. 텔레비전 방송 제작자들은 갈등이나 스캔들 외에는 정치나 종교에 관한 내용을 방영하기를 피한다.[60] 많은 나라에서의 텔레비전은 교육보다 오락적 재미를 위해 이용되고 있다.[61] 그러나 텔레비전은 교육시키고, 가치를 강화시키는 데 사용될 수 있고, 그러한 중요한 주제들을 깊이 다룰 수 있다.[62] 이러한 단점을 받아들이고 복음에 대한 다양한 커뮤니케이션을 위해 미디어를 적극적으로 활용해야 할 것이다.

3) 텔레비전의 선교적 적용하기

많은 장점에도 불구하고 분명 텔레비전은 문제점을 가지고 있다. 그것은 미디어가 오늘날 너무 강력하고 전혀 복음에 관심이나 흥미를 가지고 있지 않은 사람들의 손에 놀아나고 너무 침투력이 강하기 때문이다.

미국의 경우, 텔레비전의 복음적 이용이 두드러진다. 유럽 전역에 작은 방송국들이 세워지고 있다. 한 기관은 세계 어느 곳에도 운송할 수 있는 컨테이너에 완벽한 텔레비전 방송 체제를 갖춘 '박스 속의 스튜디오'(studio in box)의 생산을 위한 전문적인 기술을 가지고 있다. 그러므로 이제 우리의 질문은 '어떻게 복음 선포를 위해 이 미디어를

---

59) 정병관, 『텔레비전(Television)』, 13.
60) 정병관, 『텔레비전(Television)』, 14.
61) 김정기, 『한국 시청자의 텔레비전의 이용과 효과연구』, 27.
62) 정병관, 『텔레비전(Television)』, 14.

이용할 것인가?' '어떻게 우리가 하나님의 나라 확장을 위해 이 미디어를 활용할 것인가?'이다.[63]

그래서 선교를 위해 교회는 무엇보다 텔레비전 미디어의 특성을 이해하고 배워야 한다. 우선 전달의 기술적인 차원에서 기독교 전달자는 다른 텔레비전 제작자들에게 배워야 하고, 전달에 대한 평가 역시 다른 제작자들과 동등한 차원에서 평가되어야 한다. 그러나 기독교 전달자라고 해서 텔레비전을 통해 전달자가 일반 강단에서 원고나 읽는 식으로 전달하려 한다면, 텔레비전은 아마 가장 지루한 매체로 변하게 될 것이다. 따라서 화면은 무대배경, 인물, 연기, 그리고 시각적인 영향을 주는 것들로 가득 채워질수록 더욱 효과적인 전달이 가능하게 될 것이다.[64]

미국 내의 이러한 상황은 더욱 엄청나다. 미국의 기독교 텔레비전 방송에서 '텔레비전 슈퍼 설교자들'(TV super-preacher)의 증가와 전자교회 교인들의 증가를 동시에 목격하게 된다. 이러한 현상은 복음 전달에 도움을 주기도 하지만 많은 문제점들을 동시에 주고 있는 실정이다.[65] 시편 24:1에 의하면, "땅과 거기 충만한 것과 세계와 그 중에 거하는 자가 다 여호와의 것이로다"라고 말한다. 인류는 하나님의 창조 세계를 위임받았는데 그리스도인들은 하나님이 지으신 세상을 돌보는 충직한 청지기가 되어야 한다.

이제 텔레비전은 좋든 나쁘든 이 세계의 일부가 되었다. 그래서 텔레비전을 어떻게 길들이냐에 따라 하나님이 찬송받으시고 못 받으시

---

63) 정병관, 『텔레비전(Television)』, 16.
64) 정병관, 『텔레비전(Television)』, 16.
65) 정병관, 『텔레비전(Television)』, 7.

는지 결정된다. 이 창조세계의 일부가 잘 관리되고 발전되느냐도 결정된다.[66] 그래서 어떤 다른 미디어보다도 텔레비전은 미래에 기독교적 창조성과 청지기 사명, 그리고 선교 사역에 가장 중대한 도전을 줄 것이다.

4. 인터넷(Internet)

이영제는 인터넷에 대하여, "세계라는 거대한 도시 위에 세워진 수많은 정보 빌딩들이 서로 공유하며 연결된 비공간적인 정보은행이다."라고 표현하였다.[67] 인터넷은 일종의 컴퓨터 네트워크이다. 보통의 네트워크가 지리적으로 떨어져 있는 몇 대 또는 몇십 대의 컴퓨터들을 연결시킨 것에 비해, 인터넷은 세계 170여 국가의 수많은 네트워크들을 연결하여 이루어진 거대한 네트워크이다.[68] 이미 인터넷에서는 정보제공자에게 다양한 방식으로 피드백을 보낼 수 있는 커뮤니케이션 장치를 제공하고 있다.[69] 인터넷은 책과 신문, 그리고 전화와 텔레비전의 모든 것을 합한 것 이상의 커뮤니케이션 도구라고 볼 수 있다. 인터넷은 직접 만날 수 없는 지구 반대편의 수많은 사람들

---

66) Quentin J. Schultze, 『거듭난 텔레비전』, 김성웅 역 (서울: 한국기독학생회출판부, 1995), 252. 슐츠는 하나님의 영광을 위해 텔레비전을 거듭 내리는 그리스도인들이 유념해야 할 통괄적인 사명을 다섯 가지로 제시하고 있다. ① 텔레비전 가려 보기, ②학교와 교회에서 실행하는 시청 교육, ③ 상업 방송에서 더 큰 윤리성 확보하기, ④ 상업 방송을 대체할 대안 마련하기, ⑤ 전후 사정을 더욱 꿰뚫어 보는 비평.

67) 이영제, 『2000년 세계선교대회: 정보화 사회와 선교』 (서울: 한국세계선교협의회, 2000), 251.

68) 이영제, "컴퓨터 선교, 그 목회적 활용", http://www.kcm.co.kr/kcm/data/990302.html.

69) 황용석, "디지털 미디어 환경에서 방송 저널리즘의 변화," 『방송연구』 통권 제56호 (2003, 7월), 15. 인터넷에서 메시지 교환을 위해 사용되는 커뮤니케이션 장치로는 전자우편, 채팅룸, 온라인 투표 설문조사, 토론포럼, 독자투고, 전자게시판, 그리고 장치로는 네티즌 리포트 등을 들 수 있다. 피드백은 전달의 모든 과정을 세밀히 살펴보고 메시지의 오해가 없는지 잡음이 없는지를 살피고 원인을 규명하여 전달이 바로 이루어지도록 감독하는 일종의 확인 기능이다.

에게 실시간으로 다가갈 수 있는 차세대의 훌륭한 선교의 도구이다.[70] 인터넷은 21세기에 선교 사역을 한 층 더 높고 넓은 차원으로 이끌어 줄 것이다. 인터넷을 이용하는 선교는 필수요소가 되었고, 시간을 단축시키는 데 가장 효과적인 분야가 될 것이다.

1) 인터넷의 장점

인터넷이 가지고 있는 장점을 크게 세 가지로 나누어 보면, 첫째는 인터넷이 연결된 전 세계에서 사용이 가능한 정보 인프라를 구축할 수 있다. 둘째는 멀티미디어를 전송할 수 있다. 단순히 텍스트 위주에서 벗어나 음성뿐만이 아니라 사진과 동영상을 전달할 수 있다. 셋째는 쌍방향 네트워크가 가능할 수 있다.[71] 이러한 특징은 인터넷의 기술적인 측면에서는 하나님의 메시지를 전달하는 데 아무런 장애도 받지 않는다. 히브리서 1:1에 의하면, "옛적에 선지자들로 여러 부분과 여러 모양으로 우리 조상들에게 말씀하신 하나님"이라고 하였다. 그래서 하나님은 커뮤니케이션의 하나님이시다. 하나님과 인간의 최고 의사소통은 예수 그리스도의 성육신(Incarnation)사건에서 완성되었다.[72] 예수 그리스도를 전하여 그를 닮게 하는 것은 단지 듣는 방법만이 아니라 시각과 청각, 그리고 만지는 방법으로 확대되었다. 인터넷의 이러한 멀티미디어 기능을 활용하면, 어린이와 젊은 층에게는 더욱 효과적으로 접근할 수 있다. 이를 위해서는 무엇보다 복음 전달

---

70) 오정현, 『인터넷 목회』 (서울: 규장문화사, 2001), 32.
71) 김재홍 · 방석호 · 윤창호 · 이승훈, 『세계화 시대의 정보통신산업』 (서울: 서울대학교출판부, 1999), 105.
72) 히 1:2; 요 1:14, 1:2~3 참고하라.

의 방법이 기존의 문자 매체에서 영상 매체로의 전환이 시급히 이루
어져야 한다. 특히 인터넷을 통해서 전달이 용이한 미디어의 개발이
전제되어야 한다. 복음 전파는 가는 선교사 못지않게 복음을 전하는
방법과 도구가 개발되어야 한다고 본다. 선교를 목적으로 한국 내에
서 멀티미디어의 교재나 전도지 개발을 서둘러야 할 것이다.[73]

2) 인터넷 선교의 특징

그리스도인들이 가져야 할 가장 기본적인 자세 중의 하나는 시대
앞에 펼쳐지는 문화를 바로 직시하고, 그 문화를 통한 선교 사역에의
활용을 생각해 보아야 한다.[74] 현재 인터넷 선교는 현지 선교사들과
선교에 관심이 많은 사람들에게 그 필요성이 절실하다. 인터넷 선교
는 다음과 같은 특징을 가지고 있다. 첫째, 비거주 선교 지원이 가능
하다. 둘째, 인터넷이 가능한 지역의 선교사와 쌍방향 통신이 가능하
다. 셋째, 선교 단체와 후원그룹, 선교사 연결이 용이하다. 넷째, 기도
회원, 협력회원, 후원회원 등의 참여를 유도할 수 있다.[75] 다섯째, 선
교 지역에 직접 사이버를 통한 복음전도가 가능하다. 여섯째, 데이터
베이스 기능을 최대한 활용할 수 있다. 일곱째, 멀티미디어를 통한 다
양한 복음 전파가 가능하다. 마지막으로 여덟째, 국가 또는 사역별 전
문자료의 공유 및 협력이 가능하다.[76]

---

73) 이영제, "세계화 시대와 인터넷 선교", http://www.kcm.co.kr/kcm/data/200111.html.
74) 이영제, 『2000년 세계선교대회: 정보화 사회와 선교』, 253.
75) 이영제, "컴퓨터 선교에 주력하는 한국컴퓨터선교회," 『선교타임즈』 (2006, 5월), 86.
76) 이영제, 『미션 시프트』 (서울: 도서출판 컴퓨터선교회, 2001), 352.

이러한 인터넷 선교의 특징은 인터넷이 가지고 있는 기술적인 기능을 그대로 활용할 수 있다는 것과 인터넷의 영향과 문화를 이용할 수 있다는 것이다. 그래서 인터넷을 통한 적극적인 복음 전파를 위해 다양화하고 전문화할 필요성이 요구되고 있다.[77]

3) 인터넷의 선교적 적용

첫째, 선교사 홈페이지와 클럽을 운영하라. 현재 세계적으로 특정 몇 나라를 제외하고는 인터넷을 통한 전자우편이 가능하다. 일반적인 선교 사역에서의 어려움 또는 필요한 요청 등을 인터넷을 통한 전자우편으로 주고받을 수 있다. 메일 관리만 잘해도 과거에 선교 후원자에게 일일이 편지를 쓰고 보내던 것을 이메일(E-Mail)로 해결할 수 있다.[78] 이메일은 온라인상에서 더욱더 많은 사람과 단시간에 걸쳐 서로 기도제목을 나눌 수 있다. 그리고 서로의 기도제목에 대해 하나님께서 수많은 사람들에게 어떻게 구체적으로 응답하고 역사하시는지 볼 수 있다. 그리고 인터넷을 통해 실제적이고도 구체적인 선교방법과 열매, 그리고 소중한 지식을 서로 나누고 배울 수 있다.[79] 특히 선교사를 후원하는 자에게 그룹메일로 만들어 발송하면 한 번에 모두 보낼 수 있는 장점이 있다.[80]

코리아미션넷(koreaMission.net)에 들어가면, 단순히 게시판 입력하듯

---

77) 이영제, 『미션 시프트』, 352~353.

78) 이영제, 『2000년 세계선교대회: 정보화 사회와 선교』, 253.

79) 오정현, 『인터넷 목회』, 32~33.

80) 이영제, 『2000년 세계선교대회: 정보화 사회와 선교』, 253.

이 홈페이지를 개설하고 관리할 수 있어 홈페이지를 잘 모르는 선교사도 쉽게 활용이 가능하다. 또한 클럽(g1004.com)을 만들어 선교를 알리는 것도 한 방법일 수 있다. 홈페이지나 클럽을 통해서 선교지의 상황을 좀 더 자세히 알림으로 선교의 동역을 효과적으로 이끌어 낼 수 있다. 뿐만 아니라 각 선교 단체가 운영하거나 일반 클럽이나 카페 기능의 커뮤니티를 이용해서 선교 사역을 알리고 후원자를 연결할 수도 있다.[81]

둘째, 선교 단체나 교회의 홍보 매체로 사용하라. 선교 단체들은 다양한 자료와 정보를 수집하고 알릴 의무가 있다고 본다. 특히 전문인 선교 단체들은 인터넷을 이미 잘 활용하고 있어 선교 훈련소식이나 모집, 선교사를 위한 기도제목 등을 수시로 알리고 있다. 이를 좀 더 체계화하고 공유하는 작업도 필요하며, 적극적으로 참여하고 함께하는 선교의 동역자들이 늘어날 때 더 나은 선교가 가능할 것이다.[82]

셋째, 선교 정보를 수집하며 취합하는 통로로 사용하라. 지금 인터넷에서 제공되고 있는 많은 정보 중에는 선교에 요긴하게 사용할 수 있는 국가정보나 도시정보들 그리고 지역정보 및 각 나라의 정치·경제적 상황들이 많이 있다. 예를 들면, 미국 CIA가 제공하는 국가정보도 이 중에 하나인데 이러한 좋은 자료들은 선교 단체들이 선교 정보를 취합하는 좋은 통로가 된다.[83] 또한 새신자 양육, 일대일제자양육과정, 성경공부, 찬양, 신앙잡지구독, 기독교인의 생활의 나눔 등의 자료도 활용할 수 있도록 준비할 필요가 있다.[84] 이제 인터넷은 어디

---

81) 이영제, "세계화 시대와 인터넷 선교", http://www.kcm.co.kr/kcm/data/200111.html.

82) 이영제, "세계화 시대와 인터넷 선교", http://www.kcm.co.kr/kcm/data/200111.html.

83) 이영제, 『2000년 세계선교대회: 정보화 사회와 선교』, 254.

에 어떤 자료들이 있는지를 알아내는 일도 쉽지 않을 만큼 많은 자료들이 산재해 있다.

넷째, 복음을 전하는 사이트(site)를 개발하라. 인터넷을 좀 더 적극적인 선교의 장으로 활용하기 위해서는 다양하고 전문적인 방법의 사이트가 개발되어야 한다.[85] 사이트는 포장만을 그럴듯하게 만드는 것이 아니라 깊이 있고 질적인 내용으로 알차게 만들어 가야 한다. 그래서 많은 시간과 노력이 뒤따라야 한다. 아울러 해외선교를 위한 다양한 언어권의 복음 전파를 생각해야 될 때가 되었다. 솔직히 한국 내 현재의 홈페이지는 해외선교를 직접적으로 할 수 있는 자료나 정보가 상당히 제한되어 있다고 본다. 이제 좀 더 적극적으로 해외선교를 위해서 외국의 선교 단체나 기관 그리고 교회와 연결, 협력하여 복음을 위한 콘텐츠를 선교지의 종족, 국가를 대상으로 하는 사이트가 필요하다.[86]

다섯째, 선교 네트워크와 협력시대로 적용하라. 인터넷은 자연스럽게 선교 네트워크와 협력을 이끌어 낸다. 인터넷을 통해 더욱더 많은 사람과 단체, 교회들과 연합할 수 있다. 선교사와 후원자의 네트워크뿐 아니라 선교 단체 간의 정보 공유와 협력도 가능한 영역이 많이 있다. 이를 좀 더 면밀히 분석해 각 단체의 전문성을 더 추구해 나갈 수 있다. 선교 단체들이 확보하고 있는 전문적인 정보와 기능, 유무형 자원들을 공유하는 일의 필요성을 지적하고 싶다. 지역교회가 성경의 주체적인 역할을 감당해야 한다는 성경적인 원칙에도 불구하고 선교

---

84) 김진년, 『미래사회와 인터넷 선교』 (서울: 성지출판사, 1999), 170.

85) 이영제, 『미션 시프트』, 357.

86) 이영제, "세계화 시대와 인터넷 선교", http://www.kcm.co.kr/kcm/data/200111.html.

단체가 굳이 존재해야 할 이유가 있다면 선교 단체가 갖는 전문성 때문일 것이다. 따라서 다양한 전문 선교 단체들이 서로의 자원과 정보를 공유하면서 지역교회의 선교적 요구와 필요를 충족시켜 줄 수 있어야 할 것이다.[87]

한국세계선교협의회(kwma.org) 주최로 열렸던 '사이버선교대회 2001'은 온라인으로 진행되는 최초의 선교대회라는 점에서 관심이 집중된 적이 있었다.[88] 온라인 선교대회를 통해서 각 단체들이 자연스럽게 선교 정보를 공유하게 되며 필요한 사항에 따라 연합이 이루어졌다.[89]

선교타임즈(missiontimes.co.kr)는 매월 전체적인 기사를 제공하며 데이터베이스에 검색을 제공하기 때문에 인터넷 선교에 많은 기여를 하고 있다. 또한 한국컴퓨터선교회(kcm.co.kr)는 오늘의 선교사와 금주의 선교 단체가 늘 변경되며 소개되고 있다. 이렇게 구체적인 협력이 아니어도 홈페이지를 통해서도 서로 소개하며 선교적 유익을 추구할 수 있다.[90]

인터넷은 지금까지의 그 어떤 선교 사역의 도구보다 효과적이고 강력하며 신속한 도구이다. 이것은 사역의 도구일 뿐 선교의 목표 그 자체나 중심이 되어서는 안 된다. 선교 사역이나 구제, 긍휼사역, 문서 출판 사역과 같이 인터넷도 사역의 하나이다. 인터넷 사역의 중심 목표는 영혼 구원과 사람에 있지 인터넷이라는 시스템에 있는 것이

---

87) 이영제, "세계화 시대와 인터넷 선교", http://www.kcm.co.kr/kcm/data/200111.html.
88) 사이버선교대회 2001은 2001년 12월 3일(월)부터 14일(금)까지 12일 동안 있었다.
89) 이영제, "세계화 시대와 인터넷 선교", http://www.kcm.co.kr/kcm/data/200111.html.
90) 이영제, "세계화 시대와 인터넷 선교", http://www.kcm.co.kr/kcm/data/200111.html.

아니다.[91] 어떻게 보면 이것은 인터넷에서 추구하는 경제 원리와 조금 다를 수 있다. 인터넷에서는 조회 수가 높으면 높을수록 좋은 것이다. 가장 많이 찾는 사이트, 가장 거래가 많이 이뤄지는 사이트, 가장 부가가치가 높은 사이트가 인정받는다. 물론 기독교 선교 사이트도 뛰어난 기술과 알찬 콘텐츠로 좋은 평가를 받아야 하며 기술적으로나 감각적으로 일반 사이트에 뒤져서는 안 된다.[92] 21세기 인터넷 사역을 통해 열매가 있어야 하는데 그것은 인터넷을 통해 사람들에게 복음이 전달되고, 예수 그리스도의 사랑을 통한 치유와 축복이 나누어지며, 타락한 인터넷 세계에 빛과 소금의 역할을 하는 것이 인터넷 선교의 목적이 되어야 할 것이다.

---

91) 오정현, 『인터넷 목회』, 36~37.
92) 오정현, 『인터넷 목회』, 37.

5장 결론

　21세기 한국이 파송한 선교사가 2만 명을 육박하였다. 현재 한국은 2020년까지 100만 명의 자비량 선교사와 2030녀까지 10만 명의 전방 선교사의 비전을 가지고 선교하고 있다. 한국교회는 이 위대한 하나님의 선교 사역을 위해 기도해야 한다. 2006년 세계선교대회와 선교 전략회의에서 어떻게 하면 한국교회의 전체적인 역량을 결집해서 선교 자원화와 선교 동력화, 그리고 선교 전략화를 할 수 있을 것인가에 관심을 가졌다.[93] 이러한 선교 자원의 동원은 선교를 위한 정보의 전문성을 가져야 한다. 즉 미디어를 통해서 구체적인 복음 전파가 가능할 것이다.

　에베소서 2:7에 의하면, "이는 그리스도 예수 안에서 우리에게 자비하심으로써 그 은혜의 지극히 풍성함을 오는 여러 세대에 나타내려 하심이니라"고 하였다. 사도 바울은 복음이 여러 세대에 거쳐서 이어진다는 것을 알고 준비한 것이다. 그것은 곧 그가 전하는 모든 과정을 어떤 일보다 우선시하여 기록하고 알리는 것이었다.

---

93) 박종순, "NCOWE IV와 선교단체," 『선교타임즈』 (2006, 6월), 84.

미디어는 연합과 협력이 아니라면 그 영향력이 아주 미약할 것이다. 미디어 자체가 선교의 모든 것을 감당하는 것이 아니기 때문이다. 물론 미디어를 도구로 사용할 수는 있지만 결국 선교사를 돕고, 후원자를 돕는 가교 역할을 한다. 또한 직접 선교로 복음을 선포하지만 구원의 확신과 성도의 거룩한 삶을 유지시키기 위해서는 목회자와 선교사가 필요한 것이다.[94] 도구가 없어서 복음을 전하지 못하는 것은 아니다. 그러나 이 시대는 복음을 전하기 좋은 기술문명을 가지고 있다. 이것은 역시 우리에게 주어진 기회인 것이다. 이러한 다양한 커뮤니케이션 방식을 사용하는 미디어를 가지고 있는 장점들을 잘 활용한다면 선교적 효율과 협력을 이끌어 내어 교파와 지역을 초월한 위대한 선교 연합이 이루어져 땅 끝까지 복음을 전하는 데 기여할 수 있을 것이다.

---

94) Timothy Yu, "*If the Body Were All Eye-A Note on Mass Media Coordination*," Asia Focus 6 (third quarter 1971), 28. 티모시 유(Timothy Yu)는 선교의 사명에 대하여 말하기를, "세계 복음화라는 우리의 목적을 위해 다양한 커뮤니케이션 방식을 사용하는 올바르고 효과적인 길을 찾아내는 것이다."라고 하였다.

참고문헌

국내서적

김남식. 『기독교 커뮤니케이션학』. 서울: 도서출판 베다니, 1999.
김우룡. 『뉴미디어 개론』. 서울: 나남 출판사, 1991.
김정기. 『한국 시청자의 텔레비전의 이용과 효과연구』. 서울: 커뮤니케이션북
      스, 2004.
김정탁. 『미디어와 인간』. 서울: 커뮤니케이션북스, 1998.
김재홍 · 방석호 · 윤창호 · 이승훈. 『세계화 시대의 정보통신산업』. 서울: 서울
      대학교출판부, 1999.
김진년. 『미래사회와 인터넷 선교』. 서울: 성지출판사, 1999.
박준식 · 김정현. 『뉴미디어와 도서관』. 대구: 계명대학교 출판부, 1992.
이영제. 『미션 시프트』. 서울: 도서출판 컴퓨터선교회, 2001.
______. 『2000년 세계선교대회: 정보화 사회와 선교』. 서울: 한국세계선교협의
      회, 2000.
오정현. 『인터넷 목회』. 서울: 규장문화사, 2001.
전규찬 · 박근서. 『텔레비전 오락의 문화정치학』. 서울: 한울아카데미, 2003.
정병관. 『라디오(Radio)』. 서울: 총신대학교 선교대학원, 1995.
______. 『미디어 선교』. 서울: 총신대학교 선교대학원, 1995.
______. 『텔레비전(Television)』. 서울: 총신대학교 선교대학원, 1995.
차준희. 『구약 예언서 이해』. 서울: 한국신학연구소, 1996.
최종인. 『매스컴 선교』. 안양: 성결대학교 신학전문대학원, 2003.
한국세계선교협의회. 『한국교회선교의 비전과 협력』. 서울: 도서출판 횃불,
      1992.

외국서적

Berkhof, Louis. *Summary of Christian Doctrine*. Michigan: Eerdmans Publishing Company, 1938.

Robert W. Burtner & Robert E. Chiles, *John Wesley's Theology*. Nashville, Tennessee: Abingdon Press, 1982.

Crampton, W. Gary. *What Calvin Says*. Maryland: Trinity Foundation, 1992.

Eisenstein, Elizabeth L. *The Printing Press as an Agent of Change*. New York: Cambridge University Press, 1979.

Hiebert Paul G. & Hiebert Meneses, Eloise. *Incarnational Ministry*. Michigan, Baker Book House Co, 1995.

Klapper, Joseph T. *The Effects of Mass Communication*. Glencoe: Free Press, 1960.

Kraft, Charles H. *Communicating The Gospel God's Way*. California: William Carey Library, 1979.

Luzbetak, Louis J. *The Church and Cultures*. Techcy: Divine Word, 1963.

Real, Michael R. *Mass −Mediated Culture*. Englewood Cliff, NJ: Prentice Hall, 1977.

Ryrie, Charles C. *Basic Theology*. *Wheaton*, Illinois: Victor Books, 1986.

Sogaard, Viggo B. *Cassette Ministry*. Minneapolis: Bethany Fellowship, 1975.

_______. *Media in Church and Mission*. California: William Carey Library, 1993.

번역서적

Engel, James F. 『매스컴 시대의 선교전략』. 최한구 역. 서울: 신망애출판사, 1992.

Fore, Willam F. 『매스미디어시대의 복음과 문화』. 신경혜 · 홍경원 역. 서울: 대한기독교서회, 1998.

_________. 『텔레비전』. 김성웅 역. 서울: 도서출판 두란노, 1993.

Hesselgrave, David J. 『선교 커뮤니케이션론』. 강승삼 역. 서울: 생명의말씀사, 1999.

Hiebert, Paul G. 『선교와 문화인류학』. 김동화 · 이종도 · 이현모 · 정흥호 역. 서울: 죠이선교회 출판부, 1996.

Johnstone, Patrick. 『세계기도정보』. 죠이선교회 역. 서울: 죠이선교회 출판부, 1994.

Kraft, Charles H. 『복음과 커뮤니케이션』. 김동화 역. 서울: 한국기독학생회출판부, 1991.

Schultze, Quentin J.『거듭난 텔레비전』. 김성웅 역. 서울: 한국기독학생회출판
　　　부, 1995.
Scott Moreau, A. Corwin, Gary R. McGee, Gary B.『21세기 현대 선교학 총론』. 김
　　　성욱 역. 고양: 크리스챤출판사, 2009.
Seamands, John T.『타문화권 복음 전달의 원리와 적용』. 홍성철 역. 서울: 도서
　　　출판 세복, 1995.
Winter, Ralph D.『하나님의 일을 촉진하라』. 한철호 역. 서울: 선교한국조직위
　　　원회, 1996.
World Association for Christian Communication.『기독교와 커뮤니케이션』. 기독교
　　　방송 역. 서울: 대한기독교서회, 1993.

정기간행물

박종순. "NCOWE IV와 선교단체."『선교타임즈』2006. 6월.
이영제. "컴퓨터 선교에 주력하는 한국컴퓨터선교회."『선교타임즈』2006. 5월.
장훈태. "종교다원주의자들을 향한 바울의 선교 커뮤니케이션 방법 연구: 사
　　　도행전 17:16~34절을 중심으로."『복음과 선교』제5권 2005. 12월.
최동갑. "미국 기독교 CATV 동향."『그말씀』1995. 3월.
황용석. "디지털 미디어 환경에서 방송 저널리즘의 변화."『방송연구』통권 제
　　　56호 2003. 7월.

Yu, Timothy. *"If the Body Were All Eye −A Note on Mass Media Coordination."* Asia
　　　Focus 6. third quarter 1971.

인터넷

두산세계대백과 EnCyber.
이영제. "세계화 시대와 인터넷 선교". http://www.kcm.co.kr/kcm/ data/200111.html.
　　　____. "컴퓨터 선교, 그 목회적 활용". http://www.kcm.co.kr/kcm/ data/990302.html.
한국세계선교협의회. "선교정보". http://www.kwma.org.
Digital Broadcasting. "개요". http://www.hansol21.com/sub2.htm.

색인

이수환

성결대학교 졸업(신학사, B.A.)
총신대학교 대학원 졸업(선교학석사, M.A.)
한세대학교 신학대학원 졸업(목회학석사, M.Div.)
계명대학교 연합신학대학원 수학(신학석사, Th.M.)
성결대학교 신학전문대학원 졸업(신학석사, Th.M.)
성결대학교 일반대학원 졸업(철학박사, Ph.D.)
한세대학교 연구조교 및 한세대학교 대학생 채플사역
한국복음주의선교신학회 회원
한국디아스포라선교회 회원
한국다문화진흥학회 서기
한국성결선교학회 회장
한국의료복지선교회 자문위원
한국세계선교협의회 국제문화예술기구(TCI) 전문이사
고천교회 수석 부목사
현) 성결대학교 외래교수

「인도네시아 순다족 문화권에서의 선교전략-영적 전쟁을 중심으로-」(총신대학교, 1997)
「타문화권 선교에서의 영적 전쟁 전략」(한세대학교, 1998)
「영적 전쟁을 통한 세계선교에 관한 연구」(한세대학교, 2000)
「선교를 위한 영적 전쟁에 대한 연구」(성결대학교, 2005)
「영적 종교현상의 형태론과 성경선교신학적 평가」(성결대학교, 2010)
『성결클릭』(공저)
『선교와 영적 전쟁』(2006)
『선교와 미디어』(2006)
『성경을 보면 선교가 보인다』(2008)
『전문인 선교론』(2009)
『21세기 선교와 종교현상학』(2011) 외 다수

이메일: soo-hwanlee@hanmail.net

개정판
선교와
영적 전쟁

초판인쇄 | 2011년 4월 8일
초판발행 | 2011년 4월 8일

지 은 이 | 이수환
펴 낸 이 | 채종준
펴 낸 곳 | 한국학술정보㈜
주   소 | 경기도 파주시 교하읍 문발리 파주출판문화정보산업단지 513-5
전   화 | 031) 908-3181(대표)
팩   스 | 031) 908-3189
홈페이지 | http://ebook.kstudy.com
E-mail | 출판사업부 publish@kstudy.com
등   록 | 제일산-115호(2000. 6. 19)

ISBN   978-89-268-2103-9 93230 (Paper Book)
         978-89-268-2104-6 98230 (e-Book)

내일을여는지식 은 시대와 시대의 지식을 이어 갑니다.

이 책은 한국학술정보(주)와 저작자의 지적 재산으로서 무단 전재와 복제를 금합니다.
책에 대한 더 나은 생각, 끊임없는 고민, 독자를 생각하는 마음으로 보다 좋은 책을 만들어갑니다.